南开百年学术文库

# 文 踪 译 迹

## ——谷启楠文集

谷启楠　著

南開大學出版社

天　津

**图书在版编目(CIP)数据**

文踪译迹：谷启楠文集 / 谷启楠著. —天津：南
开大学出版社，2019.9
（南开百年学术文库）
ISBN 978-7-310-05854-9

Ⅰ.①文… Ⅱ.①谷… Ⅲ.①英语－翻译－文集②英
语－教学研究－文集 Ⅳ.①H31－53

中国版本图书馆 CIP 数据核字(2019)第 174434 号

**南开大学出版社出版发行**
出版人：刘运峰
地址：天津市南开区卫津路 94 号　　邮政编码：300071
营销部电话：(022)23508339　23500755
营销部传真：(022)23508542　　邮购部电话：(022)23502200
＊
三河市同力彩印有限公司印刷
全国各地新华书店经销
＊
2019 年 9 月第 1 版　　2019 年 9 月第 1 次印刷
230×155 毫米　16 开本　19.75 印张　6 插页　231 千字
定价：118.00 元

如遇图书印装质量问题,请与本社营销部联系调换,电话:(022)23507125

　　谷启楠,南开大学外国语学院英语系教授,长期从事英语文学、文学翻译、英语教学法等方面的教学实践与研究;多年来通过教学和翻译工作向中国学生和读者介绍国外语言理论和优秀文学作品。发表论文二十余篇,参编《美国文学选读》等教材两部,出版《英语经典散文翻译与赏析》《老人与海》《月亮与六便士》《达洛维太太》《福斯特短篇小说集》《塞巴斯蒂安·奈特的真实生活》等译著十余部。曾荣获"天津市优秀教师"荣誉称号。

我见过你把风筝抛向高空，
又见过你把鸟群赶进天穹；
我听见你在周围穿行，
像姑娘的长裙拖过草坪——
　啊，风儿，你从早到晚吹个不停，
　啊，风儿，你唱的歌曲嘹亮动听！

我见过你做的各种事情，
你自己却从来不露身形。
我感觉你推，我听见你喊，
可你的模样我总也看不见——
　啊，风儿，你从早到晚吹个不停，
　啊，风儿，你唱的歌曲嘹亮动听！

啊，你是那么强劲那么冷冰，
啊，风儿，你是年老还是年轻？

谷启楠译稿手迹

# 前　言

　　笔者 1965 年毕业于南开大学外文系英语专业,随后留校任教,于 2002 年退休。在此期间,我绝大部分精力都用在教学上,因为教书育人是我终生的事业,不敢有丝毫的松懈和怠慢。与此同时,兼做一些学术研究,不经意间竟也写下了不少文字,并翻译出版了一些外国文学作品。退休后,生活的节奏放慢,但仍做了一些翻译和研究工作。

　　我的主要兴趣和研究方向是英语文学和文学翻译,同时也钻研英语教学法,并以此有效地指导了教学实践。1995 年我被评为天津市优秀教师,1996 年获得国务院特殊津贴,这是莫大的荣誉和鼓励,促使我更加努力,在教学和研究的道路上继续前进。

　　回顾自己的成长历程,衷心感谢很多人的爱心付出和鼎力相助。感谢父母的教养之恩,感谢党和国家多年的培养教育,感谢师长的启蒙和教导,感谢同学、同事、朋友的帮助和鼓励,感谢家人的全力支持。特别要感谢南开大学外文系的老师,包括外籍教师,所给予的谆谆教诲和启发指点,感谢加拿大不列颠哥伦比亚大学语言教育系和英语系的老师所给予的深入指导和答疑解惑。我也要感谢人民文学出版社、译林出版社、上海译文出版社、天津人民出版社和商务印书馆的有关领导和编辑为出版我的译著所付出的辛苦努力。

　　值此庆祝南开大学建校一百周年之际,特选出一些自认为有一定见解并仍有参考价值的学术研究文章，汇编成册，作为自己学术生涯的总结，以此向母校和师长学友汇报。

本文集共分为三个部分：

第一部分"英语文学篇"，包括三类文章。第一类是关于英美文学和加拿大文学作品的研究论文，表述自己对悉心研读过的一些作品的理解、分析和评价。第二类是笔者为本人的译著所写的前言和后记，既有对作家和作品的介绍，又有对作品的理解和评论，还有翻译的理念和心得。第三类只有一篇，是笔者为友人的专著写的前言。

第二部分"翻译学篇"，包括三类文章。第一类是关于翻译理论和实践的论文，表达笔者对翻译本质的理解和在翻译实践中得到的启示。第二类是笔者为《中国翻译》期刊的"自学之友"栏目撰写的"翻译导读"文章，包含笔者对原文选篇的评介、对本人译文的解释，以及对翻译策略和翻译方法的见解等。由于篇幅所限，没有收录与"翻译导读"相关的原文选篇和译文。但为了让读者对文章中所讨论的原文和译文片段仍能有所了解，特对各篇文章做了必要的调整，补充了一些原文的句子和译例。第三类只有一篇，是体现笔者翻译理念和风格的译文，并附赏析文章。

第三部分"英语教学法篇"，包括两类文章。第一类有两篇，是关于语言教学和文化教学的论文，介绍了20世纪七八十年代国外有关第二语言教学的理论和方法，并结合自己的教学经验推荐一些适合中国学生的英语教学法。第二类仅一篇，是笔者应一些中学生的要求介绍英语学习方法的短文。

本文集的文章绝大多数都在学术期刊或正式出版物中发表过，只有三篇未曾发表。有的论文写作时间较早，所阐述的观点在当时确有一定的新意，但现在大概已为学人熟知了。个别论文在先前发表时被删除了"参考文献"部分，这次只得重新录入，但由于电子计算机的更新和少数资料的缺失，有个别数据（如页码）难以恢复，希望读者谅解。行文中对于外国文献的中文引述为笔者自译。依惯例，引用后只括注了页码的，意为与上一条引用出处相同，特此说明。

最后，感谢南开大学外国语学院的领导和南开大学出版社的编辑为这本文集的出版所做的大量工作。

谷启楠

2018 年 12 月 10 日

# 目　录

## 二、翻译学篇

## 三、英语教学法篇

# 一、英语文学篇

# Some Social Critical Elements in
## *The Last of the Mohicans*

*The Last of the Mohicans* (1826) by James Fenimore Cooper can be read at different levels. On the surface level, it is an exciting story of horror and adventure, which has fascinated many readers, including teenagers. On a deeper level, it is the first successful American novel about the frontier life, and establishes the positive images of frontier residents, including native Indians. Although there are some flaws in the characterization and in the description of the life in the wilderness, although some of the dialogues are too formal to represent authentic spoken language, we may find, upon reading more carefully, some social critical elements in the novel. This paper is intended as an analysis of these elements.

*The Last of the Mohicans* is categorized as a romantic novel, however, it is noticeable that the novel has a realistic American setting—around 1757, the third year of the last French and Indian War, in the wild tract between the hostile provinces of New France and New England. At the very beginning of the novel, the narrator introduces the colonists in a sarcastic tone: they "had pledged their blood to satiate their vengeance, or to uphold the cold and selfish policy of the distant monarchs of Europe" (Cooper, 1994: 11). This immediately sets doubts about the nature of the war.

Obviously, it was an unjust war, an extension of the war between France and Britain for more colonies. The native Indians were inevitably involved in this war, and their existence was directly threatened.

Throughout the novel, several characters tell about the histories of some native Indian tribes. First of all, Hawk-eye, the white scout, tells how the English and French colonists created splits among the Indian tribes:

> It is true that white cunning had managed to throw the tribes into great confusion, as respects friends and enemies; so that the Hurons and the Oneidas, who speak the same tongue, or what may be called the same, take each other's scalps, and the Delawares are divided among themselves; a few hanging about their great council fire on their own river, and fighting on the same side with the Mingoes, while the greater part are in the Canadas, out of natural enmity to the Maquas—thus throwing everything into disorder, and destroying all the harmony of warfare. (233)

And the narrator further confirms this (233-234). What Hawk-eye says in some way explains the root-cause of the massacres described in the novel—it is the English and French colonists who made the Indians fight for them respectively, while they took advantage of the fights to seize more territories and gain more privileges.

The Massacre of Fort William Henry is such a case in point.

The French Commander Montcalm on the one hand accepted British Colonel Munro's surrender and agreed to let the English troops leave the Fort safely. But on the other hand, he allowed the Indian warrior Magua and the Hurons to attack the retreating English troops, which resulted in a massacre. The narrator then comments:

> ... thousands, who know that Montcalm died like a hero on the plains of Abraham, have yet to learn how much he was deficient in that moral courage without which no man can be truly great. Pages might be written to prove, from this illustrious example, the defects of human excellence; to show how easy it is for generous sentiments, high courtesy, and chivalrous courage, to lose their influence beneath the chilling blight of selfishness, and exhibit to the world a man who was great in all the minor attributes of the character, but who was found wanting when it became necessary to prove how much principle is superior to policy. (212)

This represents Cooper's sharp criticism of the French colonial officer and his cunning policy.

The second character who talks about native Indian tribes is Chingachgook, the old Mohican chief. He first describes the life of his tribe before the colonists came as being in harmony with nature: "The salt lake gave us its fish, the wood its deer, and the air its birds. We took wives who bore us children; we worshipped the Great Spirit; and we kept the Maquas beyond the sound of our songs of triumph!" (37) And then he says:

> The Dutch landed, and gave my people the firewater; they drank until the heavens and the earth seemed to meet, and they foolishly thought they had found the Great Spirit. Then they parted with their land. Foot by foot they were driven back from the shore, until I, am a chief and a Sagamore, have never seen the sun shine but through the trees, and have never visited the graves of my fathers! (37-38)

What is worse, Chingachgook's family departed, and his son Uncas has become his only heir—the last of the Mohicans. From Chingachgook's remarks we can hear an indictment of the evils done by the European colonists.

The third character who tells about native Indian tribes is Magua, or Le Renard Subtil by his French name. He is depicted as a Satan-like villain. Born a chief and a warrior among the red Hurons, he had been living a happy life. "Then his Canada fathers came into the woods and taught him to drink the firewater, and he became a rascal" (119). As the Hurons drove him away, he became a warrior among the Mohawks. Later he fought under the English colonel Munro, and was once whipped in public for drinking alcohol. Magua says to Cora Munro with indignation: "Was it the fault of Le Renard that his head was not made of rock? Who gave him the firewater? Who made him a villain? 'Twas the palefaces, the people of your own color" (120).

What Magua says may have been regarded as mere excuses for his revengeful brutality, as his misfortune and cruelty cannot entirely be attributed to the "firewater", the alcohol. However, in American history, the alcohol brought by the colonists did serve as an important means in corrupting and destroying the Indians. As American historian Fergus M. Bordewich records,

> European colonists usually introduced distilled spirits—rum in the English colonies, brandy in the French, and gin in the Dutch—to local Indians as a gift and as a toast during the formalities that preceded trading or negotiation. But Indian demand soon transformed it into a staple, and in many regions the mainstay, of frontier-trade. (Bordewich, 1996: 256)

And Maldwyn A. Jones, another American historian, further points out,

> Most of the story of the white man's treatment of the Indian is a dreary record of dishonored treaties, encroachments on Indian hunting-grounds, and the crushing of those not cajoled, bribed, or intimidated into relinquishing their patrimony. Over a period of three centuries [sic] relentless white pressure, the white man's diseases, and the white man's alcohol would demoralize the Indians, destroy their culture, and all but rob them of a sense of identity. (Jones, 1983: 3)

An early example of this situation can be found in Benjamin Franklin's The Autobiography. It tells about an incident in 1752. The government commission to Carlile, Pennsylvania, managed to work out a Treaty with the Indians, with a promise of giving them rum. Franklin witnessed the extremely wild behavior of the Indians as a result of the intoxication of the rum. When the Indians came to apologize the next day, they said it might be the desire of the Great Spirit that they should drink rum. Franklin comments: "And indeed if it be the Desire of Providence to extirpate these Savages in order to make room for Cultivators of the Earth, it seems not improbable that Rum may be the appointed Means. It has already annihilated all the Tribes who formerly inhabited the Seacoast." (Franklin, in Baym 1, 1985: 486-487)

All these make us ponder over Magua's questions: "Who gave him the firewater? Who made him a villain?" No doubt, It is the European colonists who did it. As a matter of fact, Magua had already been made a victim before he became a rebel or villain. No wonder he wanted to revenge, so as to regain his dignity as a man, and to restore his position as the chief of his tribe. Judging from the perspective of the colonized and the victimized, Magua's motivation to revenge is, in many ways, justifiable.

Incidentally, the fact that the European colonists corrupted the American Indians with alcohol, has a close parallel in Chinese modern history. The only difference is that instead of alcohol the European colonists brought opium to China. According to the authoritative The History of China [Zhongguo Tongshi, 中国通史], as early as the 1730s, the British East India Company already tried selling opium to China to balance their trade deficits. In the early 1770s British government implemented a policy of opium monopoly in India, so as to export the local-produced opium to China. By 1783 the opium sold to China had amounted to over 200,000 liang (i.e. 6250 kilograms). In 1814 the Company relaxed its opium monopoly, which gave a strong impetus to British opium traffickers. In 1834 the Company gave up all its monopolies, and British private companies were encouraged to carry out trade with China. Since then opium trafficking to China had increased considerably. Britain and The United States of America even employed military forces to protect their illegal opium trade. By so doing, the colonists solved their problem of trade deficits and gained huge profits, but at the same time brought great disasters to the Chinese people (Fan & Cai, Vol. 10, 1994: 424-426, translation mine). With this bitter part of history in mind, we cannot but feel an empathy for the American Indians who, deprived of basic human rights, suffered from an institutionalized victimization and destruction.

From Cooper's description of the histories of the Indian tribes, we can perceive his sympathy for the race that was in the process of being annihilated as a result of the intrusion of colonialism and the development of the white civilization.

Cooper's sympathy is also shown in his creation of some native Indian characters. In "The Author's Introduction" Cooper describes the Indian warriors as follows:

Few men exhibit greater diversity, or, if we may so

express it, greater antithesis of character, than the native warrior of North America. In war, he is daring, boastful, cunning, ruthless, self-denying, and self-devoted; in peace, just, generous, hospitable, revengeful, superstitious, modest, and commonly chaste. These are qualities, it is true, which do not distinguish all alike; but they are so far the predominating traits of these remarkable people, as to be characteristic. (Cooper 1994: v)

It may be difficult to judge how much this general evaluation reflects the native Indian reality at Cooper's time, but from the author's tone we can feel that he regards the Indian warriors as human beings and is willing to acknowledge their good traits. He even calls them "remarkable people".

Furthermore, Cooper has created three powerful American-Indian characters who possess admirable traits. The first one is Chingachgook, who is stern, stoic, courageous, and experienced. Faced with an imminent danger, he still keeps his dignity and composure (229-231). The second one is Uncas, who is strong, proud, calm, dutiful and fearless. He even tries to rescue Cora Munro at the cost of his life (399-400). The third one is Tamenund, the great Lenape chief, who is wise and just, with "the dignity of a monarch and the air of a father" (348). These characters all live in harmony with nature and maintain their dignity as men. Therefore, all of them are worthy of our admiration.

Apart from this, Cooper also expresses his desire for racial reconciliation. First of all, the white protagonist Hawk-eye lives in the wilderness and gets along well with his native Indian friends while preserving his independence. This character functions as a living example to show that the white people can co-exist with the native people, and that one race can survive without doing harm to another. Secondly, the female character Cora Munro has mixed-blood from a white father and a colored mother. She defies the common prejudice against the Indians by saying, "Should we distrust the man because his manners are not our manners, and that his skin is dark !" (24). Cora even grows to love the Indian youth Uncas. For this reason, Cora can be regarded as an outcome and example of racial reconciliation.

The most significant scene appears towards the end of the novel, when Hawk-eye and Colonel Munro respectively appeal to racial co-existence. At the funeral of Cora and Uncas, Colonel Munro says, "Tell them that the Being we all worship, under different names, will be mindful of their charity; and that the time shall not be distant when we may assemble around the throne without distinction of sex, or rank, or color" (411). This remark may have a reference to the after-world, nonetheless, it does express Munro's strong desire for racial reconciliation. It is particularly significant because it comes from the colonial officer who has killed a lot of Indians and lost one of his own daughters. At the end of the novel, when Chingachgook, who has lost his own son, says he is alone, Hawk-eye immediately pledges solidarity with him by saying, "The gift of our colors may be different, but God has so placed us as to journey in the same path" (414), and he grasps Chingachgook's hands in a symbolic gesture of friendship.

While cherishing the ideal that all races should co-exist peacefully and reconcile their differences, Cooper is ambivalent about it. He makes Hawk-eye shake his head when hearing Colonel Munro's statement quoted in the previous paragraph, to show his doubt about its efficacy (411). According to Cooper's arrangement, Uncas and his lover Cora Munro were both killed; Chingachgook and Tamenund were too old to live long, and all their virtues would unfortunately vanish. Cooper also makes the sober Tamenund say in a mourning tone, "The palefaces are masters of the earth, and the time of the Red Men has not yet come again. My day has been too long. In the morning I saw the sons of Unamis happy and strong; and yet, before the night has come, have I lived to see the last warrior of the wise race of the Mohicans" (415).

Then, how should we understand this ambivalence? American scholar Gary Ashwill interprets the novel as "allegorically or symbolically justifying the white conquest of America by portraying it as an [sic] historically inevitable march of progress across the continent" (Ashwill, 1994: 1). This comment is probably too arbitrary to convince. It is quite certain that Cooper already foresaw the inevitable destructive results of the colonial intrusion into the native Indian territories. So, instead of justifying the white conquest of America, Cooper raises doubts about its validity, and expresses his regret for the vanishing of the native Indian culture. Although in history the Mohican tribe managed to survive, Cooper's prediction can still serve as an allegorical warning against the possible consequences of colonialism.

Besides the issue of colonialism, Cooper is also concerned about the issue of philosophical contention. Through the argument between Hawk-eye and David Gamut, the psalm-singer, Cooper presents two different philosophical perspectives—the teaching of the Bible versus the teaching of nature—and implies some criticism of the Calvinist doctrine of predestination. David says, "He that is to be saved will be saved, and he that is to be destined to be damned will be damned. This is the doctrine or truth, and most consoling and refreshing it is to the true believer." Hawk-eye answers, "Doctrine or no doctrine, 'tis the belief of knaves and the curse of an honest man. I can credit that yonder Huron was to fall by my hand, for with my own eyes I have seen it; but nothing short of being a witness will cause me to think he has met with any reward, or that Chingachgook, there, will be condemned at the final day" (Cooper 1994: 137). When David emphasizes that people should behave according to the holy books, Hawk-eye says that he has learned from only one book—nature (138). He points out, "Better and wiser would it be, if he [man] could understand the signs of nature, and take a lesson from its fowls of the air, and the beasts of the fields" (146). This clash of philosophical perspectives in a way heralds the later Transcendentalist departure from Puritanism.

From the above analysis we can see that there exist some social critical elements in *The Last of the Mohicans*, especially concerning the issue of colonialism. Although it is a romantic fiction and cannot be taken for history, what it reflects and reveals is still significant. We can see that in criticizing the pernicious influences of colonialism Cooper was obviously well ahead of his time. This may partly account for the reason why it was not until the 1920s that Cooper was recognized as America's "first great social critic" (Baym 2, 1998: 981). Even today, his insights into the issue of colonialism still demands our attention.

## Works Cited

[1] ASHWILL, GARY. Savagism and Its Discontents: James Fenimore Cooper and His Native American Contemporaries [J/OL]. ATQ, September 1994, 8 (3): P221, 17p, 14pp. Academic Research Elite. EBSCO Publishing. [2001/08/16]. http://search.global.epnet. com.

[2] BAYM, NINA et al, eds. The Norton Anthology of American Literature [M]. 2nd ed. 2 vols. New York: W. W. Norton & Company, 1985.

[3] BAYM, NINA et al, eds. The Norton Anthology of American Literature [M]. 5th ed. 2 vols. New York: W. W. Norton & Company, 1998.

[4] BORDEWICH, ERGUS M. Killing the White Man's Indian: Reinventing Native Americans at the End of the Twentieth Century [M]. New York: Anchor Books, 1996.

[5] COOPER, JAMES FENIMORE. The Last of the Mohicans [M] (1826). New York: Penguin Books, 1994.

[6] FAN, WENLAN (范文澜) & CAI, MEIBIAO (蔡美彪) eds. The History of China [Zhongguo Tongshi 中国通史] [M]. 10 Vols. Beijing: The People's Press, 1994.

[7] FRANKLIN, BENJAMIN. The Autobiography [M]. Baym,

Nina et al eds. The Norton Anthology of American literature. 2nd ed., Vol.2. New York：W. W. Norton & Company, 1985: 1771-1790.

[8] JONES, MALDWYN A. The Limits of Liberty: American History 1607—1980 [M]. Oxford: Oxford University Press, 1983.

（本文原载于 HUANG ZONGYING ed. Reading for the New Millennium: Selected Essays from PUK-SUNYA International Conference on American Literature and Culture. Petroleum Industry Press, 2003。2018 年 4 月修改。）

# 海明威短篇小说的艺术特色

厄内斯特·海明威（Ernest Hemingway, 1899—1961）是第一次世界大战后美国"迷惘的一代"著名作家，他以严肃的写作态度和独特的写作风格创作了大量反映时代风貌、表达普通人的心理和感情历程的小说，不仅在当时引起很大反响，也对美国文学的发展产生了巨大影响。他于1954年获得诺贝尔文学奖（Baym 2, 1998: 1687）。海明威一生中创作了七部长篇小说和七十篇短篇小说，还有大量散文、新闻报道等，成就是多方面的。本文仅以《海明威短篇小说全集》（*The Complete Short Stories of Ernest Hemingway*）中的一些作品为例，评论海明威短篇小说的艺术色。

## 深刻的主题

海明威的小说大多取材于他的亲身经历，包括青少年时代在美国中西部的生活、在佛罗里达州基韦斯特的生活、第一次世界大战中在意大利的经历、在西班牙内战中的经历、在非洲狩猎的经历、在古巴钓鱼的经历等等。海明威在他的短篇小说里描写的多是普通人生活中的事件，既没有惊心动魄的场面，也没有传统意义上的英雄，但他善于通过细心选取的事件和精心塑造的人物形象来表现极其深刻的主题，以发人深省。由于海明威生活在充满战争和暴力的时代，又遭遇过很多意外事故，如幼年时跌伤，救护伤兵时被子弹击伤，打猎时被误伤，以及车祸、飞机失事等，所以他特别关注生活中的暴力、危险、痛苦，经常思考人应该如何面对痛苦和死亡，这些都集中呈现在他的作品里。海明威短篇小说的重要主题集中在以下五个方面：

## 一、青少年艰难成长的历程

海明威的许多短篇小说以青少年为主人公，通过他们的所见所闻所想来表现他们逐步认识社会的成长过程。海明威所反映的是一个混乱无序、充满暴力和邪恶的世界，因此他主要表现青少年如何发现社会上的暴力和邪恶，以及这些事件对他们思想感情所产生的影响、正如出版家小查尔斯·斯克里布纳(Charles Scribner Jr.)在《海明威短篇小说全集》的《出版者序言》中指出的，"海明威的目的是生动精确地传达许多极其重要的和悲伤的瞬间，即那些大概能恰当地称之为'顿悟'的体验"。（Scribner, 1987: 16）海明威笔下的尼克·亚当斯就有很多这样的体验。例如，《印第安营地》（"Indian Camp"）中，尼克跟随当医生的父亲去出诊，看到了印第安产妇分娩的痛苦和婴儿的降生，也目睹了产妇的丈夫因不忍看妻子受苦而刎颈自杀后的惨状。这使他突然领悟到生与死同样惨烈，深思之后，"他觉得很肯定,他永远不会死"（Hemingway, 1987: 70）。《拳击手》（"The Battler"）中，尼克因偷乘火车被司闸员踢下车，又差点遭到一个退役拳击手毒打，后来他目睹了拳击手的仆人用棍子猛打拳击手以阻止其发疯，这些暴力事件使尼克大为震惊。《杀人者》（"The Killers"）中，尼克遇到两个受雇去杀害拳击手奥尔的阴险杀手，可是当尼克跑去通知奥尔逃跑时，奥尔却躺在床上被动等死。尼克实在无法坐视惨剧发生，决定立刻离开那个小镇。除了尼克外，其他故事中的一些主人公也有类似的经历。例如，

《非洲故事》("An African Story")里的少年戴维目睹了父亲和土著人一起狩猎大象的过程，看到大象的壮美和尊严顷刻之间化为乌有，他深深懊悔当初不该把大象的踪迹告诉他们，并决心"永远不把任何事告诉任何人"（550）。类似的事件一方面使青少年的心灵受到震撼和伤害，另一方面又促使他们成熟起来。

## 二、两性关系的紧张及婚姻的失败

男女两性的关系历来都是文学作品的一个重要主题，但是海明威在短篇小说里反映的多半是现代人两性关系的紧张和婚姻失败的状况，这或许与他本人四次婚恋的体会不无关系。《白象般的山峦》("Hills like White Elephants")微妙地表现出一对青年恋人之间的矛盾：女方怀孕了，而男方却不愿意承担责任，一味劝女方去堕胎。其实他们之间并没有真正的爱情可言。不仅情人如此，就是夫妻之间也充满矛盾。《季节已过》("Out of Season")表现夫妻关系紧张。《埃利奥特夫妇》 ("Mr. and Mrs. Elliot")叙述夫妻生活的不和谐及不能生育的痛苦。《送给一个人的金丝雀》("A Canary for One")中，一对乘火车旅行的美国夫妇关系破裂，将要在巴黎分手。《雨中的猫》("Cat in the Rain")中，一对身处异国的夫妇彼此间缺乏理解，丈夫对妻子十分冷漠，倒是旅店的老服务员善解人意，派人给那位倍感孤独的夫人送去一只猫。《弗朗西斯·麦库伯短暂而快乐的一生》("The Short Happy Life of Francis Macomber")中，麦库伯狩猎狮子时表现怯懦，受到妻子玛格的鄙视，但当他狩猎野牛表现出极大勇气时，却不幸死在妻子的枪口之下。虽然我们不知道玛格究竟是误杀，还是因为怕丈夫动摇自己的主宰地位而故意杀他，但可以看出他们夫妻之间存在不可调和的矛盾。在表现两性关系时，海明威笔下的女性通常有很多缺点。例如，上面提到的玛格既风流又冷酷；《一个很短的故事》（"A Very Short Story"）中的露兹背叛了未婚夫；《医生和医生的妻子》（"The Doctor and the Doctor's Wife"）里的妻子过于正统，并时时用《圣经》的观点进行说教。还有些故事里，男主人公甚至把自己的堕落归罪于妇女，似乎是女性在阻碍男性的成长和发展。这些都反映出作者对女性的偏见。总之，两性关系的紧张从一个很重要的方面反映了现代人际关系的缺憾。

### 三、"迷惘的一代"和失败的艺术家

海明威属于第一次世界大战后"迷惘的一代"作家，他的许多短篇小说反映了大战后许多青年人，特别是从战场归来的士兵，所经历的幻想破灭、精神苦闷、失落迷惘的历程。《士兵回家》（"Soldier's Home"）里的主人公克雷布斯就是一个典型的代表。他战后回到家乡立刻感到失落，因为人们已厌倦战争，不再视他为英雄。他无法融入家乡青年人的生活圈子，于是变得心灰意冷，无所事事，甚至不愿意祈祷上帝了。《大二心河》（"The Big Two-Hearted River"）描写的也是一个战后回乡的士兵，他独自到野外去露营钓鱼，表面上似乎平静快乐，实际上是在强迫自己做点事来忘掉战争中受到的精神创伤。"迷惘的一代"中还有一些才华横溢的作家和艺术家，他们因幻想破灭转而追求物质享受，最终毁了自己的天才。《乞力马扎罗的雪》（"The Snows of Kilimanjaro"）中的作家哈里就是这种人的典型代表。他在战后感到迷惘空虚，写书成名后便开始酗酒作乐，追求金钱美女，再也写不出好作品了。当他醒悟过来时已病入膏肓，等待着他的只有死亡。海明威的这类作品极其深刻地反映了现代人在物欲横流的世界里所感受到的精神痛苦。

### 四、孤独、绝望和虚无主义情绪

海明威的许多作品还集中反映了第一次世界大战后西方人幻想破灭和悲观绝望的情绪。例如,《自行车赛》("A Pursuit Race")中,赛车手比利在竞赛失败后酗酒吸毒,自暴自弃。《桥边的老人》("Old Man at the Bridge")中,一位在战火中逃难的老人筋疲力尽,只得坐在桥边听凭命运摆布。《一个洁净、灯光明亮的地方》("A Clean, Well-Lighted Place")中,一位在饭馆里喝酒的孤独老人曾因绝望而自杀过;孤独的年长侍者更是看破了红尘,他相信"一切都是乌有,人也是乌有"(291)。他的一段内心独白颇有讽刺意味,他似乎在习惯性地默念祈祷文,然而却把其中几乎所有重要的词语都换成了西班牙语的 nada 或英语的 nothing,两词的词义都是"乌有"。这段内心独白揭示出年长侍者的潜意识,惟妙惟肖地传达出他绝望到了何等程度,连上帝都不信了,从而把作品的虚无主义主题推向高潮。这篇作品实为表现这类主题的绝妙之作。

### 五、重压下的优雅风度

在反映时代的暴力与邪恶的同时,海明威也塑造了具有刚强坚忍美德、追求精神价值的普通人形象,颂扬了人性的优点,从而给黑暗的世界带来一线光明和希望。这些人物在厄运面前坚韧不拔,在重压下表现出优雅的风度,堪称"海明威式硬汉"。例如,《斗不败的人》("The Undefeated")中,西班牙斗牛士曼纽尔在赛场上虽遍体鳞伤,仍坚持战斗,直到把牛刺死,从而维护了职业斗牛士的尊严。

《五万大洋》("Fifty Grand")中,美国拳击手杰克在退役前的最后一场比赛中被击倒,他忍痛站起来还击对手,维护了自己的尊严。《在异国》（"In Another Country"）中，意大利少校以坚忍的精神默默承受着手部伤残的痛苦和失去爱妻的悲哀，走路时仍挺直身体，不失军人风度。《弗朗西斯·麦库伯短暂而快乐的一生》中，麦库伯悔恨自己的怯懦，痛改前非，临危不惧，终于猎杀了一头野牛，度过了自己"短暂而快乐的一生"。《没有人死亡》（"Nobody Ever Dies"）一篇更是塑造了两个革命者的英勇形象。恩里克遭古巴警方追捕，在危机时刻为掩护战友而献出生命。玛丽亚克服了瞬间的怯懦，勇敢地面对敌人，其浩然正气令敌人胆战心惊，实为海明威笔下罕见的坚强女性形象。上述这类人物尽管都有悲剧色彩，但他们的勇气和坚忍精神给了现代人有益的启示。

## 独特的写作风格

海明威开始写作时，得到过侨居巴黎的美国作家斯泰恩（Getrude Stein）、安德森（Sherwood Anderson）、菲茨杰拉德（F. Scott Fitzgerald）等人的指导和帮助，特别是受到意象主义诗人庞德（Ezra Pound）的影响。以后他又在实践中逐步发展了独特的写作风格。海明威曾对一位采访者说："我一直力图根据冰山原则来写作，冰山显露出来的每一部分都有八分之七在水下。"（Hemingway, in Baym 2, 1989: 1651）也就是说，他要用最简练的语言和最精炼的叙述来表达最深刻的内涵。海明威写作风格的主要特点如下：

### 一、简洁的语言和简约的叙事风格

海明威早年在《多伦多星报》担任记者时，该报文学部要求记者学会"写陈述句"，"避免用陈腐的形容词"，"叙述有意思的事情";该报的写作规范还规定:"用短句。第一段要简短。用生动的英语,不要忘记力求通顺。要肯定,不要否定"等等(Baker, 1968: 49)。这些写作规范对海明威一生的创作都有很大的影响,使他形成了平实、简朴、少用修饰语的语言风格。他在叙事时大量使用英语中来源于盎格鲁-撒克逊语的单音节词和双音节词,并常常使用简单句和并列复合句。某些评论家笼统地说海明威小说的语言是"电报式的",这种评论有失公允,其实,海明威很善于根据创作的需要变换语言的类型。如《乞力马扎罗的雪》里,叙述现实事件的语言比较简单;而表现人物意识流的语言则要复杂得多,句子一般较长,包括主从复合句、分词结构等多种成分,一方面表达了主人公哈里见景生情、浮想联翩,另一方面又展示了哈里的写作能力,使读者为他浪费天才而感到惋惜。又如,《你永远不会是那个样子》("A Way You'll Never Be")中,作者从一开头就描述战场上尸横遍野、军械狼藉的情景,几个段落的句子都较长较复杂,最长的一句竟达十一行,生动展现了战场全景。《一天的等待》("A Day's Wait")中,作者使用简练的短句再现父亲与生病的儿子之间的对话,传达了儿子的紧张情绪。但在描写父亲去树林打猎的情景时,作者却使用了描述性长句,既体现了时光的流逝,又表明父亲并不了解儿子的心理,使父亲的闲情逸致与儿子的紧张情绪形成鲜明对照。此外,海明威还善于通过对话和反讽表达人物之间的紧张关系,例如,《白象般的山峦》中,男女青年的对话十分简练,争执时虽只字未提"堕胎",但读者通过他们充满反讽的对话却能体会到他们之间的关系已到了崩溃的边缘。

　　海明威就是这样用高度凝练的语言创造了一种非常简约的、不加雕琢的、平淡冷漠的叙事风格,以此表达深刻的内涵。正如汉斯·奥斯特罗姆(Hans Ostrom)指出的,"海明威对残暴的、令人疏离的世界的反应之一，就是创造一种文风，这种文风朴素得近乎透明，仿佛在用一种冷漠的小说口吻来复制一种疏离的情绪。当然，这种文风是与众所周知的'海明威式硬汉'（即在最可怕的环境里仍保持'优雅风度'和'坚韧精神'的人）联系在一起的。然而，这种散文风格的影响力要比'海明威式硬汉'更为深远。"（Ostrom, 1997: 294）

**二、现代主义的创作方法**

　　海明威力图突破前辈作家的传统写作手法，大胆试验新的方法，丰富了人物形象的塑造，也增强了作品的表现力。他使用的主要手法如下：

　　1. 改变按照事件发生的先后顺序叙事的方法，打破时空界限，给人物提供驰骋想象的空间，把读者带入更接近心理现实的意境之中。如《乞力马扎罗的雪》中，作者把"现在"发生的事与回忆中的往事交织在一起，使读者跟着作者的思绪从现在联想到过去，又从过去回到现在。

　　2. 通过心理描写深入揭示人物的内心世界。海明威十分注重心理描写，有时还使用意识流、内心独白和梦幻的手法，把人物的心理活动直接展现在读者面前，使读者感到真实可信。《告发》（"The Denunciation"）一篇生动地描写了美国人恩里克在考虑告发一个德国间谍的问题上所经历的思想斗争和道德选择。《乞力马扎罗的雪》中，作者用大量篇幅描写哈里病中对往事的回忆与反思，通过哈里的意识流和内心独白，展现他的生活经历以及现时的思想活动。哈里临终前梦见自己乘救援飞机向着辉煌的乞力马扎罗山顶峰飞去，这一梦幻与他在现实中死亡的情景形成了对比，具有很大的震撼力。《你永远不会是那个样子》也通过描写精神不正常的尼克被战争的梦魇所缠绕，揭示了他所受到的精神创伤。《赌徒、修女和收音机》（"The Gambler, the Nun and the Radio"）中，主人公弗雷泽的大段内心独白表现了他对现实的哲理性思考，以及他的虚无主义人生观。

3. 使用象征手法，赋予作品以深刻的含义。象征手法能把无法用语言表达的思想、情感、意蕴形象地表达出来。海明威的象征多是根据作品的背景和主题的需要设计的，既自如又贴切。此处仅举几例。《白象般的山峦》中，女青年多次把积雪的山峦比作白象，表现出浪漫气质，与男青年的自私自利的实用主义态度形成鲜明的对照。实际上，"白象般的山峦"是大自然的象征，作者以此反衬男青年主张堕胎是违反自然规律的。再有，英语里"白象"一词有"累赘之物"的意思，作者使用该词也有讽刺意味，似指男青年把胎儿视为"累赘"，拿爱情当儿戏。《大二心河》中，尼克旅途中见到的小镇废墟象征着战争，而他面对的沼泽则象征着一种无处不在的黑暗邪恶力量。《乞力马扎罗的雪》中的秃鹫和鬣狗象征死亡；而篇首引语中那靠近山顶处的豹子尸体则象征着崇高的追求，那白雪皑皑的乞力马扎罗山顶峰也象征着理想和艺术成就的高峰。这些象征起到了语言所不能起到的作用，给读者提供了联想的余地。

4. 根据叙事的需要灵活使用叙事视角。例如，《剧变》（The Sea Change）一篇主要使用的是客观视角，作者把人物的动作和对话"客观地"摆在读者面前，不加评论，让读者自己去思考和理解。《弗朗西斯·麦库伯短暂而快乐的一生》中，作者主要使用第三人称全知视角，但也穿插了第三人称有限全知视角，使我们了解到麦库伯和猎人威尔逊各自的心理活动，甚至了解到被追猎的狮子的心理活动。作者如此从多元视角叙述故事，增加了作品的层次、效果和深度。

# 结　语

综上所述，海明威的短篇小说以其深刻的主题和高超的艺术手法自成一格，经受住了时间的考验，成为人类艺术的瑰宝。海明威本人也以其现实主义的作品向我们揭示了他那个时代的社会风貌和人性善恶，正如美国著名文学评论家艾尔弗雷德·卡津（Alfred Kazin）所言，海明威"是个讲述他人故事的坚韧而犀利的现实主义者，因为他在竭尽全力描写自己的同时，也描写了我们，以及我们生活的这一缺乏怜悯的世纪"（Kazin, 1984: 373）。

海明威深刻的思想、严肃的创作态度、现实主义的创作风格和敢于创新的精神值得中国作家借鉴。

## 参考文献

[1] BAKER, KARLOS. Hemingway: The Writer as Artist [M]. New York: Avon Books, 1968.

[2] BAYM, NINA et al eds. The Norton Anthology of American Literature. 3rd ed., 2vols [M]. New York: W. W. Norton & Company, 1989.

[3] HEMINGWAY, ERNEST. The Complete Short Stories of Ernest Hemingway [M]. The Finca Vigía edition. New York: Charles Scribner's Sons, 1987.

[4] KAZIN, ALFRED. An American Procession: The Major American Writers from 1830—1930 [M]. New York: Vintage Books, 1984.

[5] OSTROM, HANS. Lives and Moments: An Introduction

to Short Fiction [M]. Fort Worth: Holt, Rinehart and Winston, Inc, 1991.

（本文原载于黄晋凯主编《与巨人对话——纪念歌德、巴尔扎克、普希金、海明威》，华文出版社，2000 年 1 月版。2017 年 9 月修改。）

# 一首强劲的黑人觉醒之歌

## ——论《桑尼的布鲁斯曲》的深刻内涵

詹姆斯·鲍德温（James Baldwin, 1924—1987）是 20 世纪美国重要的非洲裔作家。他出生在纽约市哈莱姆区，从小饱受贫困和种族歧视之苦，青年时期受到非洲裔作家理查德·赖特（Richard Wright）的影响，十分关注黑人争取解放的斗争。在 20 世纪五六十年代，他积极投身如火如荼的民权运动，成为美国黑人的一个文学代言人。鲍德温的许多作品都反映了黑人的生活，道出了他们反对种族歧视、争取自由平等的心声。例如，他的长篇小说《向苍天呼吁》（*Go Tell It on the Mountain*, 1953）、《另一个国家》（*Another Country*, 1962）、《告诉我火车开走多久了》（*Tell Me How Long the Train's Been Gone*, 1968）和《就在我头顶上方》（*Just above My Head*, 1979）讲的都是黑人的生活，以及他们寻找自我身份、寻求自由的故事。他的散文集《土生子札记》（*Notes of a Native Son*, 1955）、《没人知道我的名字》（*Nobody Knows My Name*, 1961）和《下一次将是烈火》（*The Fire Next Time*, 1963）都论述了美国黑人的状况，表达了他对种族关系的见解。鲍德温的短篇小说《桑尼的布鲁斯曲》（"Sonny's Blues"）也是表现此类题材的一个名篇，本文重点论述此作品的深刻内涵。

## 发展变化的人物形象

　　《桑尼的布鲁斯曲》发表于 1957 年，后收入 1965 年出版的短篇小说集《去见那个人》(*Going to Meet the Man*)。故事的背景是 20 世纪 50 年代，正值美国民权运动再次兴起之时。小说通过第一人称叙述者之口讲述他与弟弟桑尼的故事。作者采用了现代主义的"非线性"创作手法展开故事情节，把"现在"与"过去"交织在一起，并且展现了人物的心理活动。在塑造两兄弟的形象时，作者赋予他们很强的生命力，让他们在矛盾冲突中发展变化，逐步走向成熟和觉醒。

　　兄弟两人生长于纽约市黑人聚居的哈莱姆区，从小就感受到种族歧视的压抑气氛。作者用了一个隐喻来描述当时黑人青少年的境遇："他们很快就长大了，他们的头突然撞上了现实可能性这一低矮的天花板。他们满腔怒火。他们真正了解的只有两种黑暗：一种是他们生活的黑暗，这种黑暗处处笼罩着他们；另一种是电影的黑暗，这种黑暗蒙蔽了他们的眼睛，使他们看不见生活的黑暗。"(Baldwin, in McMichael, 1985：1772)尽管兄弟二人先后逃离了哈莱姆区，但他们寻求自由的道路却不尽相同。哥哥曾应征入伍，退役后当了中学教师。他曾一度安于现状，逃避现实，疏远了黑人同胞。后来，在事实的教育和弟弟的帮助下，他认识到必须正视现实，记住过去，从而找回了失去的自我。桑尼与哥哥不同，他从小就养成了反叛的性格，竭力与命运抗争，也因此付出了很大代价。他也当过兵，退役后曾把毒品当作排解痛苦的手段，参与买卖毒品，一度走上歧途。后来，在黑人朋友的帮助下，他找到了用音乐唤醒民众的道路，也找到了自我的价值。

　　兄弟二人的生活道路之所以不同,在于他们的人生观不同。作者通过他们的争论展现了两人的根本分歧。他们的第一次思想冲突发生在桑尼离职去当爵士乐师的时候。桑尼说他只想做这一件事。哥哥说:"你要知道,人不可能总是做自己想做的事。"桑尼反驳说:"我认为人就应该做自己想做的事,活着还有别的目的吗?"(1782)他们的第二次思想冲突发生在桑尼成为爵士乐师之后。哥哥说:"我们没法不受苦。"桑尼说:"可是你总要想方设法不在苦海里淹死,要想方设法浮在海面上……也许采取点行动找出受苦的原因更好。"哥哥说:"既然没法不受苦,那就——忍受吧。"桑尼反驳道:"可是没有一个人甘心忍受,……大家都在想法子不受苦。"(1788)正是这种思想交锋,促使他们各自深入思考,在事实的教育下逐渐接近彼此的立场。由此可看出,作者刻意把人物放在矛盾冲突之中,让他们在解决矛盾的过程中发展变化。

　　除此之外,作者还展现了促使兄弟二人觉醒与和解的两个重要因素。一个因素是黑人受压迫的事实。例如,两兄弟的叔叔在公路上被白人的汽车活活轧死。又如,哈莱姆区在多年之后依然破败,依然"充满隐蔽的威胁性"(1777),黑人的生活并没有实质性的改变。这些事实都令他们震惊。另一个因素是黑人社群为唤醒群众所做的努力,这主要是通过以克里奥尔为首的民间爵士乐队体现出来的。克里奥尔健壮、坚强、富于创造性,他带领乐队奏出震撼人心的乐曲,并鼓励桑尼要"离开海岸向深水进击"(1791)。上述两个因素促使兄弟二人改变了消极的生活态度。

　　桑尼和哥哥的成长轨迹是非常清晰的:桑尼经历了愤怒、反叛、逃离、消极反抗、醒悟、自觉抗争的过程。桑尼的哥哥也经历了愤懑、逃离、安于现状、逐渐觉醒的过程。他们是无数黑人的代表，体现了那个时代黑人的思想感情和追求自由平等的强烈愿望。

## 精彩传神的音乐描写

鲍德温在塑造人物形象时，把音乐描写作为揭示主人公性格的重要手段。桑尼自幼生活在令人窒息的环境里，性格内向，沉默寡言，音乐就成了他排遣痛苦和表达情感的手段。参加克里奥尔的爵士乐队之后，他更是自觉地通过演奏来表达自己对生活的理解，以唤起同胞的觉醒。鲍德温在小说里描写了三种音乐：

第一种是酒吧间的摇滚乐，是一种供人消遣、让人暂时忘掉现实的音乐。

第二种是基督教福音布道会上的圣歌，其中一首唱道："这是天国的古老航船，拯救的人有成千上万"（1786）。作者主要描写了这种圣歌对听众所产生的影响："这音乐似乎消解了他们体内的一种毒素；时光似乎从他们充满愠怒和敌意的、被打伤的脸上流逝了，他们似乎回到了初生的状态，同时梦想着临终的状态。"（1786）。也就是说，这种音乐宣扬上帝的救赎和来世的幸福，麻痹人们的意志，使他们忘掉现实。正如桑尼一针见血指出的，这歌声"一刹那间使我想起海洛因有时给人的感觉——在它进入你的静脉之后"（1787）。从桑尼对待宗教的态度可以看出，他已经认识到宗教不可能解决黑人的根本问题。

第三种音乐是桑尼和民间爵士乐队一起演奏的布鲁斯乐曲。"布鲁斯曲"（blues，又译为"蓝调曲"）起源于非洲音乐和美国黑人的田野号子。现代布鲁斯曲始于20世纪初期，是由黑人劳动歌曲和黑人灵歌结合而成的。它虽有固定的程式，但允许演奏者或演唱者即兴发挥，强调表达个人的情感。这种音乐主要表现黑人日常生活的艰辛和痛苦，其作用是宣泄痛苦，通过音乐来实现自我救赎，而不是虚幻地祈求上帝救赎。在这篇小说里，作者用了较多的篇幅叙述乐队演奏的情景，不仅描述四位乐师的姿态，而且展现了乐曲的魅力，使读者如闻其声，如见其人，与桑尼的哥哥一起领略乐曲的感召力，并体会他的心灵所受到的震撼。叙述者先介绍了乐队的组成：桑尼、克里奥尔、矮个子黑人和棕皮肤乐师分别演奏钢琴、低音提琴、架子鼓和法国号。由于乐师的语言是通过乐器表达的，因此叙述者常常把乐器和乐师等同起来，时而描述乐师，时而描述乐器，以此巧妙地再现乐器的音响和乐曲的魅力。请看下面两段引语：

　　然后，克里奥尔没打招呼便开始演奏另一首乐曲，这曲子带有一丝嘲讽，是《我忧伤吗》的曲调。然后，桑尼像是遵从他的命令开始演奏。变化开始发生了。克里奥尔放开了缰绳。严肃的矮个子黑人用架子鼓诉说起可怕的事情。克里奥尔做出回答，架子鼓又做出回应。然后法国号说个不停，音调甜美而高昂，也许还有一点冷漠；克里奥尔听着，不时发点议论，严肃、强劲、优美、平静而古老。然后他们又汇合到一起，桑尼又回到这个大家庭中来了。我能从他的脸上看出这一点。他似乎已经找到了一架全新的钢琴，就在他的手指头底下。他显得很惊讶。然后，一刹那间，他们全都为桑尼高兴，似乎都赞同桑尼的意见：全新的钢琴真是棒极了。

　　随后，克里奥尔上前一步提醒乐师们，他们演奏的是布鲁斯曲。他撩拨起大家的心事，也撩拨起我们的心事。乐声变得紧凑而深邃起来，开始出现忧虑的气氛……（1791）

从这段传神的描写里，我们可以想象出乐师们时而合奏，时而独奏的情景，可以想象出四种乐器奏出的优美旋律，特别是桑尼即兴演奏钢琴的感人情景，还可以感受到演出现场的气氛。作者继续描述了叙述者听到桑尼演奏时的感受：

> 我似乎听见了他是用何等的热情把这首布鲁斯变成自己的乐曲，听见了我们必须用何等的热情把它变成我们自己的乐曲，听见了我们如何能不再哀伤。自由就隐匿在我们周围，我终于明白了，如果我们倾听的话，他能够帮我们获得自由，而且如果我们得不到自由，他也永远不会自由。……我又看见了母亲的脸，第一次感觉到路上的石子是如何硌伤了她的脚。我看见了月夜下的那条公路，我的叔叔就是在那里被汽车轧死的。乐声还把其他往事带回我的心里，载着我回到过去。我又看见了我的小女儿，又接触到伊莎贝拉的眼泪，我觉得自己也热泪盈眶了。我还认识到，这只是一刹那，世界像饥饿的老虎，等在外面，灾难在我们头顶上方延伸，比天空还要绵长。（1792）

从这一段可以看出，桑尼全身心演奏，成功地唤起听众对过去的回忆和对现实的思考。评论家托雷尔·措蒙多（Thorell Tsomondo）指出，即兴演奏是一种再创作，桑尼通过即兴演奏取得了成功。"在《桑尼的布鲁斯曲》里，主观的经历与社群的经历汇合到一起，产生出文本、语境，并由此产生意义。于是，桑尼的哥哥为桑尼创作出如此之好的曲子而鼓掌时，他通过乐曲不仅能记起，而且能重构（或者说解释）自己的生活经历、家庭的经历、甚至他未曾谋面的祖先的经历；他已经理解了历史。"（Tsomondo, 1995）更为重要的是，桑尼还帮助哥哥重新认识了现实，看到了种族歧视的危险。由此可见，桑尼是一个成功的民间乐师，他的艺术经历体现了鲍德温的创作思想：艺术家唯一关心的就是如何"从生活的无序当中重新创造秩序，即艺术"。（Baldwin, 1964: 5）

在这篇小说里，音乐既是艺术创作的媒介，又是发泄痛苦的渠道，更是沟通情感、唤起觉悟的手段。作品中的音乐描写起了重要的作用，凸显了桑尼作为艺术家的良知和责任感，也突出了黑人觉醒的主题。

## 耐人寻味的比喻和象征

为了表现主题，鲍德温在小说里还使用了一些耐人寻味的比喻和象征。贯穿全篇的是一组对比鲜明的象征——黑暗与光明。小说一开头，叙述者就讲述了他看到桑尼被捕的消息时的感受："我瞪着那条新闻，它印在地铁车厢摇曳的灯光里，印在众多乘客的脸上和身上，也印在我自己的脸上。我被困在陷阱之中，外面是一派黑暗，呼啸着疾驰而过。"（Baldwin, in McMichael, 1985: 1772）这后一句话构成了小说的中心隐喻，形象地描绘出当时黑人在社会上的处境。此后，叙述者又多次讲到黑人经历过的种种外在的和内心的黑暗。除了前面提到过的"生活的黑暗"和"电影的黑暗"之外，还有黑人父母"脸上的黑暗"，以及轧死黑人的汽车驶过后路上浓重的黑暗等等，都有深刻的含义。与此同时，叙述者也多次讲到光明，如室内驱散黑暗的灯光、舞台上照着乐队的灯光等。叙述者还提到一个细节：桑尼望着西下的夕阳说："它还会出来的。"（1789），表达了他对前途的信心。故事结尾时，叙述者描写他献给桑尼的酒杯在钢琴顶盖上闪闪发光。小说以这一光明的象征结尾，预示着黑人斗争的光明前景。

除此之外，还有两个比喻引人注目。一是作者借桑尼之口把基督教的圣歌与毒品海洛因相提并论，暗示两者都麻醉了人们的精神，可谓犀利深刻。二是作者把叙述者献给桑尼的酒杯比作上帝的"使人东倒西歪之杯"（1792）。这是全篇最重要的明喻，出现在最后一句。如何理解其含义关系到对全篇的理解。"使人东倒西歪之杯"在《圣经》中出现多次。根据《圣经·旧约全书·以赛亚书》第51章17—23节的记载，上帝把他的"愤怒之杯"，即"使人东倒西歪之杯"，交给耶路撒冷人，让他们喝下上帝的愤怒和斥责，东倒西歪，以示惩罚。后来上帝又收回此杯，以示宽恕，并说要把此杯交给那些苦待他们的人。（Isaiah, 2000: 1165）鲍德温使用这个典故，给普通的酒杯增添了宗教色彩和寓意。一方面，他暗示闪光的酒杯犹如宗教仪式上的圣餐杯，既是上帝救赎的象征，又是摆脱邪恶的象征，也象征着两兄弟的和解。另一方面，他似乎重点取用该典故后一半的意义，借此预言，种族主义必将受到惩罚。

这些比喻和象征蕴涵丰富，十分耐人寻味，不仅使故事生动，而且深化了主题。

## 深刻的主题

总的来讲，《桑尼的布鲁斯曲》是一篇描写黑人青年成长的故事。桑尼从亲身经历中理解了自己的家族和种族遭受的苦难，找到了表达和超越痛苦的媒介——音乐。从此以后，他从自发反抗转变为自觉行动，运用音乐手段唤起人们的觉悟。桑尼的哥哥也从消极忍受转变为积极思考，终于理解了桑尼的立场，在黑人社群中寻回了自我。鲍德温用简洁的语言点出了作品的主题：

> 克里奥尔开始告诉我们布鲁斯到底是表现什么的。这乐曲没有特别新的含义。他和他的伙伴们在台上正赋予它新的意义，冒着破损、毁灭、疯狂以至死亡的风险，为了寻找新的办法让我们倾听。因为，关于我们如何受苦、如何快乐、如何可能胜利的故事从来都不新鲜，但必须让人们听到，历来如此。没有别的故事可讲，它是我们在这漫漫黑暗中得到的一线光明。（Baldwin, in McMichael, 1985: 1792）

这一主题体现了作者一贯的唤醒民众的思想。早在鲍德温把《桑尼的布鲁斯曲》与其他短篇小说结集出版之前两年，他就在《我的囚牢在震撼：在解放黑奴百周年之际写给侄子的信》里，深刻地阐述了这一思想。他说："如果说'联合'一词有什么意义的话，那就是：我们将用爱心迫使我们的弟兄看看自己的实际状况，迫使他们不再逃避现实，而是开始改变现实。"（Baldwin, 1963: 20-21）由此可看出，《桑尼的布鲁斯曲》是作者表达自己主张的一个形象的载体，其中寄托着他的希望和期盼。从桑尼身上我们可以找到鲍德温的影子———一个充满爱心、富有社会责任感和抗争精神的艺术家。

简而言之，《桑尼的布鲁斯曲》风格独特，内涵丰富，语言精练。它以生动的人物形象使读者认同，以深刻的意义引领读者思考，具有很强的震撼力，堪称美国黑人文学的力作。从某种意义上讲，这篇小说本身就是一曲强劲的黑人觉醒之歌。

## 参考文献

[1] BALDWIN, JAMES. My Dungeon Shook: Letter to My Nephew on the One Hundred Anniversary of the Emancipation [M]. In BALDWIN, JAMES. The Fire Next Time. New York: Del Publishing Co., Inc., 1963.

[2] BALDWIN, JAMES. Notes of a Native Son [M]. New York: Bantam Books, 1964.

[3] BALDWIN, JAMES. Sonny's Blues [M]. In McMichael, George et al eds. Anthology of American Literature 2. New York: Macmillan Publishing Company, 1985: 1772-1792.

[4] [s. n.]. Isaiah. [M]. The Holy Bible (New Revised Standard Version). Nanjing: National TSPM & CCC, 2000.

[5] MCMICHAEL, GEORGE et al eds. Anthology of American Literature [G]. 2 Vols. New York: Macmillan Publishing Company, 1985.

[6] TSOMONDO, THORELL. No Other Tale to Tell: "Sonny's Blues" and "Waiting for the Rain" [J]. Critique: Studies in Contemporary Fiction, Spring 1995, 36 (3): 195-209.

（本文原载于《四川外语学院学报》2003 年第 5 期。2017 年 9 月修改。）

# 当代美国社会的一面镜子

## ——评悬念小说《临床试验》

《临床试验》（*Clinical Trials*）是美国当代作家丹尼尔·斯蒂文（Daniel Steven）继《最后的补偿》（*Final Remedy*）之后创作的第二部长篇悬念小说，1998 年由哈珀柯林斯出版社出版。小说的背景是 20 世纪 90 年代初的美国，讲述由一项艾滋病疗法的临床试验引发的一系列触目惊心的事件，以及主人公为查清真相和伸张正义而历尽艰险的故事。小说的风格朴实清新；语言很简练，很口语化，但极富表现力，许多句子令译者颇费思索。

一般来讲，通俗小说是以情节取胜的，《临床试验》也是如此。丹尼尔·斯蒂文善于设置悬念和制造紧张氛围。他在小说开头就布下两个疑团。一个男青年翻越白宫的护栏被警察击毙，特工队长从死者的衣袋里发现了一封致美国新任总统的信，总统特别顾问看信后大惊失色。这一事件拉开了小说的序幕，布下了第一个疑团。然而在第一章里，作者故意抛开这条线索，讲述了另一件怪事：四年之后，在某大学医院举行的资助艾滋病研究捐款仪式上，一个女病人从病房窗户跳楼，这是第二个疑团。作者围绕这两个疑团展开故事情节，并在叙述主人公调查事实真相和解救那个病人时继续制造紧张局面，设置更多的悬念，直到故事最后两章才披露全部真相。作者还为小说设计了两条叙事线索：第一条是关于律师迪伦·艾斯的，第二条是关于总统班菲尔德的。这两个人物虽然无缘谋面，但围绕着他们发生的一系列事件却把他们巧妙地联系在一起。此外，作者借鉴了戏剧分场景的方法，每一章里基本有两三个不同的场景，从而打破了时空界限，从不同的角度叙述故事。这样做使全书的情节跌宕起伏，扑朔迷离，惊心动魄，引人入胜。

《临床试验》不仅有精心构思的情节，而且表现了深刻的主题，这是它不同于许多通俗小说的地方。实际上，整部小说是以一项艾滋病研究的临床试验为中心的。一些科学家发现，在已感染 HIV（人类免疫缺陷病毒）的人群中，有极少数人并没有发展成艾滋病，这说明其体内有一种特殊的抗体。于是他们设想，如果把这种人的血浆成分注入艾滋病患者体内，便有可能阻止病情发展，甚至有可能治愈这种病。小说里的艾滋病研究专家马克·阿占特按这个假想进行"被动超免疫疗法"的临床试验，得到了全国过敏症和传染病研究院院长罗萨蒂的支持。阿占特发现，他招募来的志愿者里，尼科尔·吉拉德是个不可多得的供血浆者，其抗体可以有效地控制 HIV。于是尼科尔在不知不觉中受到了各类人物的注意，成了各派势力争夺的对象。渴望取得重大科研成果的阿占特和罗萨蒂想利用她为各自的临床试验服务；教会元老兼商业巨头弗莱彻想利用她来治疗自己女儿的艾滋病；总统班菲尔德也想利用她来治疗自己的艾滋病，从而实现连任的愿望。特工队长马卡姆奉总统之命派人监视追踪尼科尔；律师迪伦·艾斯出于正义感和办案的需要更是密切关注着她。这样一来，围绕着尼科尔便展开了一系列囚禁、诉讼、智斗、藏匿、绑架、侦查、跟踪、追杀、逃跑、隐遁的斗争，涉及当代美国社会许多方面的情况。

可以说《临床试验》是当代美国社会的一面镜子。它描绘了白宫、医院、法院、教堂、家庭、律师事务所、老嬉皮士隐居地、高尔夫球俱乐部以及下等酒吧等场所的画面，展现了上至总统下至黑帮等不同阶层人物的生活。它也反映了这个物质文明高度发展的社会中存在的一些问题，如艾滋病、黑社会、种族歧视、毒品泛滥、少年犯罪、政客狡诈、教会堕落、司法不公正、医疗界腐败、两党争斗和竞选丑闻等，特别是揭露了各种犯罪现象，如绑架、强奸、谋杀、非法拘禁、非法搜查住宅、贪污和挪用公款、贩毒和使用毒品等等。与此同时，小说还表现了普通公民为维护正义与恶势力展开斗争，虽然付出了沉重的代价，但也取得了一定的胜利。小说赞扬了他们不畏强暴、勇于追求真理的精神。

最引人注目的是，小说揭露了美国某些人是如何为了一己之利而肆无忌惮地践踏人权的。为了以合法的手段长期独占尼科尔的血浆，弗莱彻和阿占特买通法官，左右法庭的判决，后来他们又伪造了尼科尔死亡的假象，全然不顾这样做给尼科尔及其亲人带来的痛苦。他们还与黑社会勾结，奸杀尼科尔的代理律师帕梅拉·霍尔茨，追踪尼科尔的室友沙琳·麦康奈尔，引诱并伤害办案律师迪伦·艾斯，后来又追踪尼科尔，并杀害了迪伦的父亲——隐于荒野与世无争的霍华德·艾斯。班菲尔德总统为了得到尼科尔的血浆，不惜动用空军的飞机，并非法挪用国库资金一千万美元。尼科尔虽然在迪伦的帮助下逃出了魔窟，但仍时时面临被抓回去的危险，因此不得不隐姓埋名远走他国。这一系列侵犯人权、践踏人权的行径令人发指，也令人深思。看来一向标榜保护人权并指责别国侵犯人权的美国政府倒是有必要好好反省一下本国的人权状况。

然而，无论恶势力如何猖狂，正义终将战胜邪恶。作者给小说设计了一个基本上是传统的结局：恶人得到了恶报，好人历尽劫难终于获得了自由。这种安排使读者感到欣慰，符合一般读者的阅读期望和审美情趣。然而作者并不满足于此，他又留下了悬念：两个月后迪伦的艾滋病毒检测结果如何？失踪的沙琳是否还活着？携款潜逃的阿占特是否被抓获归案？这些悬念给读者提供了想象的余地。这样的结局显然比纯粹的"皆大欢喜"的结局更高一筹，更富有现实主义色彩，因为现实从来都不是完美的，善与恶的斗争也永远不会终结。

《临床试验》与许多通俗小说的不同之处，还在于它的人物性格塑造。作者怀着极大的同情心塑造了主人公迪伦的形象。迪伦是个初出茅庐的黑人律师。他出身于嬉皮士家庭，父母吸毒，母亲早逝，从小就过着艰苦的生活，还要承担监护妹妹的责任。他从法学院毕业后当上了雇员律师，虽然缺乏办案经验，但富有同情心和正义感。他受上司委派担任吉拉德夫妇的代理人，帮助他们争取对女儿尼科尔的监护权。在办案过程中，他遇到了来自各方面的阻力，包括黑帮和联邦特工人员。但他以高度的责任感和人道主义精神关心尼科尔的命运，甚至冒着生命危险超越职权范围与邪恶势力进行斗争。他不断克服轻信、冲动、鲁莽的弱点，在思想上和行为上逐渐成熟起来。由于作者对迪伦的性格发展描写得合乎情理，这个人物就容易得到读者的认同，从迪伦的视角出发叙述的主要事件也显得真实可信。另一个主要人物尼科尔的形象也给人留下了很深的印象，她是一个女权主义者，比较成熟，很有主见。她叛离了富裕的家庭，选择了独立的生活方式，虽身陷囹圄仍奋力抗争，表现出韧性和勇气。小说里还有许多其他人物，如全力支持迪伦的律师巴里·萨斯克、主持正义的律师霍尔茨、误入歧途的少女贾妮斯、为成名而不择手段的阿占特、阴险虚伪的弗莱彻、妖媚诡诈的克里斯汀、两面三刀的芬尼根、玩弄权术的奥斯本、野心勃勃又走投无路的班菲尔德等等，一个个人物都描写得绘声绘色、活灵活现。作者十分注重描写人物的内心世界，善于运用人物的内心独白。第 27 章里尼科尔策划从盥洗室屋顶逃跑时的心理活动，以及第 29 章里迪伦知道自己可能染上艾滋病后的思想斗争，都是很好的例子。这些心理描写给人物的言行奠定了合理的基础。

丹尼尔·斯蒂文之所以能如此熟练地驾驭法律、医学和政治题材并成功地塑造人物形象，是有一定缘由的。他本人就是一位经验丰富、卓有成就的律师。他生于 1950 年，曾就读于罗切斯特大学和华盛顿大学，获得了文学学士和法学博士学位。他毕业后即从事法律工作，从 1974 年起独立执业，任庭审律师，办理过多起重大的医疗差错案和产品责任案，并担任过医疗差错案的仲裁律师，取得过很多成就。例如他在华盛顿市办理一件无必要外科手术案时首次争取到一百万美元赔偿金的判决。他于 1994 年弃法从文，开始了写作和编辑生涯，现任阿莱马克新闻出版社业务开发部主任，出版过法律专著、小说、电视剧剧本等，他的短篇小说曾获奖。另外值得一提的是，他的妻子是医学博士、内科医生，对他写医学题材给了许多帮助。丹尼尔·斯蒂文的创作显然得益于他的专业知识和长期的生活积累。他于 1996 年出版的第一部通俗小说《最后的补偿》，描写的就是从一桩医疗事故暴露出的一个危险的政治阴谋，揭示了美国社会的若干热点问题，一时成为畅销书。《临床试验》是丹尼尔·斯蒂文在 1996 年至 1997 年的 18 个月内写成的，期间他花了 6 个月研究艾滋病和人类免疫缺陷病毒，因此小说里有关艾滋病疗法的描写有一定的科学依据，而且他假设的某些治疗方法也带有预见性，已被 1998 年美国全国过敏症和传染病研究院发布的新研究成果所证明。这充分说明他的虚构是建立在现实生活基础之上的，绝非凭空编造。书中那个患上艾滋病的总统形象虽然是虚构的，但他的野心和丑闻以及围绕着他进行的权力之争让人觉得并不陌生。丹尼尔·斯蒂文对文学创作的态度如此严肃认真，他的两部通俗小说均获成功当在情理之中。

总而言之，《临床试验》不仅是一部通俗悬念小说，而且是一部社会小说，它所反映的社会生活的深度是一般通俗小说不能比拟的。作为当代美国社会的一面镜子，《临床试验》确实是一部集通俗性、思想性和艺术性于一体的优秀作品。

## 参考文献

[1] STEVEN, DANIEL. Clinical Trials [M]. New York: Harpercollins Publishers, 1998.

[2] 斯蒂文，丹尼尔. 临床试验 [M]. 谷启楠、朱小凡，译. 南京：译林出版社，2000.

（本文原载于《译林》1990 年第 3 期。后作为《前言》载于丹尼尔·斯蒂文著《临床试验》，谷启楠、朱小凡译，译林出版社 2000 年 5 月版。）

# 论《达洛维太太》的人物形象塑造

长篇小说《达洛维太太》（*Mrs Dalloway*, 1929）是英国著名女作家弗吉尼亚·吴尔夫（Virginia Woolf, 1882—1941）的成名作，也是西方现代主义意识流小说的最初尝试之一。文学批评家丹尼斯·普帕德（Dennis Poupard）指出，吴尔夫认为传统的欧洲叙事形式已经变得过于造作，对作家束缚过多，使他们难以用富于诗意的、印象主义的方式表现生活。他说："吴尔夫相信，表现人物的似无联系但令人感悟的瞬间印象，是对小说形式的极大改进。吴尔夫说，这种瞬间印象（如果放在一起统观的话）可以满足读者的好奇心，同时也符合她的思想，即人的个性不能只靠语言来表达。"（Poupard, 1986: 390）《达洛维太太》就是吴尔夫将上述思想付诸实践的成果。该书体现了现代主义作品的反传统倾向和"极端化""片段化""非连续性"的特点。《达洛维太太》在题材、风格和写作方法上都有许多创新，本文仅就其塑造人物形象的方法加以论述。

## 意识流

在创作《达洛维太太》的初始阶段，吴尔夫曾在日记里谈到她的构思："在这本书里，我大概有太多的想法，我想表现生与死、精神健全与精神错乱；我想批评这个社会制度，展示它是如何运转的，展示它最强烈的方面。"（Poupard, 1986: 390）

为了达到这一目的，吴尔夫摈弃了传统的刻画人物性格的方法，大胆地试验了新的手段。正如英国文学评论家安德鲁·桑德斯（Andrew Sanders）所言："她的小说试图'消解'人物，同时又在一个美学的形态或'形式'范围内重新建构人类的经验。她寻求表现瞬间感觉的本质，或者说是有意识的和无意识的心理活动的本质，然后将其向外扩展，达到对模式和节奏的更广泛的认识。瞬间的反应、即逝的情感、短暂的刺激、游离的思绪，都被有效地'卷曲'成一种连贯的、有结构的文体关系。"（Sanders, 1996: 515）。

　　吴尔夫采取的最主要手段是描写人物的意识流，包括一系列感觉、想法、回忆、联想和反思。这样做是为了从人物本身的视角出发，去展现他们的内心世界，以及他们之间的关系。小说的直接背景是 1923 年 6 月的伦敦，主要情节非常简单，仅描写英国下议院议员理查德·达洛维的太太克拉丽莎从早晨上街买花到午夜家庭晚会结束期间的见闻和感想。然而从小说一开篇，作者就带领我们直接进入主人公的意识之中，随着她的意识流，我们逐渐了解到她从十八岁到五十二岁这三十四年间的生活经历和感情纠葛。此外，我们也了解到另外两个主要人物彼得·沃尔什和塞普蒂莫斯的心理与感情历程。小说重点展现了英国中上层阶级人物的精神风貌，揭示了第一次世界大战后人们心中的惶惑、焦虑、恐惧和渴求，同时也间接地反映了大战结束后五年间英国社会的变迁，如战争的影响、传统观念的衰败、社会差别的缓和、社会气氛的宽松、海外殖民统治的动摇，等等。可以说，意识流不仅是这部小说的写作手法，还构成了小说的题材。

　　为了描写人物的意识流，吴尔夫使用了内心独白的方法，记录人物在意识层面的内在感情历程。内心独白有直接和间接两种，吴尔夫在此书里主要使用间接内心独白，即用第三人称来叙述人物的心理活动。小说开头第三段是个典型的例子：

> 多有意思！多么痛快！因为她过去总有这样的感觉，每当随着合页吱扭一声——她现在还能听见那合页的轻微声响——她猛地推开伯尔顿村住宅的落地窗置身于户外的时候。早晨的空气多么清新，多么宁静，当然比现在要沉寂些；像微浪拍岸，像浮波轻吻，清凉刺肤然而（对于当时的她，一个十八岁的姑娘来说）又有几分庄严肃穆；当时她站在敞开的落地窗前，预感有某种可怕的事就要发生；她观赏着鲜花，观赏着烟雾缭绕的树丛和上下翻飞的乌鸦；她站着，看着，直到彼得·沃尔什说："对着蔬菜想什么心事呢？"——是那么说的吧？——"我感兴趣的是人，不是花椰菜。"——是那么说的吧？这一定是他在那天吃早餐的时候说的，在她走到屋外的台地之后——彼得·沃尔什。他过几天就要从印度回来了，是六月还是七月，她记不清了，因为他的来信总是那么枯燥无味；倒是他常说的几句话让人忘不掉；她记得他的眼睛、他的折叠小刀、他的微笑、他的坏脾气，还有，在忘掉了成千上万件事情之后，还记得他说过的关于卷心菜的诸如此类的话——多奇怪呀！（Woolf, 1996: 5）

作者就是这样把我们带进克拉丽莎·达洛维的意识之中。克拉丽莎清晨来到户外，从自己的感受联想起年轻时的往事，又想起过去的恋人彼得·沃尔什，想起他将要从印度回来。短短的一段不仅介绍了两个主要人物，而且把小说的时间跨度一下子拉回到三十多年之前，把过去与现在自然地联系在一起。

"当时她站在敞开的落地窗前,预感有某种可怕的事就要发生",一句话点出了克拉丽莎性格的重要特点——恐惧心理。

更有意义的是,克拉丽莎的意识流里充满对自己的审视和评价,使我们得以较深刻地了解她的内心世界。例如,她走在大街上,看着过往的车辆,触景生情,思绪万千:

> 现在她不愿意对世界上的任何人评头品足。她觉得自己非常年轻,与此同时又不可言状地衰老。她像一把锋利的刀穿入一切事物的内部,与此同时又在外部观望。每当她观看那些过往的出租车时,总有只身在外,漂泊海上的感觉;她觉得日子难挨,危机四伏。这并不是因为她自作聪明或自恃出众。她究竟是如何靠丹尼尔斯小姐传授的那点支离破碎的知识度过这半生的,连自己也不明白。她什么都不懂,不懂语言,不懂历史;她现在很少读书,除了在床上读些回忆录;然而对她来说,这里的一切,那些过往的出租车,绝对有吸引力;她不愿对彼得评头品足,也不愿对自己说三道四。(10-11)

通过这段直白的描述我们了解到,克拉丽莎虽然有钱有地位,但生活并不幸福。她的内心充满危机感和恐惧感。有时她甚至想到了死:"那么这要紧吗?走向邦德街时她问着自己,她的生命必须不可避免地终止,这要紧吗?所有这一切在没有她的情况下必须继续存在,她对此生气吗?相信死亡绝对是个终结难道不令人感到欣慰吗?"(8-9)这段内心独白为以后情节的发展做了铺垫。

在上述两例中,吴尔夫都再现了女主人公的自由心理联想过程。她还用同样的方法描写退伍军人、精神病患者塞普蒂莫

斯的意识流，逼真地再现了他的狂想和恐惧。塞普蒂莫斯参加
过世界大战，残酷的战争使他对战友的阵亡麻木不仁，并得了
"弹震症"。退伍后他时时被负罪感所困扰，导致精神失常。小
说里有多处展现他的自由心理联想。例如，一次他坐在公园里
冥想，突然跑来一只狗，他受到惊吓，恐惧感倍增，觉得狗正
在变成人，进而思索自己能看出狗变人是因为热浪的缘故，而
热浪将会化解自己的遗体，最后只剩下一根根神经。小说里还
有很多类似的冥想。表现了这个人物对生活的恐惧和绝望，也
为他后来跳楼自杀埋下了伏笔。

在许多情况下，人物的某些深层次的情感很难用语言表达，
因此就需要使用意象来代替语言，让读者从中体会人物的情感。
下面一段克拉丽莎缝补衣裙时的意识流就含有十分耐人寻味的
意象：

> 宁静降临到她的身上，平静，安详，此时她手里的针
> 顺利地穿入丝绸，轻柔地停顿一下，然后将那些绿色的褶
> 子聚敛在一起，轻轻地缝到裙腰上。于是在一个夏日里海
> 浪聚拢起来，失去平衡，然后跌落；聚拢又跌落；整个世
> 界似乎越来越阴沉地说："完结了。"直到躺在海滩上晒太
> 阳的躯体里的心脏也说："完结了"。无须再怕，那颗心脏
> 说。无须再怕，那颗心脏说，同时将自己的重负交给某个
> 大海，那大海为所有人的忧伤发出哀叹，然后更新，开始，
> 聚拢，任意跌落。那个躯体则孤零零地倾听着过往蜜蜂的
> 嗡嗡声；海浪在拍打；小狗在吠叫，在很远的地方吠叫，
> 吠叫。（44-45）

此处的大海意象一方面反映了克拉丽莎对手中缝着的绿衣

裙的印象，另一方面也暗示她的心情极不平静，仍在思考着死亡问题。她那些无法用语言表达的思绪尽在这意象之中，十分耐人寻味。

从这部小说可以看出，意识流是吴尔夫塑造人物形象的主要方法，具有很大的魅力，它能使读者洞悉人物的内心世界，觉得他们真实可信，这是传统的叙事方法难以做到的。

## 多元视角

由于一个人物的主观视角有一定的局限性，吴尔夫又借助了其他人物的视角。这种多元视角的方法可以丰富人物形象，也有助于展示人物之间的相互关系。例如，作者在塑造克拉丽莎形象时，除了使用克拉丽莎本人坦诚自省的视角以外，还使用了其他人物的视角。这些人物包括她过去的恋人彼得·沃尔什、她过去的亲密女友萨莉·西顿、她女儿的家庭教师基尔曼等，甚至包括一个从未引起她注意的斯克罗普·派维斯。他们的意识流从不同的方面提供了对克拉丽莎的看法，从而使她的形象立体化。例如，斯克罗普从旁观者的角度描述了克拉丽莎的外在形象：她是个"有魅力的女人""有几分像小鸟"，"体态轻盈，充满活力"（6）。基尔曼和萨莉很了解克拉丽莎，因此提供了较为深入的看法。基尔曼认为克拉丽莎"缺乏文化修养"（136），是个"既不懂悲伤又不懂快乐的人"，是个"随随便便浪费自己生命的人"（138）。萨莉说克拉丽莎"心地纯洁"，对朋友"慷慨"（210），但"在内心深处是个势利眼"（209）。

彼得·沃尔什的视角更为重要，因为他曾是克拉丽莎的恋人，又一直生活在他们夫妇圈子的边缘，处于观察和了解他们的有利地位。彼得受过西方民主思想的教育，刚从生活工作多年的印度回国，因此能用新的眼光回顾过去的恋情，能较冷静地审视达洛维一家及其上层社会的朋友，并对他们做出批判性的评价。例如，彼得回伦敦看望克拉丽莎后，边走边思考克拉丽莎为人处事的态度：

> 对她明显的评语是：她很世俗，过分热衷于地位、上流社会和向上爬——从某种意义上讲这是事实；她向他承认过这一点。（你如果费一点力气的话，总是能让她承认的；她很诚实）。她会说她讨厌穿着过时的女人、因循守旧的人、无所作为的人，也许包括他自己；她认为人们没有权利袖手闲逛，他们必须干点什么，成就点什么；而那些大人物、那些公爵夫人、那些在她家客厅里见到的伯爵夫人们，在他看来微不足道，远非什么重要人物，而在她看来则代表着一种真正的成就。她有一次说贝克斯伯拉夫人身板直挺（克拉丽莎自己也是同样；她无论是坐还是站从不懒散地倚着靠着；她总是像飞镖一样直挺，事实上还有一点僵硬）。她说她们有一种勇气，对此她随着年龄的增长钦佩有加。在这些看法中自然不乏达洛维先生的见解，不乏那种热心公益的、大英帝国的、主张税制改革的统治阶级的精神，这种精神已进入她的思想，正如经常发生的那样。虽然她的天资比理查德高两倍，但她却不得不通过他的眼睛去看待事物——这是婚姻生活的悲剧之一。（85-86）

彼得的这番评价基于他对克拉丽莎的深刻了解，因此一针见血地揭示了她精神空虚和趋炎附势的特点。

总之，从多元视角出发去审视人物，更符合现代人观察事物的方法，因而使人物显得真实可信，便于读者认同。

## 人物的映衬和互补

为了使人物形象更加丰满，吴尔夫还采取了一种措施。她设置了两条平行的叙事线索，一条表现克拉丽莎，另一条表现塞普蒂莫斯。这两个人物从来没有见过面，只是在小说即将结尾时，克拉丽莎才听精神病医生威廉·布拉德肖爵士谈起塞普蒂莫斯自杀的事。吴尔夫曾说过，她塑造塞普蒂莫斯的目的是让他作为克拉丽莎的"替身"（double），以便"使达洛维太太的形象完满"（Zwerdling, 1986：279）。塞普蒂莫斯与克拉丽莎是互相映衬，互为补充的。克拉丽莎属于上层阶级，且精神健全；而塞普蒂莫斯则属于平民阶级，并患有精神病。从表面上看，他们似乎没有什么共同之处，但实质上并非如此。从宏观上讲，这两个人物目前生活在同一个时间和空间。从微观上讲，他们的心理状态极其相似——都被孤独感和恐惧感所困扰，都常常想到死亡，都相信人死后仍有灵魂存在。正因为如此，塞普蒂莫斯的死讯才会在克拉丽莎的心里引起强烈的反响。克拉丽莎不禁深思：

> 她有一次把一先令硬币扔进蛇形湖里，以后再没有抛弃过别的东西。但是他把自己的生命抛弃了。他们这些人继续活着（她得回去；那些屋子里仍挤满了人；客人还在不断地来）。他们（一整天她都想着伯尔顿村，想着彼得，想着萨莉），他们会变老的。有一种东西是重要的：这种东西被闲聊所环绕，外观被损坏，在她的生活中很少见。人们每天都在腐败、谎言和闲聊中将它一点一滴地丢掉。这种东西他却保留了。死亡就是反抗。死亡就是一种与人交

流的努力，因为人们感觉要到达中心是不可能的，这中心
神奇地躲着他们：亲近的分离了，狂喜消退了，你孤身一
人。死亡之中有拥抱。（Woolf, 1996: 202）

　　克拉丽莎正是从塞普蒂莫斯自杀一事得到了启示，认识了
个人与外部世界的关系。她认识到，塞普蒂莫斯自杀是为了维
护人格的尊严，对比之下，自己缺乏的正是这种精神。从这个
意义上讲，塞普蒂莫斯帮助她重新认识了自己。可以说，这是
她觉醒的开始。我们可以看到，克拉丽莎一生中完全遵循上流
社会的道德规范，就连婚姻也是为了满足向上爬的需要，她的
社会地位和安逸生活是以牺牲个人的尊严和爱情为代价的，也
给她带来了困惑和痛苦。克拉丽莎和塞普蒂莫斯对于生死问题
的看法是互为补充的，从不同的角度反映出第一次世界大战给
人们造成的的心理影响。吴尔夫让这两个背景迥异的人物互为
映衬，从各自的角度探讨他们所共同关心的生死问题，真可谓
有异曲同工之妙。

## 讽　刺

　　在这部小说里，吴尔夫还使用了讽刺手法来传达她对英国
社会制度的批评。她讽刺的对象主要是上层阶级中那些坚决维
护大英帝国殖民统治的保守人士。这些人永远生活在过去，死
死抱住殖民主义不放，无法跟上时代前进的步伐。布鲁顿勋爵
夫人就是一个典型的例子，她对印度人民要求摆脱英国统治的
斗争作出了如下反应：

　　　　布鲁顿勋爵夫人想听听彼得的意见，正好他刚从那个

中心地区回来，而且她要让桑普顿爵士会见他，因为作为士兵的女儿，印度局势的荒唐，或者说是邪恶，确实使她彻夜难眠。她已经老了，干不了什么大事。但是她的房子、她的仆人们、她的好友米莉·布拉什——他还记得她吗？——都在那里要求效劳，如果——一句话，如果他们能派得上用场的话。要知道她虽然从来不提英格兰，但是这个养育着众生的岛屿，这片亲爱又亲爱的土地已融进她的血液之中（尽管她没读过莎士比亚）；如果有史以来有一个女人能戴头盔射利箭，能领兵出征，能用不可抗拒的正义去统治野蛮的部族，并成为一具没有鼻子的尸体躺在教堂的盾形坟墓之中，或变成某个古老山坡上被青草覆盖的小土堆，那个女人就是米莉森特·布鲁顿。尽管她受到性别的限制，又缺乏逻辑思维能力（她感到给《泰晤士报》写封信很困难），但她仍时时想着大英帝国，并且通过与那个全副武装的战争女神相联系得到了像步枪捅弹杆的身姿和粗犷的举止，因此不能想象她即便死后能与大地分离。也不能想象她会以某种精灵的形象游荡于那些已不再悬挂英国国旗的地区。要她不当英国人，即便在死人中间——不行！不行！绝对不行！（198）

这段描述惟妙惟肖地刻画出一个维护殖民统治的"爱国者"形象。此外，彼得对老帕里女士的评价"她会像一只寒霜里的小鸟，死去时仍用力抓住树枝"（178-179），也生动地勾画出这类人物的本质。

吴尔夫还讽刺了其他一些人物。例如，休·惠特布雷德在王宫担任卑职，极尽阿谀奉承之能事；精神病医生威廉·布拉德肖爵士靠着"均衡感"隔离压制病人，"不仅自己发家致富，而且使英国繁荣昌盛"（110）。作者还借彼得之口谴责了战争给青年人带来的灾难："丰富多彩的、不甘寂寞的生命则被放到满是纪念碑和花圈的人行道底下，并被纪律麻醉成一具虽僵挺但仍在凝视的尸首。"（57）

　　讽刺手法的使用，不仅有助于刻画人物形象，而且深化了作品的主题，给小说增添了社会批判意义，而这正是这部作品的价值所在。

## 结　论

　　吴尔夫主要使用意识流、多元视角、人物的映衬和互补、讽刺这四种方法，塑造出了栩栩如生的人物形象，使读者接触到人物的内心世界，较深刻地体会到人物的思想感情，这是《达洛维太太》成功的一个重要原因。不仅如此，作品还给读者留下了想象的余地。由于作者打破了按时间顺序叙事的格局，让人物的意识流倾泻而出，作品似乎给人以"杂乱无章"的感觉。然而正是这种叙事方法才使读者摆脱了被动阅读的地位。读者必须细心阅读，努力从"杂乱"之中找出"章法"，理顺事件的始末，弄清人物之间的关系，从而发现人物性格并理解作品主题。这种方法虽然增加了阅读的难度，但能促使读者发挥主动性，积极解读书中的含义，可以收到较好的阅读效果。

### 参考文献

[1] 吴尔夫，弗吉尼亚. 达洛维太太 [M]. 谷启楠，译. 北京：人民文学出版社. 2003.

[2] POUPARD, DENNIS ed. Twentieth-Century Literary Criticism [M]. Vol. 20. Detroit: Gale Research Press, 1986.

[3] SANDERS, ANDREW. The Short Oxford History of English Literature [M]. Oxford: Clarendon Press, 1996.

[4] WOOLF, VIRGINIA. Mrs Dalloway [M]. London: Penguin Books Limited, 1996.（引文的译文参见[1].）

[5] ZWERDLING, ALEX. Virginia Woolf and the Real World [M]. Berkley: University of California Press, 1986.

（本文原载于《南开学报》哲学社会科学版 2000 年增刊。后作为《前言》载于弗吉尼亚·吴尔夫著《达洛维太太》，谷启楠译，人民文学出版社 2003 年 4 月版和 2014 年 6 月第二次印刷本。后又作为《前言》收录于吴尔夫著《海浪 达洛维太太》，吴钧燮、谷启楠译，人民文学出版社 2016 年 10 月版。2018 年 11 月修改。）

# 加拿大短篇小说的多元文化特色

加拿大是一个多民族国家。土著民族印第安人和因纽特人千百年来在这片土地上休养生息，创造了独特的民族文化。来自世界各地的移民也带来了本民族的文化。各种文化长期并存，互相交流，不断发展，形成了加拿大社会多元文化的特点。这一特点在该国的文学作品中早已有所体现。特别是 20 世纪 60 年代以来，由于加拿大政府先后实施了双元文化主义政策和多元文化主义政策，各民族的文化进一步得到保护和发展。许多英法裔作家不仅反映本民族的生活，也更加关注国内其他民族的命运；少数族裔作家相继崛起，并得到社会的承认；土著民族作家也走上文坛。文学作品中的多元文化特色因而更加鲜明。

这一时期中，加拿大短篇小说的创作也日趋繁荣，出版了大量的专著和选集，从不同的角度反映加拿大各族人民的生活和喜怒哀乐。这里仅介绍几部有特色的选集。《牛津加拿大英语短篇小说选》（*Oxford Book of Canadian Short Stories in English*, 1986）从文学史的角度出发收集了名家的名篇。《来自墨水湖：加拿大小说选》（*From Ink Lake: Canadian Stories*, 1990）收集了现当代作家的作品。《加拿大女作家小说选》（*Stories by Canadian Wome*n, 1984）突出了女作家辈出的特点。《加拿大犹太短篇小说选》（*Canadian Jewish Short Stories*, 1990）和 《我的亲戚们：加拿大当代土著小说选》（*All My Relations: An Anthology of Contemporary Canadian Native Fiction*, 1990）具有独特的民族风格。《温哥华短篇小说选》(*Vancouver Short Stories*, 1985)、《加拿大太平洋和北冰洋地区短篇小说选》(*Stories from Pacific and Arctic Canada*, 1974) 和《最后的地图是心灵：加拿大西部小说选》(*The Last Map Is the Heart: An Anthology of Western Canadian Fiction*, 1990) 具有明显的地方特色。特别值得介绍的是《另类孤独：加拿大多元文化小说选》(*Other Solitudes: Canadian Multicultural Fictions*, 1998)。这本书收集了该国当代多民族的作家的作品，并附有每位作者的访谈录，重点反映和探讨加拿大社会的多元文化特点及其对各民族人民的影响。

　　本文仅以部分短篇小说为例，分析加拿大短篇小说的多元文化特色。

　　　　　　　　　　　　　一

　　许多短篇小说集中反映了加拿大是个多民族移民国家的基本事实。多民族聚居，朝夕相处；新移民和侨民不断涌来；各种文化都在这块土地上发生碰撞。复杂的社会环境和人际关系为小说创作提供了丰富的素材。

　　克拉克·布列斯（Clark Blaise, 1940—）的《新移民班级》:（"A Class of New Canadians"），描写教师诺曼·戴尔在加拿大蒙特利尔市教新移民英语的经历。就人员的构成而言，他的英语班可以说是加拿大社会的缩影：戴尔本人来自美国；他的学生中有法裔加拿大人，还有来自法国、德国、西班牙、以色列、亚美尼亚，以及南美洲国家和地区的移民。这些移民有不同的经历，抱着不同的目的而来，但都感到困惑和不安。一位犹太学生为学不好英语而发愁，戴尔安慰他说："你能学会的，别担心。不管怎么说，这正是加拿大吸引人的地方，在这里他们不会强人所难的。"（Blaise in Daymond 2, 1978: 673）这句话道出了多数加拿大人对新移民所持的宽容态度。

犹太作家杰·斯坦菲尔德（J. J. Steinfeld 1946—）的《棋王》（"The Chess Master"）叙述发生在犹太移民和德国移民之间的故事。犹太少年莱昂内尔偶遇德国移民恩斯特·克鲁格尔，并向这位"棋王"学习棋艺，两人在多年的交往中结下深厚的友谊，甚至产生了父子般的感情。直至十四年后，已成为小说家的莱昂内尔才震惊地得知，"棋王"曾是纳粹分子，并熟知莱昂内尔母亲被囚法西斯集中营时的编号。这个故事通过主人公复杂的感情历程，从一个侧面反映出加拿大作为各国人民"避难所"的历史地位。过去的敌对双方在这个国家巧遇便是情理之中的事了。

## 二

一些短篇小说表现了加拿大不同民族之间的同情、理解和友谊，也表现了因文化背景的差异而引起的误解和冲突。有些故事十分感人。

女作家玛格丽特·劳伦斯（Margaret Laurence, 1926—1987)的《潜鸟》（"The Loons"）讲述苏格兰移民的女儿瓦涅萨和梅蒂族姑娘皮盖特的故事。梅蒂人是法国商人和印第安妇女结合产生的后代，19世纪末曾反对联邦政府接管他们居住的红河地区，为保护自己赖以生存的自然环境和争取生存的权利举行过起义。起义被镇压后，梅蒂人受到社会的歧视。瓦涅萨的父亲没有种族偏见，邀请十三岁的皮盖特随他全家到钻石湖畔度假。皮盖特小小年纪却冷漠寡言，不愿谈及自己的祖先，也不愿去湖边看潜鸟。瓦涅萨无法理解她。四年之后两人重逢时，皮盖特已变成一个浪迹四方、寻欢作乐的姑娘，并宣布将和白人结婚。又过四年后，瓦涅萨才得知，皮盖特婚姻失败，酗酒无度，最后和孩子一起惨死在大火之中。瓦涅萨重返钻石湖畔，发现景物全非，潜鸟也杳无踪迹。只是在这时，她才理解了皮盖特，无限同情她的悲惨命运。故事中那些潜鸟的悲鸣似乎是在哀叹梅蒂人传统生活方式的终结。

印第安女作家贝思·布兰特（Beth Brant, 1941—2015）的《龟姑娘》（"Turtle Gal"）是个动人的故事，发生在 1968 年。九岁的印第安小姑娘休琳·朗何斯在母亲自杀后成了孤儿。她的邻居、七十岁的黑人歌手詹姆斯·威廉·牛顿把她领回家中，决心克服困难抚养她。故事情节简单，作者也没有明确交代休琳的家世和其母的死因，但从两个人物的对话、詹姆斯的大段独白和休琳的长篇回忆中，读者可以了解到他们的内心世界和他们贫困受歧视的处境，也可以体会到这对不同民族的老少之间的真挚情谊。詹姆斯对于有色人种的命运的思考具有深刻的内涵。

女作家玛格丽特·阿特伍德（Margaret Atwood, 1939—）的《火星来客》（"The Man from Mars"）则是个饶有风趣的故事。个子高大、相貌平常的女大学生克里斯廷偶遇一个身材矮小的亚洲人。由于此人千方百计接近她，她感到莫名的忧虑和恐惧，于是报告了警方。那个"火星来客"被遣送回国之后，她才意识到自己对那人颇有好感，而那人对她也并无恶意，只不过因各自的文化背景不同而不能相互理解罢了。小说通过对克里斯廷矛盾心理的细腻描写，反映了由民族文化差异造成的误解、猜疑与隔阂。正如克里斯廷的母亲所说，"对于来自另一种文化的人，你永远无法判断他们的精神是否正常，因为他们

的习俗是那样不同。"（Atwood, 1990: 288）

## 三

一些短篇小说反映加拿大的种族歧视及其对个人命运的影响。种族歧视在加拿大由来已久，是不可回避的社会问题，许多民族都有独特的感受。因此作家们自然要表现这一主题，以引起全社会的关注。

犹太裔作家莫迪凯·里奇勒（Mordecai Richler, 1931—2001）的《大街》（"The Street"）以类似回忆录的形式展现第二次世界大战期间蒙特利尔市一贫民居住区的情景。当时在法语区，英裔白人社会地位最高，法裔白人其次，犹太人处于底层，只能在两种白人的夹缝中求生。犹太人虽然在特殊的历史条件下得以生存和发展，但仍感到十分压抑。作者直率地表达了犹太移民的看法："我们正在被邀请去保卫的民主是有瑕疵的，不友善的。诚然，我们在加拿大比在欧洲生活得好，但这个国家仍然是他们的国家，而不是我们的国家。"（Richler, 1990: 38-39）

日裔女作家乔伊·小川（Joy Kogawa 1935—）的《伯母》（"Obasan"），通过一个日本移民家庭的遭遇，反映了加拿大历史上不光彩的一页。第二次世界大战期间，加拿大政府视日裔公民为"敌侨"，把他们从西部沿海地区强行遣送到内陆地区。这些移民失去了财产和家园，过着非人的生活。主人公的伯父和伯母变得沉默寡言，宁愿忍受痛苦也不肯向晚辈吐露真情，想保护晚辈的心灵不受创伤。但他们这样做的结果却使自己长期得不到晚辈的理解和爱戴。作者尖锐地指出："在不断变化的世界中，非正义是唯一的不变量。"（Kogawa 1984: 314）

华裔作家余兆昌（Paul Yee, 1956—，又译为保罗·余）的《草原孀妇》（"Prairie Widow"）以中国移民在加拿大遭受种族歧视的历史事实为背景，表现女主人公金梅·余在草原小镇的生活经历。由于加拿大政府在 1923 年专门立法禁止中国移民入境，新婚的金梅和当华工的丈夫戈登·余被分隔在大洋两岸达二十年之久，直到 1950 年才得以团聚。然而夫妻由于长期分居已形同陌路，感情上的裂痕很难弥合。作为小镇上唯一的华人家庭，他们备受歧视和冷落。戈登心灰意冷，在绝望中死去。金梅在苦难生活的磨炼下变得坚强，继续留在小镇经营餐馆，抚养孩子，独自开拓新的生活。作者使用意识流和内心独白的方法恰如其分地揭示了金梅内心的矛盾冲突，使这一可敬的移民妇女形象具有典型意义。

毫无疑问，上述作品所描写的种族歧视都已成为历史，加拿大政府推行的多元文化主义政策也正在收到成效。然而 1992 年 5 月在多伦多市发生的种族骚乱表明，种族歧视和冲突依然存在。那么，可以预料，这一题材今后仍将出现在加拿大文学作品之中。

## 四

一些短篇小说表现各民族的传统文化与加拿大现代文明之间的矛盾，以及由此引发的问题。许多民族既想归属于现代社会，又想保留自己的民族文化，害怕被其他民族同化。土著民族表现尤为突出。

法裔女作家加布里埃尔·鲁瓦（Gabrielle Roy, 1909—1983）的《卫星》（"The Satellites"）是关于因纽特人的动人故事。四十二岁的因纽特妇女德博拉因患肿瘤被送到加拿大南方的医院治疗。她平生第一次走进白人的世界，以因纽特人的眼光观察一切。在感受过现代生活的舒适之后，她回到家乡却感到困惑。然而她始终没有改变对待死亡的传统观念，认为人病重到了不中用的时候就应该有尊严地独自死去，无须像白人那样千方百计延长生命。在生命垂危之际，德博拉悄然离家，投身大海，以传统的方式结束了自己的生命。这个故事生动地表现了两种文化和两种价值观的碰撞，并用"卫星"寓意因纽特人将在尊严的死亡中获得永生。

　　纽芬兰作家哈罗德·霍伍德（Harold Horwood, 1923—2006）的《像夏雪的人们》（"Men like Summer Snow"）描写因纽特少年阿克塔和伊努克外出捕猎海豹的经历。他们既受因纽特传统文化的熏陶，又受现代文明的影响，各有不同的追求。伊努克向往现代文明的生活方式，乐于接受白人带来的社会变革。阿克塔则深受传统文化影响，鄙视白人，把他们比作夏天的雪，希望他们赶快离开。阿克塔梦想成为一名好猎手，以得到同胞的尊重和传统社会的认可。但海豹出现时，他却没有开枪射击，因为他觉得这只高贵的动物有可能是海神。海豹逃走后，他又为未能证明自己是好猎手而感到懊悔和羞耻。这个故事说明新旧文化的碰撞在年轻人中表现得更为强烈。

　　印第安作家托马斯·金（Thomas King, 1943—）的《喜鹊》（"Magpies"），用传统讲故事人的语言饶有风趣地讲述了一个印第安人家庭的故事。老妇人病重时告诉儿子安布罗斯她不要土葬。然而她去世时恰逢儿子外出，于是笃信天主教的儿媳便以现代方式将她土葬了。后来安布罗斯决心兑现自己对母亲的承诺，巧妙用计挖出母亲的遗体，放到她生前指定的大树上，用传统的方式安葬了老人。从这个故事可以看出，新旧文化的冲突无处不在，甚至渗透到家庭内部。

　　上述三个例子表明，深受本民族传统文化影响的人们要想在现代加拿大社会中生存下去绝非易事。他们必须接受新的文化，必须在新旧文化的冲突中做出痛苦的抉择。

## 五

一些短篇小说表现青少年的成长历程。这一题材各国小说都有，但在加拿大作家笔下，青少年的成长不仅充满艰辛，有时还颇有风趣。

艾丽斯·芒罗（Alice Munro, 1931—）是 2013 年诺贝尔文学奖获得者。她的小说主要描写小镇居民的生活和感情纠葛。在《一盎司治病药》（"An Ounce of Cure"）中，一个情窦初开的少女爱上一个男同学，失恋后想借酒浇愁，偷喝了主人家的威士忌，结果喝得酩酊大醉，引发了一场闹剧，备受守旧居民的非议和冷落。作者通过描写主人公细微的心理活动和感情变化，生动幽默地再现了这个女孩子如何认识人生，如何学会正视现实和处理感情问题，如何逐渐成熟起来。

阿利斯泰尔·麦克劳德（Alistair MacLeod, 1936—2014）的《船》（"The Boat"）中，主人公（第一人称叙事者）的父亲是个多年出海捕鱼的渔民。在陪伴父亲捕鱼的过程中，主人公逐渐了解到，父亲一生酷爱文学，但为生计所迫，不得不把忧伤和失落的痛苦埋藏在心底，勇敢地接受了命运的挑战。主人公学会了分担父亲的重负，坚持留在家乡帮父亲打鱼，在艰难的生活中逐步成长。父亲葬身大海后，主人公做了大学教师。他独在异乡回首往事，更深刻地理解了父亲的胸怀和对他的期望。

杰克·霍金斯（Jack Hodgins, 1938—）的《欧洲音乐舞台》（"The Concert Stages of Europe"）以温哥华岛为背景，以地方

电台举办的天才比赛为中心。作者使用第一人称视角，以少年人的眼光观察社会，刻画了十三岁的巴克利·德斯蒙德的内心世界，展现他在成长过程中所经历的痛苦。巴克利的父亲是个伐木工人，但他的母亲不满现状，决心把儿子培养成钢琴家，让他进入上层社会。然而巴克利在天才比赛会上表现不佳，未能获奖，母亲大失所望。巴克利虽因失败而痛苦，但也从中悟出一个道理：人要努力追求自己的目标，不要受父母左右，也不要好高骛远。

这类短篇小说生动地再现了青少年在家庭和社会矛盾中成长的过程，不仅引发青少年思考，也引发成年人对自己过去经历的分析和反思。

# 六

一些短篇小说还重点表现移民父母与在加拿大出生的子女之间的矛盾。这些子女的出生地、成长环境和所受教育与父母的大不相同，他们有独特的价值观和思考问题的方法。这样的差异自然会造成两代人之间的隔阂和矛盾。

奥地利移民作家亨利·克莱索尔（Henry Kreisel, 1922—1991）的《残破的地球仪》（"The Broken Globe"）表现了一对父子间不可调和的矛盾。尼克·索尔丘克的父亲是乌克兰移民，深受宗教影响，又身处阿尔伯塔省大草原，因此执着地相信地球是上帝的造物，是扁平而静止的。十三岁的尼克说，地球是转动的球体，他的父亲却认为这种说法大逆不道，暴怒之下摔坏了尼克的地球仪，并从此与儿子决裂。多年之后，尼克成了国际知名的地球物理学家，但他的父亲仍固执地坚持自己的观点。这个故事不仅反映了科学与宗教的矛盾，也深刻地反映了两代人迥然相悖的世界观。

莫迪凯·里奇勒的《大街》中也有类似的描写。许多犹太移民的子女上大学后对一些历史事件有了新的看法，不再认同父母的观点，甚至为父母讲的英语带有犹太口音而感到羞耻。

华裔女作家李群英（Sky Lee, 1952—）的《残缺的牙齿》（"Broken Teeth"）讲的是一个华人家庭的故事。女主人公（第一人称叙事者）出生在加拿大，她缺乏华人的传统家庭观念，不能理解深受中国传统思想影响的母亲，叛逆地离家独立生活。她不明白母亲为什么要给死在香港的外祖父举行祭奠仪式。后来她母亲讲述了自己年幼时遭外祖父毒打的故事。尽管这件事给母亲留下了终生的心灵创伤，母亲还是原谅了重男轻女的外祖父。女主人公从中了解到什么是"孝道"。

两代人之间的隔阂和冲突本来就是普天之下共有的现象，但在加拿大特殊的社会背景下似乎更为复杂，更具有戏剧性。也许这就是很多作家喜欢写这个题材的原因吧。

七

一些短篇小说表现加拿大土著民族和少数民族人民追溯本民族的渊源，力图了解本民族的历史。加拿大社会是由多民族构成的"拼花图"，人民的种族、肤色、语言、风俗、观点、宗教信仰等差别很大，每个人都要受到不同文化的冲击。这使土著民族和少数民族人民常常感到困惑和无所适从。因此他们渴望了解本民族的过去，以便确认自己的身份。

在《像夏雪的人们》中就有因纽特少年探讨本民族渊源的描写。伊努克不明白他们的祖先为什么定居在寒冷的拉布拉多半岛，而不去较温暖的"南方"。阿克塔克说，那是因为祖先不愿与印第安人争夺土地。

《龟姑娘》中也有关于民族渊源的描写。黑人女教师特雷尔向学生讲述了黑人和印第安人的历史。她说，黑人当初是被迫离开非洲的，那时西班牙人、英国人、美国人和法国人需要廉价劳动力，于是像捕捉野兽一样捕捉非洲黑人，贩运到美洲当奴隶。那些白种人也杀害了许多印第安人，并用欺骗的手段夺走了他们的土地。

在《草原孀妇》中，作者余兆昌通过女主人公的回忆展现她青少年时代在中国家乡的艰辛生活，以及老人的重男轻女思想和妇女的三从四德观念。这些辛酸的往事，连同华人在加拿大受歧视的历史，都是年轻一代华人所不了解的。

余兆昌在 1994 年给笔者的一封信中说："我在课堂上给学生讲课时，总强调以历史作为写作的出发点。历史（特别是家史）无论来自听说过的事还是来自照片或文件，总归是多数人能够接触到的素材。我相信，往事能产生故事，说明我们是什么人，以及今后可能成为什么样的人。"他的话恰当地表达了一些作家追溯民族渊源的写作意图。

# 八

在写作风格方面，许多短篇小说传达了所描写民族的语言和文化特点。

一些作者在故事中穿插使用所描写民族的语言，如《棋王》中的德语词组 Schach und matt，《伯母》中的日语词英译 obasan、korori，《像夏雪的人们》中的爱斯基摩语词音译 agloo、silipak，《龟姑娘》中的黑人土语 Ain't no way gettin' round that 等等，不胜枚举。

　　还有些作者借鉴口头文学的手段，使用民间讲故事人的语言。如《喜鹊》中的第一人称叙事者是个印第安讲故事人，他用词简单，句子很短，时有重复，段落也很短，有时还直接对读者说话。此处仅引两个小段为例：

　　　　That part is true. I can tell you that. Ambrose is generous with those things. Those promises. I help you chop wood for winter, Ambrose tells my friend Napioa. Fix that truck for you ,he says to Billy Frank. Going to dig that ditch tomorrow, he tells his uncle .

　　　　You can count on me. （King, 1990）

　　　　译文：

　　　　那是真的。我告诉你们。安布罗斯在那些事上一向很大方。他答应办的那些事。我帮你砍冬柴，他跟我的朋友纳皮奥说。给你修卡车，他跟比利·弗兰克说。明天给你挖沟，他跟叔叔说。

　　　　你们信我没错。

这种语言不仅使故事真实生动，也塑造了讲故事人幽默风趣的形象。

　　此外，一些作者借用民族文化的典故，衬托人物的文化背景。《草原孀妇》中的金梅丧夫后考虑今后的生活时，想起了"三娘教子"和"孟母择邻"的故事，就是个很好的例子。

　　总之，这些写作手段增加了故事的真实感和可信性，也提高了艺术感染力。

# 结　语

综上所述，加拿大的短篇小说无论是在题材上还是在表现手法上都具有鲜明的多元文化特色。大量作品向读者展示了各民族人民在加拿大的际遇和感受，也给读者提供了观察和了解加拿大社会的多种视角。特别是少数民族作家和土著民族作家的崛起，展现了更多种生活经历，表现了更多种价值观念，给加拿大的文学注入了新鲜的生命力。可以预料，随着多元文化主义政策的实施，加拿大的文学创作将会呈现更加繁荣的景象。

## 参考文献

[1] ATWOOD, MARGARET. The Man from Mars [M]. Ondaatje, Michael selected. From Ink Lake: Canadian Stories. Toronto: Lester & Orpen Dennys Limited, 1990: 273-293.

[2] BLAISE, CLARK. A Class of New Canadians [M]. Daymond, Douglas & Leslie Monkman eds. Literature in Canada Vol. 2. Toronto: Gage Educational Publishing Limited, 1978: 666-674.

[3] BRANT, BETH. Turtle Gal [M]. King, Thomas ed. All My Relations: An Anthology of Canadian Native Fiction. Toronto: McClelland & Stewart Inc., 1990.

[4] GERSON, CAROLE ed. Vancouver Short Stories [M] Seattle: University of Washington Press, 1985.

[5] HODGINS, JACK. The Concert Stages of Europe [M]. Ondaatje, Michael selected. From Ink Lake: Canadian Stories. Toronto: Lester & Orpen Dennys Limited, 1990: 174-193.

[6] HORWOOD, HAROLD. Men like Summer Snow [M].

Schroeder, Andreas & Rudy Wiebe eds. Stories from Pacific and Arctic Canada. Toronto: Macmillan Canada, 1974.

[7] HUTCHEON, LINDA & MARILIN RICHARD eds. Other Solitudes: Canadian Multicultural Fictions [M]. Toronto: Oxford University Press, 1990.

[8] KING, THOMAS ed. All My Relations: An Anthology of Contemporary Canadian Native Fiction[M]. Toronto: McClelland & Stewart Inc, 1990.

[9] KING, THOMAS. Magpies[M]. King, Thomas ed. All My Relations: An Anthology of Contemporary Canadian Native Fiction. Toronto: McClelland & Stewart Inc, 1990.

[10] KOGAWA, JOY. Obasan [M]. Sullivan, Rosemary ed. Stories by Canadian Women. Toronto: Oxford University Press, 1984: 308-315.

[11] KREISEL, HENRY. The Broken Globe [M]. O'Rourke, Forrie & Soretad eds. The Last Map is the Heart: An Anthology of Western Canadian Fiction. Saskatoon: Thistledown Press Lit., 1990.

[12] LAURENCE, MARGARET. The Loons [M]. Peck, Edward et al eds. Transitions II: Short Fiction: A Source Book of Canadian literature. Vancouver: Commcept Publishing Ltd., 1978: 81-90.

[13] LEE, SKY. Broken Teeth [M]. Lee, Sky. Bellydancer: Stories. Vancouver: Press Gang, 1994.

[14] MACLEOD, ALISTAIR. The Boat [M]. New, W.H. ed. Canadian Short Fiction: from Myth to Modern [M]. 2nd Ed. Scarborough, Ontario: Prentice-Hall Canada Inc., 1997: 348-360.

[15] MUNRO, ALICE. An Ounce of Cure [M]. Munro, Alice. Dance of the Happy Shades. Toronto: McGraw-Hill Ryerson Limited, 1968: 75-88.

[16] O'NDAATJE, MICHAEL selected. From Ink Lake: Canadian Stories [M]. Toronto: Lester & Orpen Dennys Limited, 1990.

[17] O'ROURKE, FORRIE & SORETAD eds. The Last Map Is the Heart: An Anthology of Western Canadian Fiction [M]. Saskatoon: Thistledown Press Lit., 1990.

[18] RICHLER, MORDECAI. The Street [M]. Hutcheon, Linda & Marion Richmond eds. Other Solitudes: Canadian Multicultural Fictions. Toronto: Oxford University Press, 1990: 33-40.

[19] ROY, GABRIELLE. The Satellites [M]. Sullivan, Rosemary ed. Stories by Canadian Women. Toronto: Oxford University Press, 1984: 75-97.

[20] SCHROEDER, ANDREAS & RUDY WIEBE eds. Stories from Pacific and Arctic Canada [M]. Toronto: Macmillan Canada, 1974.

[21] STEINFELD, J. J. The Chess Master [M]. Steinfeld, J. J. The Apostate's Tatoo. [s. l.]: Sagweed Press, 1983.

[22] SULIVAN, ROSEMARY ed. Stories by Canadian Women [M]. Toronto: Oxford University Press, 1984.

[23] WADDINGTON, MIRIAM ed. Canadian Jewish Short Stories [M]. Toronto: Oxford University Press, 1990.

[24] WEAVER, ROBERT & MARGARET ATWOOD eds. Oxford Book of Canadian Short Stories in English [M]. Toronto:

Oxford University Press, 1986.

[25] YEE, PAUL. Prairie Widow [M]. Hutcheon, Linda & Marion Richmond eds. Other Solitudes: Canadian Multicultural Fictions. Toronto: Oxford University Press, 1990.

（本文原载于《心灵的轨迹——加拿大文学论文集》，中国文联出版公司，1994 年 6 月版。2018 年 4 月增补修改。）

# 性格的魅力

## ——评加拿大当代作家肯·米切尔的四部剧作

肯·米切尔（Ken Mitchell, 1940—）是加拿大当代作家、戏剧家、诗人和演员。米切尔 1940 年生于加拿大萨斯喀彻温省穆斯乔镇一农场主家庭，在草原上度过童年和少年时代。他曾就读于萨斯喀彻温大学，1967 年获历史学硕士学位，后任教于里贾纳大学，教授文学创作和加拿大文学等课程。米切尔是个才华横溢的多产作家，上大学时就开始发表作品，至今已出版戏剧、小说和文学评论传记二十一部，创作并推出舞台剧二十一部、广播剧十二部、影视剧十二部。其中多部获奖，享誉国内外。他本人也在十六部影视剧中扮演过角色。他于 1999 年荣获加拿大总督颁发的加拿大勋章（Member of the Order of Canada）。

米切尔教授对戏剧情有独钟。在《世界是剧场》（"The World as Theatre"）一文中，他论述了戏剧的特性：

在我们这个后工业、后知识时代，人们并不寻求解释或分析隐藏在日常生活的许多事件（政治危机、股市动荡、棒球赛、电影或诗歌的复杂性等）背后的神秘力量。他们愿意根据自己的经验做出独立的判断。人们似乎越来越想参与行动，哪怕是间接地参与，而不仅仅是读到它。他们希望涉入其间，而不仅限于听别人讲。这基本上就是"戏剧的"思维。（Mitchell, in Sporoxton, 1986: 200）

他还指出："戏剧有两个因素使它不同于其他交流方式。第一，戏剧是一种社交仪式、一种群体性庆祝的方式。第二，戏剧演出是"鲜活的"，因而是不可预料的。一出戏首先引导观众去体验——体验发生的一件事或一个事件。"（199-200）"因为戏剧鲜活、不可预料，所以大家都欣赏这种不确定性。"（200）

从这种理念出发，米切尔在创作中不拘一格，努力探索新的表现形式。他善于从历史事件和普通人的生活中挖掘素材进行艺术加工，特别是在塑造人物性格方面更是独具匠心。本文仅以米切尔的四部剧作为例，探讨他塑造人物性格的方法。

## 《英雄们》：反英雄的对比手法

米切尔的成名作《英雄们》（*Heroes*）发表于 1970 年，并于次年获加拿大全国独幕剧竞赛一等奖，曾先后在六个国家上演。此剧立意新颖，主人公虽为北美老幼皆知的连环画人物"超人"和"孤胆骑警"，但作者反其意而用之，表现了"英雄末路"的主题。作者主要采取对比手法塑造人物形象。他把这两位昔日纵横驰骋、除恶务尽的超级英雄放到现实世界里，让他们随着岁月的流逝而发生变化。他们已不再年轻，失去了神奇的威力，甚至被人遗忘。他们无可奈何地发现，自己与现实世界格格不入。例如，孤胆骑警到纽约后无处拴马，只得将马存入停车场。两位英雄发出了今非昔比的感叹，抱怨敢斗邪恶、维护正义的人越来越少。他们见义勇为却遭到人们的嘲讽和反对，这使他们感到孤独和沮丧。孤胆骑警意味深长地说："你知道银子在过去是质量的标准吗？可现在他们造的硬币已经不含银了。"与这两位英雄相反，他们的搭档洛伊丝·莱恩小姐和印第安人汤托却变得信心十足，神采飞扬。按照老板的安排，洛伊丝将取代超人成为连环画中新的英雄——女权主义者的代表，而汤托也大有取代孤胆骑警之势。对于两位过去的英雄，洛伊丝和汤托已不再崇敬，而是极尽讽刺挖苦之能事，甚至公开议论他们的隐私。尽管超人和孤胆骑警显得局促尴尬，滑稽可笑，但他们内心的困惑和痛苦却一目了然。此剧看似荒诞，却折射出当代社会的许多问题。特别是洛伊丝说的"变化是我们社会永存的现象"（Mitchell, 1992：104）似乎更耐人寻味。

## 《小麦城》：通俗的民间语言

米切尔的另一部独幕剧《小麦城》（*Wheat City*）创作于 1973 年，背景是萨斯喀彻温省小麦城的火车站。这个 20 世纪 20 年代曾经繁华的小镇，现在已经衰败，火车站只有货车通行，居民也大多移居其他城市。剧中只有两个人物：邮电站站长比利和车站员工莫夫的妻子萝斯。作者使用对比手法将这两个性格迥异的人物展现在我们面前。比利勤劳肯干，忠于职守，行为规矩，不善言谈；萝斯则泼辣能干，爱说爱笑，咄咄逼人，富有女性的魅力。然而他们两人都经历着生活的艰辛：比利单身，忍受着孤独和寂寞；萝斯因丈夫不务正业，不得不承担接火车和照顾孩子这两重任务。比利和萝斯都渴望得到理解和爱抚，两人不知不觉亲近起来，萝斯甚至大胆地表达了进一步亲近的意图。但比利控制住自己的感情，不愿越雷池一步。

米切尔为这两个人物创作了典型生动的台词：两人都使用不规范的英语，包括不标准的发音、不合语法规范的词句，以及俚语等，以表现他们没有受过正规的教育。两人的对话简短含蓄，有些压抑，但又有所区别：比利的台词很简单，有时只讲一个字，体现出他少言寡语的特点；萝斯则有几段较长的台词，体现出她爱说话、渴望与人交流的特点。特别是在全剧末尾，萝斯对比利说的话犹如泉水喷涌而出，宣泄出她多年压抑的感情：

> 萝斯：明白我的意思吗？他把我自己留下干所有的活儿！好像我光看孩子还不够似的！（比利开始慢慢拉着邮车向右坡道走。）不能靠莫夫，那是肯定的。他坐在野云雀镇，成天喝酒，他还是个爸爸吗，啊？比利，对吗？（停顿，看着比利走向台口。）告诉你，比利！嘿！（比利停下，但没有转身。）我告诉你，你吃了晚饭就过来，咱们一块儿听收音机，有球赛。（停顿）明尼苏达队对海盗队！（比利又开始往前走。）以为我收不到，是吗？哼，我能收到！K.W.B.X.电台！蒙大拿的巴特市！（停顿）也许莫夫会从野云雀带啤酒回来，那我们今晚就不出去了！当然，你不喝也没关系！（跑向比利）比利，等一等！好吧，我不告诉他！（停顿）那事到底是个秘密，对吗？（比利在台口停下。）只是——哎，你不应该告诉我！这种事谁也不该告诉。明白我的意思吗？它太——招引人了。（比利点点头。）我——下星期见你——行吗，比利？你来取邮件的时候？（他终于转过身来面对她。）还有——也许什么时候——我能去看你——去气象站，怎么样？（比利微笑，有些伤感。）也许咱们能听听唱片什么的，啊？哈哈（停顿）你愿意——

你愿意——下星期早点来吗？那咱们就聊聊天？好
吗？我会让你挂信号标的！（比利仍微笑，转身拉车
下场。远处传来柴油机车的笛声。）比利，告诉你，
（冲着他身后喊）我会把这儿打扫干净，咱们可以喝
点儿咖啡什么的！怎么样？（停顿）咱们得抱团儿，
是不是？咱们是小麦城最后的居民了！行吗——比
利？（Mitchell, 1984: 304-305）

这段台词把女主人公在失落和绝望之中又抱有一线希望的
心情表达得淋漓尽致，从而将全剧推向高潮，给观众留下了深
刻的印象。米切尔确实做到了"把尖刻而可信的方言加以完善"
（Mitchell，1986: 203）。

## 《文化大革命》："戏中戏"的强化结构

米切尔 1979 年创作的剧本《文化大革命》（*The Great
Cultural Revolution*）无论在题材上还是在形式上都与上述两剧
不同。这是一部三幕话剧，以 20 世纪 60 年代中国的"文化大
革命"为背景，以中国著名作家吴晗为人物原型。此剧构思独
特，它不是严格意义上的历史剧，因为米切尔虽然研究过这段
历史，但在创作中并未拘泥于历史的真实。

米切尔虚构了一个"戏中戏"的情节：1966 年 8 月，中央
戏剧学院排练吴晗创作的新编历史剧《海瑞罢官》，这是一部借
古讽今的戏剧。剧作者吴晗亲临现场指导。由于红卫兵的干扰，
主要演员没有到场，因此吴晗只得临时客串"海瑞"角色。排
练过程中，红卫兵闯了进来，他们批判吴晗写该剧是为彭德怀
翻案。吴晗据理力争，最后念着"横眉冷对千夫指，俯首甘为

孺子牛"的诗句被红卫兵带走。

实际上,根据《吴晗传》的记载,《海瑞罢官》从 1965 年 11 月起就受到了批判,吴晗本人也从 1966 年下半年起受到揪斗(苏双碧,1981),根本不可能出现剧中的情况。然而米切尔认为,"'戏中戏'的戏剧可能性比严格的历史真实性更为重要"(Mitchell, 1991b: 175)。他虚构的剧情虽然不符合历史的真实,但能使矛盾冲突更加集中。让主人公吴晗扮演海瑞,实在是米切尔独出心裁的安排。吴晗和海瑞虽然生活在不同的时代,属于不同的阶级,但在性格上颇有相似之处:海瑞刚正不阿,主持正义;吴晗更是敢于直言,坚持真理。作者以表现海瑞的性格来加强吴晗的性格,从而突出了吴晗的形象。"戏中戏"的艺术效果正在于此。

## 《骄阳已逝》:简约的示意手法

米切尔于 1983 年创作的话剧《骄阳已逝》(*Gone the Burning Sun*)也与中国有关。这部两幕十四场话剧再现了伟大的国际共产主义战士白求恩的一生。该剧曾先后在加拿大、澳大利亚、中国、美国、英国、爱尔兰、德国、韩国和印度上演,均获得成功,并于 1985 年荣获加拿大作家协会颁发的最佳话剧奖。米切尔曾于 1987 年和 1993 年两次来中国,给观众提供了通过舞台表演进一步了解该剧的机会。笔者有幸在 1993 年 9 月 26 日米切尔访问南开大学时聆听了他的报告,并观看了他亲自献演的《骄阳已逝》,欣赏了他本人扮演的白求恩形象。

《骄阳已逝》是一部十四场话剧,全剧出场的只有白求恩一个人物。显然,作者的意图是突出主人公的性格。为达此目的,他调动了多种艺术手段。首先,他创作了精炼有力、符合人物性格的独白和示意性对白,并通过主人公的回忆和梦呓将过去与现在巧妙地结合在一起,以展现白求恩的内心世界和生活经历。舞台上虽然没有出现其他相关人物,但观众通过白求恩的台词和表演,可以想象并感觉到那些人物的存在。例如,在第十场中,白求恩初到延安,还不大了解八路军缺医少药的困难,他和加拿大的尤恩护士一起会见毛泽东主席时,有这样几段台词:

白求恩:你好,你好,我们身体很好,谢谢。

（转向董翻译）

请告诉毛主席,我们——尤恩同志和我——对看到的一切印象深刻。我们希望能马上开始工作。我到医院看了看,我得向你报告,医院急需——是啊,当然啦——请给翻译一下。西班牙?唉,很遗憾,那儿问题很多。组织混乱,宗派主义。法西斯的高级武器。谁?洛卡?没有,我从来没见过他。我去之前他已经被害了。

主席先生,我上过前线。我现在是战士,我的工作是挽救伤员的性命。这就是我请求你命令将军们派我上前线的原因。你如果不解决医药问题,你的将士们就会白白死去。在西班牙,我们就在前线做手术。有百分之七十五的伤员康复。百分之七十五啊!所以,如果批准我上前线——

我明白。是啊，根据地的医院需要照料。坦率地说，如果你的医官们接受我的意见，他们会把整个医院炸平再建一个！是啊，窑洞是防空袭的好地方，可是——尘土太多了！到处都是。我见到的病人都没有暖和的毯子，更别提干净的床单了。他们就穿着脏衣服睡在土炕上！你还不如让子弹穿过他们的——！随便说的，别翻译了。

告诉毛主席，我们——天一亮就开始工作。当然，我们需要一些基本装备。他说什么？那我应该跟谁谈呢？医院的官僚说，一切必须经过"领导"批准。我想我们就是在跟八路军的最高领导谈话嘛。（微笑）好吧，就这么定了。总算有了进展。第一、给所有的人，包括护士、医生、还有清洁工，讲卫生基础课。第二、给医院配备一台发电机，用于照明和冷冻血浆。第三、我们的医生们需要至少两辆大卡车，好往前线运医疗器械。在西班牙，我有——

什么？没有医生？（停顿）没有卡车！没有公路？那没法儿干了！我不会创造奇迹！我不能接受这个任务！这个人到底想要我们干什么？什么都要？（停顿）真的？什么都要？（Mitchell 1991a: 159-160）

这些台词生动地再现了白求恩和毛主席谈话的情景。舞台上虽然没有出现毛主席、董翻译和尤恩护士的形象，但给观众提供了许多想象的余地。这是该剧的一个成功之处。

　　除了在语言方面下功夫外，米切尔还有其他构想。他主张不使用布景，并尽可能少用道具。他演出《骄阳已逝》时，舞台上只有一张长桌、两把椅子和一个衣架。这样可以将观众的注意力集中于人物身上。他还设计了让白求恩走到观众之中发表演说的场景，以缩短演员和观众之间的距离，增加真实感。此外，逼真的灯光和音响效果，特别是琵琶演奏的背景音乐，都为情节的发展烘托了气氛。这一切，再加上演员精湛的演技和动情的表演，有效地调动起观众的想象力。我们仿佛回到了过去的年代，看到白求恩在加拿大蒙特利尔市向公众发表演说，在西班牙前线向祖国发回报道，在延安的窑洞向毛主席请战，在炮火中抢救八路军伤员，在弥留之际思念亲人，等等。出现在舞台上的白求恩是一个有血有肉的人物，有普通人的喜怒哀乐。他善于思考，有独到的见地，但常常不为人理解；他个性极强，近于执拗，且性情急躁；他疾恶如仇，但又充满柔情和爱心；他在战火中不断地改造自己，终于实现了人生的价值。白求恩从普通人成长为英雄的心路历程清晰地展现在我们面前。米切尔塑造的白求恩形象以其性格的魅力征服了观众。可以毫不夸张地说，《骄阳已逝》是一部震撼人心的英雄赞歌。作者用简约的示意性表现手法取得了"以少胜多"的艺术效果。

　　1993 年 9 月 26 日，米切尔访问南开大学时，在题为《诺尔曼·白求恩：文本与副文本》的报告中，谈到了他创作《骄阳已逝》的体会。他说，作为苏格兰人的后裔和白求恩的远亲，他有着其他作家所不具备的独特视角，因此他根据自己的研究和理解创作了这部剧，力图全面反映白求恩的一生。他还说："作为一个作家，我遇到的最大困难是，要尽可能把自己变成白求恩，把自己的身份和自我隐没在他的经历和性格之中，努力

想他之所想，做他之所做，因为我相信，诺尔曼·白求恩不仅
是中国革命抗日战争阶段的英雄，而且是现代全人类的英雄，
是人道主义医生（救死扶伤者和智慧追求者）的典型，在他身
上集中了备遭苦难的人类的全部美德。正如毛主席所说，他毫
不利己，专门利人。当然，这样的人往往死得很早，但只要他
们的事迹为世人所知，他们就会在人们的记忆里得到永生。"
（Mitchell, 1993）这段肺腑之言反映出米切尔强烈的历史使命感
和严肃的创作态度。他塑造的白求恩形象为什么如此感人也就
不难理解了。

## 结　语

　　从以上四部剧作的分析中可以看出，米切尔在创作中十分
注意人物性格的塑造。他从不满足于传统的表现方法，而是根
据突出人物性格的需要灵活地运用各种艺术手法，并在此基础
上不断创新。人物的性格突出了，人物形象就有了活力和灵气，
就能产生感人的魅力，引起观众的共鸣。米切尔教授这一宝贵
的创作经验值得中国剧作家借鉴。

### 参考文献

[1] 苏双碧、王志宏. 吴晗传 [M]. 北京：北京出版社，
1981.

[2] MITCHELL, KEN. Gone the Burning Sun [M]. Mitchell,
Ken. Rebels in Time: Three Plays by Ken Mitchell. Edmonton:
Newest Press, 1991a: 123-170.

[3] MITCHELL, KEN. The Great Cultural Revolution [M].
Mitchell, Ken. Rebels in Time: Three Plays by Ken Mitchell.

Edmonton: Newest Press, 1991b: 171-280.

[4] MITCHEL, KEN. Heroes [M]. Hamill, Tony ed. Six Canadian Plays. Toronto: Playwrights Canada Press, 1992: 63-104.

[5] MITCHELL, KEN. Norman Bethune: Text and Subtext [M]. Tianjin: Nankai University, 1993.

[6] MITCHELL, KEN. Wheat City [M]. Currie, Robert ed. Ken Mitchell Country. Regina, Saskatchevan：Cotea Books, 1984: 268-305.

[7] MITCHELL, KEN. The World as Theatre [M]. Sporoxton, Birk ed. Trace: Prairie Writers on Writing. Winnipeg, Manitoba: Turnstone Press, 1986: 199-206.

（本文原载于《戏剧艺术》1994 年第 4 期。2018 年 5 月增补修改。）

# 加拿大作家乔治·鲍尔林及其
## 《短篇小说一则》

乔治·鲍尔林（George Bowering, 1935—）是加拿大著名诗人、小说家、史学家、编辑和文学评论家，文学界公认的后现代派代表作家之一。他 1935 年生于加拿大不列颠哥伦比亚省奥卡那根山谷城。高中毕业后曾任皇家空军的航空摄影师。后来就读于不列颠哥伦比亚大学，获得历史学士和英语硕士学位。在大学读书期间，他深受美国诗人威廉·卡洛斯·威廉姆斯（William Carlos Williams）的诗歌启迪，后来又亲聆美国黑山派诗人罗伯特·邓肯（Robert Duncan）、罗伯特·克瑞里（Robert Creeley）和查尔斯·奥尔森（Charles Olsen）的教诲，学习了他们的诗学理论。从此以后。他一面编辑文学杂志，一面写作，同时也在大学任教。鲍尔林是个多产作家，作品包括诗歌、小说、文学评论、史学著作等。1969 年，鲍尔林以诗集《落基山脚》（*Rocky Mountain Foot*, 1968）和《科斯莫斯的团伙》（*The Gang of Kosmos*, 1969）两部诗集，获得加拿大政府最高奖——总督文学奖。1980 年，他又以长篇小说《燃烧的水》（*Burning Water*, 1980）再获总督文学奖。鲍尔林的其他主要作品有长篇小说《突发奇想》（*Caprice*, 1987）、《开枪！》（*Shoot!* 1994）、《地上的镜子》（*Mirror on the Floor*, 1967）等，短篇小说集《雨水管》（*The Rain Barrel*, 1994），文学选集《可能的故事：后现代作品范例》（*Likely Stories: A Postmodern Sampler,*

1992）等。2002 年，鲍尔林被评为加拿大首位"议会桂冠诗人"
（Parliamentary Poet Laureate）。2004 年，因其杰出的成就荣获
加拿大总督颁发的加拿大勋章（Officer of the Order of Canada）
（Bowering, 2016—2018）。

## 鲍尔林的创作理念

乔治·鲍尔林深受西方现代派作家的影响，他对现实主义
小说"失去了信心"（Gadpaille, 1988: 111），便决心从内容和形
式上革新小说体裁。他借鉴了现代派的写作方法，解构和颠覆
了传统的现实主义文学规范，试验了新的写作技法。

鲍尔林曾阐明现实主义小说与后现代主义小说的区别：
"作家写现实主义小说，旨在制造一扇面向世界的窗。因此特
别注重不可见性，或者更恰当地说，注重透明性。我们与其说
是读小说，不如说是透过小说来读世界。而后现代小说则在某
种程度上具有装饰性，如果说后现代小说是窗，那就是彩色拼
花玻璃窗。"（Bowering, 转引自 Hutcheon, 1988: 63）。鲍尔林
又说："在后现代主义小说里，你通常认同的不是人物。如果
必须认同谁，你大概会认同作者，作者在桌上摊牌，征求你的
意见，甚至请你帮助他完成小说。无论如何，他给你提供机会
看看作家如何写作，而不是把你留在黑暗里等待舞台灯光为你
照亮台上的场景，不是把你留在黑暗里让你任意想象。"（63）
鲍尔林的获奖小说《燃烧的水》就是体现他的创作思想的绝佳
代表作。

《燃烧的水》突破了传统长篇小说的形式，把文学与历史、
小说与非小说结合起来。小说有"过去"和"现在"两个时空
框架，与此相应的有两条叙事线索。一条线索描写英国探险家

"乔治·温哥华"于 1792 年开始的考察和测量北美洲西海岸四年半的经历，一直写到他去世。这个探险家的故事固然以历史记载、温哥华船长的日记等史实为依据，但作者加入了许多虚构杜撰的成分。文学评论家约翰·莫斯（John Moss）指出："这不是史书中的温哥华（史书中的温哥华不过是一堆数据和史迹），也不是真实的温哥华（真实的温哥华已死去）。这是真正的温哥华，他在鲍尔林的小说中生存并死亡。继续生存并死亡。"（Moss, 1987: 33）小说的第二条线索描写另一个也叫乔治的人物，即作家"乔治·鲍尔林"，表现他是如何构思和创作小说的。鲍尔林把写历史与写小说相提并论，把航海探险与文学创作相提并论，颇有类比的意味。他有意混淆历史与文学的界限，似乎是想告诉我们：无论是历史还是小说，都是作者用语言写成的。作者的想象力和语言技巧可以重塑历史，因而作者的思想和语言可以影响读者对于历史的看法。正如加拿大文学评论家威廉·纽（William New）所说，《燃烧的水》"表明语言具有力量去支配和塑造现实，也肯定了作家的技巧能够干预这一过程。"（纽，1994: 347）

这种包容不同体裁的互文性写法（Intertextuality），这种对传统进行戏谑性模仿的写法（Parody），这种把叙述故事与反思写作过程结合在一起的写法（Metafiction），是典型的后现代主义创作方法。罗伯特·莱克（Robert Lecker）和杰克·戴维（Jack David）评论道："在为短篇小说选集《当代加拿大小说》写的序言里，鲍尔林使用了一个比喻来描述后现代主义的状况：一个人在看电视的同时也看见了自己映在屏幕上的影像。鲍尔林本人的诗歌反映出他已逐步认识到这一状况；从他最近的作品里，我们总是能意识到作者的存在，能意识到我们自己也在参与制造这一审美体验。"（Lecker & David, 1988: 207）

## 鲍尔林的后现代主义短篇小说范例

《短篇小说一则》（"A Short Story"）也是鲍尔林的一篇代表作，体现了他的后现代主义创作思想和写作风格，同时也是他对发展短篇小说这一文学形式做出的一份贡献。下面将对这篇作品进行分析和评论。

### 一、拼贴式叙事结构

从叙事结构上看，《短篇小说一则》并不是一般读者期待的那种首尾呼应、一气呵成的作品，与传统短篇小说的写作规范大相径庭。这篇小说分为十一部分，每部分都以文学批评术语作为标题，包括"背景""人物""叙事视角""主人公""象征""冲突""对话""倒叙""伏笔""情节""主题"。这种结构打乱了时空顺序，完全改变了故事的叙事方法。除"叙事视角"部分外，作者在每部分里仅仅"客观地"展现主人公生活中的一个片断。这样的安排反映了作者对于社会现实的看法——生活本来就是杂乱无章的。读者必须从纷纭复杂的故事片段中找出人物之间的关系，重构小说所反映的现实。因此可以说这是一篇典型的"反小说"（Anti-story）。

### 二、凌乱的情节和晦涩的语言

作者所选择的叙事结构决定了小说的故事情节是凌乱的。其实这篇小说的主要情节并不复杂：主人公唐娜离家出走几年后回到家中，与母亲和继父发生了冲突，并且枪杀了母亲。但由于作者打破了时空顺序，把过去发生的事与现在发生的事穿插在一起，给了读者一种扑朔迷离的感觉。此外，作者又使用了一些晦涩的语言，例如，在"倒叙"和"伏笔"两部分里，作者没有明确交代人物的名字，只是用了代词"他"和"她"，使读者不知究竟指的是谁。这种写作方法颠覆了读者的阅读期待，增加了阅读难度，使读者感到困惑。但是从另一种意义上讲，作者是用这种方法邀请读者参加审美体验，与他共同建构小说的意义。读者必须反复阅读，认真思考，才能理清故事的线索，理解作者的意图。经过反复阅读，我们终于明白了小说讲的原来是一个家庭的悲剧，它给我们留下了无尽的思考。

### 三、反传统的人物形象

除了反传统的叙事结构，作者还塑造了反传统的人物形象。主人公唐娜二十多岁，自幼丧父，与母亲和继父一起生活。她因不堪忍受继父的性骚扰而离家出走，去大城市工作学习。唐娜对继父的憎恨来自三个方面：一是因为她受过继父的性侵，二是因为继父夺去了她的母爱，三是因为继父经常猎杀野生动物。唐娜对母亲的感情是复杂的：她自幼丧父，对母亲分外依恋，但母亲却决心追随继父，使她无法忍受。唐娜曾多次试图说服母亲离开继父，但每次都遭到母亲的拒绝，请看唐娜和她母亲的一段对话：

> "唐娜，我爱他。我还能怎么办呢？"她曾这样说。
> "爱他胜过爱我吗？"指那个新来的人。
> "我选择了他。"
> 那是她母亲最后一次公开说出如此具有毁灭性的话。
> （Bowering, 1988: 282）

唐娜与母亲的矛盾构成了这篇小说的主要冲突。唐娜觉得母亲背叛了自己，因此她爱之愈深则恨之愈甚。后来当唐娜把枪口对准继父时，她的母亲力图阻止她，并说："他是我的丈夫！他是我的一切！"（287）于是唐娜在绝望的冲动之下枪杀了母亲。作者在小说中提到，这是一种"常见的感情暴力。"（281）

很显然，唐娜绝非传统文学中那种具有英雄气质或美好品质的主人公。她是一个"反英雄"的形象。她虽然外貌美丽，但心理畸形，内心充满矛盾，最后不得不诉诸暴力来解脱痛苦。这反映了现代人在生活的多重压力下心灵的扭曲，也反映了现代社会中人际关系的扭曲。

**四、现代主义主题的延伸**

现代人的疏离、失落和绝望，以及社会生活中普遍存在的暴力现象，本是西方现代派作家作品里屡见不鲜的主题。鲍尔林与其他后现代派作家一样，不仅继承了这一传统，而且进一步深化了这一主题。在《短篇小说一则》里，唐娜的继父奸污了她，给她造成了严重的身心创伤；唐娜与母亲从依恋到疏离，最后反目成仇，酿成了惨剧。继父摧残继女，女儿枪杀生母，这些触目惊心的事件实在有悖人伦常理。读了小说之后，我们不禁会想到，缺乏真正的爱心终将导致仇恨和暴力。然而颇具讽刺意味的是，在"主题"部分，我们看到唐娜弑母后似乎解脱了痛苦。我们不禁要问，在一个只能用暴力解脱痛苦的社会里，还有什么办法能阻止暴行发生呢？人们又怎能不绝望呢？

**五、讽刺和象征手段**

为了塑造人物和表现主题，鲍尔林使用了讽刺和象征手段。唐娜是个环境保护主义者，对污染环境和滥杀野生动物的行为深恶痛绝。她看到湖里的水草因被"政府最近倾倒的毒药"（279）

污染而枯萎致死，心中十分痛苦。而她的继父则是个果农兼猎人，经常猎杀野生动物，并把猎物的头颅作为纪念品挂到墙上。"他经常谈到大自然，可是他在那些猎物头颅的玻璃眼珠注视下竟然还很惬意。"（282）唐娜与继父对待大自然的截然不同的态度，构成了小说的又一矛盾冲突。继父是个"带来死亡的人"（283），而那无所不在的猎物头颅也就自然而然地成了死亡的象征。更加意味深长的是，叙事者把继父性侵唐娜与随意猎取野生动物相提并论，把唐娜与墙上挂的那些"纪念品"相提并论，传达出作者对男权压迫的讽刺。

此外，开败的樱花像雪片一样飘落的情景，也是一种象征，无言地表达了大自然对唐娜弑母这起人间悲剧的哀伤。

### 六、对于短篇小说创作方法的探讨

《短篇小说一则》除了讲述家庭悲剧外，还在"叙事视角"部分探讨了短篇小说的创作方法。这部分的风格与其他部分的迥然不同。作者借叙事者之口直言不讳地告诉读者他是怎样构思这篇小说的：

> 别以为我刚开始给你们讲雅各布森夫妇和唐娜·麦克尔斯的故事时就知道他们的全部情况。我是所谓的全知叙事者，这一点不错，以前并没有雅各布森一家人，是我动笔往这儿写的时候才有的。我想，我对他们的事只有一点模糊的想法，或者说只有一点模糊的形象，知道一些过去的情况和一点现在的情况，可是说真的，对我来说，这篇故事正在未来等着我呢。（281）

鲍尔林还讨论了不同的叙事视角所起的不同作用：

　　顺便提一下，叙事者用第一人称说话的时候，就把你变成了第二人，不知你是否注意到了？只是因为有视差，你看到的东西和他看到的东西不尽相同。这就加大了第一人称叙事所产生的距离。你一定注意到了。(281)

　　这里鲍尔林所关注的不是作品如何真实地再现现实，而是有意强调作者的媒介作用和写作技巧，使这篇作品又成了关于短篇小说写作的"元小说"(metafiction)。

　　总之，《短篇小说一则》体现了后现代主义小说的主要特点。从这篇作品可以看出，乔治·鲍尔林革新试验的一个目的就是给读者造成认知上的困惑，迫使读者反复阅读，深入思考，从而参与构建小说的意义。尽管作品晦涩难懂，仍然能给读者带来一定的审美享受，这也不失为一个优点。

## 结　语

　　乔治·鲍尔林的后现代主义创作试验是成功的，但是他并不满足于已取得的成就。2000年1月，鲍尔林在接受采访谈到自己的写作试验时，引用了美国女作家格特鲁德·斯泰因(Gertrude Stein)的话说："你如能做，就要去做。"鲍尔林说："我想提醒人们的有一点：多数的试验总是失败的；你必须有思想准备。把那抛开。把你做的事看成是调查研究，别把它当作奉献给亲人或编辑的珠宝。"(Horner, 2000)寥寥数语，表达了鲍尔林继续创新的决心。

### 参考文献

[1] 纽，威廉·赫伯特. 加拿大文学史 [M]. 吴持哲等，译.

北京：人民文学出版社，1994.

[2] BOWERING, GEORGE. A Short Story [M]. Lecker, Robert & Jack David eds. The New Canadian Anthology: Poetry and Short Fiction in English. Scarborough, Ontario: Nelson Canada, 1988: 279-283.

[3] BOWERING, GEORGE. "About GB" & "Writings" [M/OL]. (2016—2018).[2018/09/20]. http:// www.georgebowering.com.

[4] BOWERING, GEORGE. Burning Water [M]. Toronto: Penguin Books, 1980.

[5] GADPAILLE, MICHELLE. The Canadian Short Story [M]. Toronto: Oxford University Press, 1988.

[6] HORNER, JAMES. Q & A with George Bowering [J/OL]. Canadian Contest ezine, (2000/01/21) [2000/12/03]. Hotbot, Internet. http://www.track O. com/cc/ issues/0399bowering.html.

[7] HUTCHEON, LINDA. The Canadian Postmodern: A Study of Contemporary English-Canadian Fiction [M]. Toronto: Oxford University Press, 1988.

[8] LECKER, ROBERT & JACK DAVID eds. The New Canadian Anthology: Poetry and Short Fiction in English [M]. Scarborough, Ontario: Nelson Canada, 1988.

[9] MOSS, JOHN. A Reader's Guide to the Canadian Novel [M]. 2nd ed. Toronto: McClelland and Stewart, 1987.

（本文的部分内容原载于北京大学加拿大研究中心编《加拿大掠影 4》，民族出版社 2002 年 6 月版。2018 年 5 月增补修改。）

# 在沉默中爆发

## ——评加拿大作家乔伊·小川的两部小说

加拿大当代女作家乔伊·小川（Joy Kogawa），1935 年生于加拿大温哥华市，系日本移民后裔，曾先后担任教师、总理办公室文员、渥太华大学驻校作家等职务，现为加拿大诗人学会会员，出版过诗集《破碎的月亮》(*The Splintered Moon*, 1967)、《梦幻的选择》(*A Choice of Dreams*, 1974)、《林中的女人》(*Women in the Woods*, 1985) 和《杰里科的道路》(*Jerico Road*, 1977)，长篇小说《伯母》(*Obasan*, 1981)、《总有一天》(*Itsuka*, 1992)、《雨量陡增》(*The Rain Ascends*, 1995) 等。她于 1986 年荣获加拿大总督颁发的加拿大勋章（Member of the Order of Canada）。(Anon, 2004)

长篇小说《伯母》及其续集《总有一天》，是乔伊·小川根据自己和家人的亲身经历创作的半自传体长篇小说。作品通过生活在加拿大的日裔中根家族和加藤家族在第二次世界大战期间和大战后的遭遇，反映了世界大战和种族主义给众多普通人带来的痛苦和创伤，揭示了被压迫人民觉醒的过程，显示了他们团结抗争的巨大威力。总的来讲，《伯母》的艺术成就更高一些，曾获 1982 年加拿大作家协会颁发的书籍奖。《总有一天》经修订后于 2005 年更名为《艾米莉·加藤》(*Emily Kato*)。

本文将对这两部小说的主题、人物形象塑造和艺术特色进行分析和评论。

## 两部小说的历史背景

19 世纪末，许多日本渔民移居加拿大，在不列颠哥伦比亚省温哥华沿海地区定居，以捕鱼和经商为生。他们希望融入社会，寻求经济上的安全感。

1941 年 12 月 7 日，日军偷袭珍珠港美军基地后，加拿大政府为防止日军前来偷袭或派遣间谍，把不列颠哥伦比亚省划为重点保护区，命令日本移民撤离。然而事态的发展远远超出了军事的需要，变成了对两万两千名日本移民（包括许多已取得加拿大国籍的公民）实施的种族歧视和迫害。《战时措施法案》把所有日本移民都视为"通敌异己分子""间谍和破坏者"。成千上万无辜的人被剥夺了财产；壮劳力被投入劳动营；其他人被驱赶到内陆地区，或投亲靠友，或被关入集中营，或被遣送到废弃的矿区。一些尚未取得加拿大国籍的移民则被遣送日本，永远不准返回。这一种族主义政策使许多日本移民妻离子散，家破人亡。1945 年第二次世界大战结束后，加拿大政府不仅不允许日本移民重返西海岸，还把其中四千人流放或赶回日本，把其他人从聚居点再次强行疏散到内陆各地。这一限制政策直到 1949 年 4 月 1 日才终止。这是加拿大历史上黑暗的一页。长达七年的磨难给这些日本移民造成了无尽的痛苦和创伤，但也促使他们逐渐觉醒。到了 20 世纪 80 年代，他们在全国日裔加拿大人联合会的领导下，在许多进步人士的支持下，经过五年的艰苦斗争，终于迫使加拿大政府在 1988 年 9 月 22 日正式宣布向受害者道歉并承诺赔偿经济损失。（Sunahara，2011）

《伯母》和《总有一天》就是以这段历史为背景并结合作者

的亲身经历写成的。《伯母》主要叙述 1941 年至 1972 年间发生的事;《总有一天》主要叙述 1972 年至 1988 年 9 月发生的事。

## 从沉默中觉醒

《伯母》的情节围绕着第一人称叙述者内奥米·中根力图揭开母亲失踪之谜展开。内奥米是第三代日裔加拿大人,五岁时母亲失踪,父亲被赶进劳动营。她和哥哥史蒂文是在伯父母的抚养下长大的,饱受家人离散和颠沛流离之苦。三十一年来她苦苦地思念母亲,曾多次询问母亲的下落,但伯父母却一直守口如瓶,她日夜生活在令人窒息的沉默之中。后来在姨妈艾米莉·加藤的帮助下,她才逐渐了解到自己家族所受的迫害和母亲失踪的真相,认识到不应再沉默下去。这部小说从始至终贯穿着无声与有声的对比、保持沉默与打破沉默的冲突,从而逐步展现内奥米成长和觉醒的过程。作者相应地塑造了两组迥异的人物形象,一组是保持沉默者,一组是打破沉默者。

内奥米的伯母绫子是保持沉默者的典型代表,也可以说是沉默的化身。她早年是音乐教师,曾愉快地生活在美妙的乐声中,然而在经历了种族主义迫害和流离失所之苦后,她竟变得像石头一般沉默。她把自己的痛苦隐藏在沉默之中,想以此来保护内奥米和史蒂文不受伤害。正如作者所描绘的,"她表达痛苦的语言就是沉默。她已十分精通这种语言的惯用语,精通其细微的区别。多年以来,她瘦小身躯里的沉默在不断增长,变得十分有力。"(Kogawa, 1981: 14)内奥米的伯父去世后,"伯母在家里走来走去,什么都听不见,对什么都无动于衷,不回答问题,也不接受帮助。她的领地不可侵犯,它是那么浓重,就连哀悼的声音都被吞没了。在持续的沉默中,她保持着尊严"。

（224-225）作者进一步指出：

> 　　她拿着油灰刀蹲在那里，她就是世界上每一个小村里的每一个老妇人，你可以在法国南部一个村庄的街角上见到她，她穿着黑衣裙和黑长袜。或是在墨西哥的一个山村见到她，她正弯腰走上石阶。这位老妇人站在全球各地，她是地球真正合法的主人。她带着许多钥匙，这些钥匙能打开无人知晓的大门和令人惊奇的错综复杂的地下隧道。她掌握着人生中无穷无尽的个人细节。（15-16）

　　从这个角度理解，伯母的痛苦和愤怒有更加广泛的意义，她不仅是日裔加拿大人的代表，也是世界上被压迫妇女的代表。

　　内奥米的伯父也是一个保持沉默者。他早年生活在加拿大西海岸一个海岛上，以造渔船为生，后来被迫离开家园，进入劳动营。他虽饱受折磨，依然沉默寡言。他经常说的有三句话：一句是"多像大海啊"，那是他站在山顶俯视草原时说的，包含他一生的辛酸；另一句是"为了孩子们"，那是他在阻止艾米莉姨妈向内奥米和史蒂文披露真相时说的，包含他对两个孩子的爱；第三句是"总有一天"，表达了他对日裔加拿大人重返西海岸的信心。但遗憾的是，直到1972年去世，他还是没能重返家园。

　　内奥米的母亲更是坚忍的保持沉默者。她于1941年9月回日本探亲，1945年8月9日在长崎不幸遭遇美国原子弹轰炸，伤痕累累，容颜尽毁。为了不让远在加拿大的亲人担忧，为了不伤害幼小孩子的心灵，她独自忍受着巨大的痛苦，不肯给他们写信。

　　与这组人物形成鲜明对照的，是一组打破沉默者的形象。

内奥米的姨妈艾米莉·加藤是个受过高等教育的职业妇女，是日裔加拿大人中觉悟分子的代表。内奥米告诉我们：

> 我的姨妈和我的伯母是多么不同啊，一个生活在声音里，另一个生活在石头里。伯母的语言深深地埋藏在地下，而姨妈（学士、硕士）则是个语言战士。她是社会改革的斗士……。（32）

> 非正义的事情总是让艾米莉姨妈义愤填膺，任何非正义的事情。无论是处理日裔加拿大人的事务，还是处理妇女权益问题或贫困问题，她都是世界上的一个白细胞，带着药物从一个出事地点奔向另一个出事地点，注入一个个看得见的和看不见的伤口。在她看来，我们过去受到的非正义对待仍然是一个有待解决的问题。（34）

艾米莉姨妈尖锐地指出，日裔加拿大人遭受苦难的实质"是种族主义"，"纳粹分子到处都有。"（38）。为了揭露种族主义者的阴谋，她多年来悉心记录日本移民受迫害的情况，并搜集有关历史资料。她发表文章抨击种族主义谬论，在各种请愿和抗议集会上演讲，揭露日本移民遭受迫害的情况。她积极参加日裔加拿大人联合会的工作，发动群众团结抗争。有许多人与她并肩战斗，例如，汤姆主编《新加拿大人报》，为日本移民代言；丹大叔公开要求政府归还农场；英子为保护集中营里的病人与皇家骑警据理力争，等等。艾米莉正是所有这些打破沉默者的典型代表。

上述两类人物对内奥米和史蒂文的成长必然产生很大的影响。史蒂文无法与伯母交流，因为他"无法忍受她把一切都藏在心里不对别人说的态度，也无法忍受从她的沉默中所感受到的谴责"（69），于是他离开了令人窒息的家，选择了音乐生涯。可以说他逃离了沉默，去音乐世界寻求慰藉。

内奥米与哥哥不同，她一直没有离开伯父母。家庭的遭遇使她从小就性格内向，心事重重，沉默寡言。她四岁时曾遭一个白人邻居性侵，身心受到很大伤害，还不敢告诉母亲。母亲失踪不久，内奥米便开始寻觅她的踪迹，但面对伯父母的沉默，她感到压抑和失望。社会的歧视和迫害使她忍无可忍，她从心底里呼喊："我想彻底摆脱这沉重的身份、这被人排斥的明证、这没有表达出的激情、这被人误解了的谦恭。我生活在死亡和葬礼之间，承受着礼仪的重负；不能喊，不能唱，也不能跳舞；不能尖叫，也不能骂人；不能大笑；不能大声喘气；我对这一切都厌倦透了。"（183）1972 年伯父去世后，内奥米才看到外祖母 1954 年给艾米莉的信，才得知母亲惨死的情况。她受到很大震撼，在心里呼喊："殉道者母亲啊……你想用谎言保护我们，但这种伪装并不能掩盖你的哭泣。在这掩盖物的下面，我与你同在。"（242）"温柔的母亲啊，我们过去共同迷失在各自的沉默里。我们保持沉默实际上是在相互毁灭。"（243）在艾米莉姨妈的帮助下，内奥米终于认识到，受尽迫害的人们不应再沉默下去了，这标志着她的真正觉醒。正如文学评论家威廉·赫伯特·纽（William Herbert New）指出的：

  书中的叙事者对知情的渴求促使她克服多种文化上的障碍（既有加拿大的，又有日本的）才进入神秘的核心：如何解释她母亲的失踪？又如何解释大战期间加拿大政府对待日裔加拿大人的行径？这种障碍往往属于态度方面的：当小川笔下这一人物成长起来，经过痛苦的沉默，遭到冷酷的排斥后，才很快设法了解长崎事件意味着什么。写到这里，历史事件又一次化为个人经历，并为个人经历所转化，于是沉默让位于言辞表态。（纽，1994: 325）

## 在沉默中爆发

被压迫人民的沉默绝不是懦弱的表现，而是愤怒的积蓄和无声的反抗，他们是不会甘心沉沦的。早在 1926 年，中国伟大的文学家鲁迅先生在抨击北洋军阀政府镇压爱国群众的暴行时就精辟地指出："沉默啊，沉默啊，不在沉默中爆发，就在沉默中灭亡。"（鲁迅，1981: 275）日裔加拿大人在长期的沉默中积蓄起来的怒火终于在 20 世纪 80 年代爆发了。他们团结起来，为伸张正义，为争取政府道歉赔偿，进行了艰苦的斗争。《伯母》的续集《总有一天》通过内奥米的亲身经历反映了这场斗争，并展现了她在斗争中逐步成长的过程。

在《总有一天》里，无声与有声的对比更加鲜明，保持沉默与打破沉默的冲突更为激烈，更为复杂。

一方面，某些日裔加拿大人认为痛苦已经过去，宁愿继续保持沉默。内奥米的哥哥史蒂文就扮演了这样的角色。他已经成长为著名的音乐家，本可利用自己的影响替自己的族群说话，但他却轻蔑地表示拒绝。他认为"压迫"一词已被滥用，索赔是"走了调"，甚至污蔑艾米莉姨妈和日裔加拿大人联合会的成员是"一群缺乏远见的爱发牢骚的人"（Kogawa，1992: 185-186）。一些坚持种族主义观点的人，包括皇家军事学院研究员兼政府多元文化主义指导委员会顾问克莱夫·史汀森，无视《加拿大权利与自由宪章》所认定的"多元文化主义"政策，仍然散布反对日裔加拿大人的言论，为政府过去的种族主义行径辩护。全国日裔加拿大人联合会的领导成员二木·加贺美还私自与政府接触，企图达成妥协的协议。

另一方面，打破沉默者的队伍持续壮大。作者用了许多笔墨描写艾米莉姨妈。她已成为全国日裔加拿大人联合会的核心领导成员。她以反对种族主义和争取日裔加拿大人的合法权益为己任，整整奋斗了四十六年。她对内奥米说："这是我最后的斗争，我要为它献出一切。"（52）就是在患病进手术室之前，艾米莉还一再叮嘱战友们："我们永远不能退让，永远不能，永远不能"（256）。艾米莉和战友们一面揭露种族主义的言论和两面派的行径，一面努力发动群众，并为斗争筹集资金。他们还争取到了其他族裔进步人士的支持，梅蒂裔教士锡德里克就是其中的一个。

内奥米最终也加入了打破沉默者的行列。她经历了一个从不自觉到自觉的过程。起初她不愿意参加索赔工作，认为自己"派不上多大用场"（52）。1975 年她去日本长崎实地了解了母亲和外祖母的悲惨遭遇后，才震惊地认识到，"生活中有一种语言是隐藏不了的，有一种词语必然会被听见"（83）。直到 1980 年，她才在艾米莉姨妈的耐心引导下参加了日裔加拿大人联合会的会刊《桥梁》杂志编辑部的工作。种族主义者寄给编辑部的匿名信让她意识到自己已被卷入索赔的激流，由此开始自觉地参加斗争。她感到有两股力量在推动他们不断前进，一是"对日裔加拿大人社群的热爱"，一是"对阻碍这个社群获得新生的一切事物的愤怒"（201）。1988 年 4 月 14 日，内奥米参加了日裔加拿大人在首都渥太华的国会山上举行的群众大会，体会到人们团结的力量和斗争到底的决心。1988 年 9 月 22 日她又和艾米莉姨妈及战友们一起见证了历史性的时刻——加拿大总理在众议院代表政府向日裔加拿大人承认错误，公开道歉，并承诺向他们的社群和个人赔偿经济损失。在这斗争胜利的时刻，内奥米认可了锡德里克的爱情，她幸福地说："我大笑了。我成了一个完整的人。又像我小时候那样完整了。"（276）这表明她已把个人的命运和日裔加拿大人社群的命运紧紧地联系在一起了。她在斗争中改变了自己，不仅找回了完整的自我，也实现了精神上的升华。

## 两部小说的艺术特色

### 一、第一人称叙述视角

《伯母》及其续集《总有一天》是回忆成长过程的半自传体小说，作者很自然地使用了第一人称叙述视角，让女主人公内奥米担任叙述者。她的叙述朴实无华，充满感情，让读者觉得真实可信。她的坦诚态度和苦难遭遇赢得了读者的认可和同情。作者把人物置于矛盾斗争的背景之下，让其性格逐渐发展，趋于成熟完满。这种方法增加了小说的可信度和感染力。

### 二、氛围渲染和悬念手法

在《伯母》里，作者着力渲染了一种凝重、压抑、惨烈的沉默氛围，使读者感同身受。为了表现内奥米对母亲失踪之谜的苦苦求索，作者刻意制造了较长的悬念。全书共有三十九章，从第五章起内奥米就询问母亲的下落，但直到第三十七章才得知真相。在《总有一天》里，作者也制造了很长的悬念，以表现日裔加拿大人索赔斗争的艰苦。该书共有四十七章，而读者所关心的斗争结局直到最后一章才揭晓。这种悬念手法使小说引人入胜。

### 三、倒叙和心理描写

作者在两部作品里都采用了倒叙手法，而且在叙事过程中常常打破时空界线，插入往事的闪回，这种处理方法既恰当地描述了主人公对往事的回忆，又把过去的事件与正在发生的事件有机地联系到一起。两部作品还采用了意识流手法，传达内奥米见景生情、浮想联翩的心理活动。由于她性格内向、沉默寡言，她的内心世界反倒非常活跃，作者通过意识流和内心独白把内奥米无法用语言表达的思想和感情表现得淋漓尽致。作者还借用梦境展现主人公未能实现的愿望和内心的渴求。这些描述恰如其分，符合主人公的心理，有助于塑造她的性格。

### 四、诗意的语言和生动的意象

两部小说的语言简洁朴实。在人物的对话中，作者特意使用了以英语音译的日语词或句子，如 obasan、itsuka、umi no y 等，体现了日裔加拿大人的语言特点，增加了作品的真实感。

乔伊·小川也是诗人，她的小说的最大特点是语言富于诗意，充满贴切的比喻和生动的意象。《伯母》的引言就是一个很集中的例子：

There is a silence that cannot speak.

There is a silence that will not speak.

Beneath the grass the speaking dreams and beneath the dreams is a sensate sea. The speech that frees comes forth from that amniotic deep. To attend its voice, I can hear it say, is to embrace its absence. But I fail the task. The word is stone.

I admit it.

I hate the stillness. I hate the stone. I hate the sealed vault with its cold icon. I hate the staring into the night. The questions thinning into space. The sky swallowing the echoes.

Unless the stone bursts with telling, unless the seed flowers with speech, there is in my life no living word. The sound I hear is only sound. White sound. Words, when they fall, are pock marks on the earth. They are hailstones seeking an underground stream.

If I could follow the stream down and down to the hidden voice, would I come at last to the freeing word? I ask the night sky but the silence is steadfast. There is no reply. (Kogawa 1983: epigram)

译文：

有一种沉默不可言说。

有一种沉默不愿言说。

野草下面是说话的梦，梦的下面是感知的海。使人得解脱的言语来自那羊膜般的深海。要关注它的声音，（我能听见它说，）就要接受它的隐匿。但我没完成这任务。言词是石头。

我承认这一点。

我恨这寂静。我恨这石头。我恨这密封的墓穴和冰冷的圣像。我最恨凝望长夜。无数问题散进苍穹。天空吞掉了回声。

除非石头突然讲述，除非种子开出言说的花，否则我生命中没有活的词语。我听见的声音仅仅是声音。白噪音。言词落下，是地上的麻点。言词是冰雹，在寻觅地下的河流。

　　如果我能顺流而下，到达那隐匿的话语声，我会找到那让人得解脱的词语吗？我询问夜空，但沉默依旧。没有回音。

在这段散文体的引言里，作者用诗的语言和韵律建构了这部小说的重要隐喻：墓穴般的环境、令人窒息的沉默、石头般的词语、对深藏的心声的追寻。这种诗意的语言显示出作者的诗人特质，表达了一般难以表达的情感，大大增加了作品的魅力。

**五、象征手法**

乔伊·小川善于使用象征手法，她的小说和诗歌里都有许多贴切的象征。仅举几例：

《伯母》中盛开樱花的树是日本民族身份的象征。白色母鸡啄死几只黄色小鸡，是死亡的象征，也是白种人歧视迫害黄种人的象征。

评论者詹金斯（Jon Jenkis）指出，这部小说中有一些与《圣经》有关的象征。内奥米的伯父死后，他生前烘制的一个"石头面包"便带有了圣餐仪式的象征意义，因为它将被哀伤的家人分食。此面包也会使人联想到《圣经》中的"吗哪"，即摩西率领以色列人出埃及时在旷野上收到的神赐食物，因此它也成了日裔加拿大人流亡草原的象征。（Anon, 2001）

这种与《圣经》有关的象征跟作者个人的的象征相结合，强化了作品的主题。

# 结　语

《伯母》和《总有一天》把自传成分和虚构成分与历史资料和个人记事有机地结合在一起，表现了主人公成年后寻找自我、反思自我、探索家族和社群足迹的心路历程。

在这两部作品里，乔伊·小川塑造了众多具有正义感的人物形象，其中多数为女性。这些人物性格各异，但都有坚韧的品格和对美好生活的渴望。其中一些人不仅参加或领导了反对种族主义的斗争，而且向着自身的解放迈出了坚实的步伐，给人留下了深刻的印象。

两部小说艺术地再现了一段鲜为人知的历史，形象地表现了"在沉默中爆发"这一深刻主题，具有特殊的感染力和警示作用。

在分享书中人物的胜利喜悦之时，我们不禁深思：第二次世界大战期间，日本军国主义发动的侵略战争不仅给中国人民和东南亚人民造成了深重的灾难，也给本国人民及其在海外的侨民移民造成了无尽的痛苦。由此可见，世界各国人民的命运是紧密相连的。各国人民只有团结一致，反对种族主义，制止侵略战争，才能给子孙后代缔造永久的和平。

## 参考文献

[1] 鲁迅. 纪念刘和珍君 [M]. 鲁迅. 鲁迅全集（第三卷）. 北京：人民文学出版社，1981.

[2] 纽，威廉·赫伯特. 加拿大文学史 [M]. 吴持哲等，译. 北京：人民文学出版社，1994.

[3] BURNET, JEAN & LEO DRIEDGER. Multiculturalism

[M/OL]. (2011/01/27). Block, Nicol, updated. (2014/09/10) [2018/06/02] https://www. thecanadian encyclopedia.ca/en/ article/ multiculturalism.

[4] Anon. Kogawa, Joy [M/OL]. Contemporary Novelists. (2001) [2018/11/18]. https://enyclopedia.com/education/news-wires-white-papers-and-books/ kogawa-joy.

[5] Anon. Kogawa, Joy Nozomi [M/OL]. Encyclopedia of World Biography. (2004). [2017/12/23]. https://www.encyclopedia. com/people/history/historians-miscellaneous-biographies/joy-kog awa.

[6] KOGAWA, JOY. Itsuka [M]. New York: Penguin Books, 1992.

[7] KOGAWA, JOY. Obasan [M]. New York: Penguin Books, 1981.

[8] SUNAHARA, ANN. Japanese Canadians. [M/OL]. (2011/01/31) [2017/11/28]. http://www.thecanadianencyclopedia. ca/article/japanese-canadians.

（本文的初稿曾于 1998 年 6 月在中国加拿大研究会的年会上宣读，后陆续增补修改，于 2018 年 7 月定稿。）

# 英语文学教学与研究中的三个问题

21 世纪是知识经济的时代，我国将需要大批德才兼备的人才，他们不仅应具有精湛的专业技术知识，还应具有高尚的情操和高度的文化修养。这种形势对外国文学教学与研究也提出了更高的要求。随着我国加入世界贸易组织，社会将需要更多的复合型英语人才，如何改进英语教学以适应新时代的要求，已成为英语界普遍关心的问题。本文仅探讨几个与英语文学教学和研究相关的问题。

## 文学教学的地位不容动摇

如何培养复合型的英语人才，是大家讨论最多的问题，许多学校也进行了"英语加专业""英语加专业方向""专业加英语"的改革。在这种情况下，文学课在整个课程体系里应占有什么样的地位呢？目前，在社会上实用主义风气的影响下，有些教师和学生认为应该多开设经贸、法律等"实用性"课程，而对文学课的必要性产生了怀疑。

其实《高等学校英语专业英语教学大纲》明确规定："文学课程的目的在于培养学生阅读、欣赏、理解英语文学原著的能力，掌握文学批评的基本知识和方法。通过阅读和分析英美文学作品，促进学生语言基本功和人文素质的提高，增强学生对西方文学及文化的了解。"（高等学校外语专业教学指导委员会英语组，2000）可见开设文学课程的目的不仅仅是提高学生的英语水平，还要提高学生的文化修养和审美情趣。这些基本素质都是合格的英语人才所应该具备的。

从提高英语水平的功能来讲，英语专业的毕业生应该掌握包括字面阅读、推断阅读、批判性阅读和欣赏性阅读四个层次在内的全部阅读技巧，还应掌握包括综合、分析、评论、表达几个层次在内的写作技巧。英语文学课程正是培养高层次的阅读和写作能力的最好课程。

从提高文化修养和审美情趣的功能来讲，英语文学课介绍英语国家的优秀文化遗产，可以帮助学生了解不同时代、不同国家、不同民族的历史文化传统，了解这些国家人民的生活状况和思想感情。学生还可以通过阅读文学作品接受人文精神教育，了解什么是真、善、美，什么是假、恶、丑，提高思想境界和文化素养。因此文学教学是增强学生文化素质的重要措施，也是精神文明建设的一个重要手段。

目前全国有数以百万计的大学生在学英语，其中不乏成绩优秀者。从某种意义上讲，英语专业的毕业生要想在激烈的竞争中占上风，必须较多地了解英语国家的文化，必须具有理解英语深层结构和微妙之处的能力，必须具有按英语习惯得体地表达的能力。英语文学课就是造就这种优势的一种手段。由此可见，文学课是体现英语专业特点的必不可少的课程，它在外语教学中的地位不仅不能动摇，而且要继续加强。

## 拓宽教学与研究的领域

就我国英语教学的传统概念而言，英国文学课一直被视为正统，20 世纪 70 年代又增加了美国文学，从此英美文学就成了主要的和唯一的文学课程，文学研究也是以英美两国文学为主。虽然近年来我国一些学者在研究加拿大、新西兰、澳大利亚等国文学方面取得了一定的成绩，但开设这些国家文学课程的院校仍占少数。五十年来我们培养了许多深谙英美文化的英语工作者和研究者，出版了大量的研究著作，为文化交流做出了很大贡献。然而这种研究理念和方式也存在一定问题，它造成了一种假象：似乎只有英国文学才是正宗的英语文学，似乎英美文学就代表了英语文学；它也造成了一种错误认识：似乎只有英美文学才是最重要、最有价值的。多年来我们介绍了许多英美作家，甚至包括一些次要作家，但对其他英语国家的优秀作家却介绍得不够。例如：我们在研究诺贝尔文学奖获奖者时，评介了不少英美作家，但对 1991 年诺贝尔文学奖获奖者、同样用英语写作的南非女作家内丁·戈迪莫（Nadine Gordimer）却缺乏研究。这不能不说是一种偏颇与遗憾。苏州学者王腊宝在 2000 年发表的论文《阅读视角、经典形成与非殖民化——关于我国外国文学研究的一点反思》里尖锐地指出：“如今的后殖民英语文学可谓与英美两国的文学并驾齐驱，它们共同构成了当今英语文学的崭新发展格局。然而遗憾的是，对于 20 世纪世界英语文学的多元发展，我国的一些研究者似乎并不在意，仍然一味地沉湎于英美这两个大国文学的‘伟大传统’，对于一些后殖民小国的文学，极少理会，或者不愿问津，新时代世界英语文学的发展还远在他们的视野之外。”（王腊宝，2000：22）这个问题确实应当引起重视。

现在，随着全球化的进展，欧洲中心论和英国文学主体论已经过时，以国别为基础的文学研究已经显得落后。国外的学者早已把研究领域扩展到整个英联邦的文学，甚至整体的英语文学。此处仅举一例说明他们的研究思路和成果。

　　由加拿大不列颠哥伦比亚大学教授威廉·纽（William H.
New）和梅辛洁（W. H. Messenger）编著的选集《英语文学》
（*Literature in English*, 1993），收集了自盎格鲁-撒克逊时代直
至 20 世纪 80 年代的一千二百年间有代表性的英语文学作品。
这个选集具有多样化的特点。从入选的作家来看，英国作家占
很大数量，体现了英国文学的传统影响和主要贡献，但除此之
外还有爱尔兰、美国、加拿大、新西兰、澳大利亚、印度、新
加坡、南非、西非、尼日利亚、圭亚那、牙买加、巴巴多斯、
圣卢西亚等十四国的作家；其中不仅有文学批评界公认的主要
作家，也有崭露头角的青年作家。从入选的作品来看，除了常
见的诗歌、散文、小说、戏剧外，还有游记、书信、歌词、演
讲词、儿童文学、词条定义、供大众表演的作品、古代经典著
作的英语译文、甚至包括美国作家埃兹拉·庞德（Ezra Pound）
翻译的中国诗人李白的诗等。仅编者在目录中列出的文学样式
就有九十七种之多；这些作品表现了作者们不同的甚至是相对
立的创作意图、价值观念、审美情趣和创作态度，就连西方文
学史上的几次大辩论也在入选的作品中有所体现。从这部选集
里，我们可以看到英语的演变、文学定义的变化、文学传统的
演进、文学批评观点的变化和艺术表现形式的变化，可以看出
生活在不同社会里的作家如何使用同一种语言对历史和现实作
出反应，如何在发展自己独特表现手法的同时加强或抵制欧洲
的传统表现手法（New & Messenger, 1993：v-viii）。这部选集
展示了英语文学的承袭关系和相互影响，展现了不同时代的社
会风貌和不同民族的思想感情，大大开阔了读者的眼界。国外
英语文学的研究成果，由此可见一斑。

　　为了适应全球化的发展趋势，为了赶上国外英语文学研究
的步伐，我们必须解放思想，拓宽教学和研究的领域。王腊宝

建议:"中国的英语文学研究界的重要使命就是努力拓展我国读者的英语文学视野，帮助他们全面了解世界英语文化，要做到这一点，研究界必须首先拓展我们在英语文学研究中的视野，打破传统英语文学研究的固有格局，以开放的不盲从的心态面对英国殖民地国家的文学。"（王腊宝，2000: 22）这个建议很值得考虑。毫无疑问，我们应该继续深入研究英美文学，但与此同时，还应扩大研究加拿大、新西兰、澳大利亚等英联邦国家的文学以及更大范围的英语文学，介绍更多的优秀作家和优秀作品。就是在研究某一国的文学时，也要注意不仅研究其主流文学，还要研究其少数族裔作家的作品。在研究方法上，我们不仅要借鉴西方的文学批评理论，还要使用建立在中国传统哲学思想和马克思主义毛泽东思想基础上的文学批评理论来审视英语文学作品，从中国学者的视角出发做出解读和评价。

高校英语专业的文学课应该改革。因课时有限，本科生的文学课可以在主要教授英美文学课的基础上适当介绍一些其他英语国家的优秀作品。为了便于学生学习现当代英语，似应以20世纪以来的作品为主。在研究方面更可扩大范围，应鼓励教师和研究生学习和研究各英语国家的优秀作家和作品。高等院校和研究机构的专家学者可以联合起来，分工合作，编写出版英语文学新教材，并集中翻译、介绍、评论一批英语文学的优秀作品。

## 克服传播媒介的负面影响

当代电子传播媒介的迅速发展给外国文学的教学与研究创造了有利的条件。国际互联网的开通改善了研究手段，使学者能够迅速便捷地占有大量最新的信息资料。根据文学名著改编的影视作品广泛传播，也使优秀作品家喻户晓。但另一方面，它对文学教学也带来了一些负面影响。

由于影视作品注重视觉效果，一般比较肤浅，过于直白，在一定程度上影响了学生的思维方式，使他们满足于被动地接受现成的信息而不愿意深入思考，满足于了解作品的故事情节而不愿意认真研读原著。通俗文化的流行也使某些人不愿再花时间和精力去阅读经典文学作品。

根据文学原著改编的影视作品中虽然不乏精品，但大多数作品比较肤浅，只注重情节而忽视内涵。不同的导演对作品做出不同的诠释，甚至有人出于商业化的需要把原著改编得面目全非，造成严重的信息丢失。例如，根据美国作家厄内斯特·海明威（Ernest Hemingway）的短篇小说《乞力马扎罗的雪》（"The Snows of Kilimanjaro"）改编的同名电影，夸大了主人公哈里与几个女人恋爱的细节，但删去了哈里死亡的结局，与原作大相径庭，没有充分表现出原作的主题。再如，根据英国作家托马斯·哈代（Thomas Hardy）的长篇小说《林中居民》（*The Woodlanders*）改编的同名电影，仅注重表现几个人物的爱情纠葛，对社会时代背景表现不足。根据美国作家詹姆斯·费尼莫尔·库珀（James Fenimore Cooper）的长篇小说《最后的莫希干人》（*The Last of the Mohicans*）改编的同名电影，只注重表现紧张冒险的情节，忽视了人物性格塑造，没有充分揭示主人公"鹰眼"的浪漫个人主义思想。这类影视作品或多或少地曲解原著，造成错误的印象，使学生对原著的内涵产生误解。

对于电子传播媒介的这种负面影响，我们应有清醒的认识，必须采取有效的对策。在今后的文学教学中，我们应进一步强调认真研读原著和文献的重要性，指出依赖影视作品或中文译本来理解原著的弊病，要注意培养学生独立分析的能力和严谨的治学方法。我们可以通过启发式教学和课堂讨论的方法鼓励学生积极思考，并在关键之处给予指导。

例如，在讲解美国作家亨利·詹姆斯（Henry James）的中篇小说《戴西·米勒》（*Daisy Miller*）时，笔者提醒学生注意以下两点。第一，注意作者的讽刺视角。作者在小说中主要使用的是温特伯恩的视角，但并不赞同他的看法，因为温特伯恩长期居住在欧洲并深受其传统文化熏陶，对美国姑娘戴西持有欧洲人的偏见，学生应把温特伯恩的态度与作者的态度区分开来，并通过思考得出自己的认识。第二，这篇小说是心理现实主义作品，重点不在于戴西性格的发展，而在于温特伯恩发现和了解戴西性格的整个心理过程。通过对这两点进行讨论，可以引导学生去思考，以便深刻理解作品主题。

此外，电子传播媒介还产生了另一种负面影响：由于国际互联网上的资料唾手可得，有可能助长少数人抄袭剽窃的不良风气。对此，我们还应加强学术道德教育，培养努力钻研、实事求是的学风。

## 结　语

总之，我们应该看到英语文学发展的趋势，在巩固原有英美文学教学与研究成果的基础上拓宽教学和研究领域，只要是优秀的英语文学作品，不分作者国籍，都应纳入我们的研究视线。另外，我们还要进一步改进教学方法，引导学生严谨治学，帮助学生提高英语水平和文化素质，以使英语专业的毕业生具有较强的优势，符合新时代的要求。

## 参考文献

[1] 高等学校外语专业教学指导委员会英语组. 高等学校英语专业英语教学大纲[Z]. 北京：外语教学与研究出版社，2000.

[2] 王腊宝. 阅读视角、经典形成与非殖民化——关于我国外国文学研究的一点反思[J]. 外国文学研究 2000（4）：15-23.

[3] NEW, W. H. & W. H. MESSENGER. Preface [M]. New, W. H. & W. H. Messenger eds. Literature in English. Toronto: Prentice-Hall Canada Inc., 1993：v-viii.

（本文原载于《外语教学》2003 年第 3 期。2018 年 5 月修改。）

# 《红色的英勇标志》译本前言

《红色的英勇标志》（*The Red Badge of Courage: An Episode of the American Civil War*），是 19 世纪美国作家斯蒂芬·克莱恩（Stephen Crane，1871—1900）描写美国南北战争的一部小说。美国文学研究者普遍认为，它是美国文学史上的一部经典作品，奠定了克莱恩在美国文学史上的地位。

这部小说自 1895 年出版以来得到了众多读者的好评，受到英美知名作家豪威尔斯（William Howells）、康拉德（Joseph Conrad）、詹姆斯（Henry James）、威尔斯（H. G. Wells）等的称赞，对 20 世纪美国作家菲茨杰拉德（Scott Fitzgerald）、海明威（Ernest Hemingway）、福克纳（William Falkner）等也有很大的影响。这部小说的读者遍布世界各地，其声誉长盛不衰。一本篇幅不长的小说为什么能有如此巨大的魅力呢？

首先，《红色的英勇标志》是一篇描写年轻人在战火中成长的故事，重点表现战争环境对人的心理所产生的影响。美国南北战争（1861—1865）期间，不谙世事的小伙子亨利·弗莱明受到爱国宣传的影响，出于对古希腊英雄的崇拜，不顾母亲反对，执意报名参加了北部联邦军。一上战场，他才知道打仗并不如他想象的那样刺激和浪漫。因为恐惧，他在第一次战役中开了小差。逃跑途中，遇见一群伤兵，其中一位高个子士兵临死前仍勇敢坚忍，一位衣衫褴褛的士兵不顾自己的伤痛仍关心别人，都给他留下了深刻的印象。衣衫褴褛的伤兵关切地询问亨利伤在哪里，亨利感到十分羞愧，真希望自己也有一个伤口——"一个红色的英勇标志"。随后，亨利因惹恼了另一个士兵而被打伤，头上真的有了一个伤口，但他明白那并不是英勇的标志，而是耻辱的标志。具有讽刺意味的是，当亨利巧遇正在撤退的原部队时，他头上的伤竟被不知情的战友们当成了他的英勇标志，他也因之受到尊敬。这使他既受良心的谴责，又受到激励。从一个方面来讲，亨利身在军营，只得无奈地执行命令，履行职责；从另一方面来讲，他的自尊心和荣誉感又促使他决心英勇杀敌，证明自己确实勇敢，以洗清耻辱，并报复那个污蔑新兵的军官。在之后的战斗中，亨利克服了恐惧，习惯了作战，他主动接替阵亡的旗手，扛着军旗冲在最前面。在血与火的考验中，亨利不仅证明了自己勇敢，而且获得了重新审视自己灵魂的勇气和能力。第二次战斗之后，他反思自己在战场上的所作所为，清楚地认识到他先前所信奉的那些信条是多么无耻，多么空洞。从这个意义上讲，亨利在思想上和心理上都变得成熟了。当然，他所憧憬的和平生活能否实现，还是一个问题。

作者把主人公亨利思想中的矛盾和斗争展现在读者面前，让读者看到他复杂的心理活动，其中既有幼稚和理想主义，又有恐惧、愤怒、冲动、顿悟，以及自我欺骗、自我争辩和自我谴责。表现年轻人成长的小说虽然为数不少，但这样深刻描写主人公心理变化过程的小说在当时并不多见，可与现代的心理小说媲美。斯蒂芬·克莱恩也可以说是美国作家中探索心理描写的先行者。

《红色的英勇标志》还有另外一层意思。作者在书中对战争、人生、人与自然的关系、人与社会的关系做了哲理性思考，作品内涵很丰富。克莱恩把亨利·弗莱明塑造成一个聪明、敏感、善于思考的小伙子，以便借亨利之口探讨一些重要的问题。同时作者也不时通过叙述者之口表达自己的态度。在小说中，克莱恩并没有说明战役的具体时间和地点，也没有提及战争的胜负，更没有涉及美国南北战争的意义。他只是把战争作为一个大背景，来探讨战争对人类命运的影响，探讨人类在恐惧和危险面前的反应，表达出他反对战争、渴望和平的态度。

从小说中可以看到，战争是一种盲目无情的驱动力量，像血腥的野兽，它把军队变成一台机器，把士兵变成机器的零部件。个人只是军队的一员，而非真正意义上的人。战争中没有真正的英雄主义，人在危险面前本能地感到恐惧，会设法逃避；在找不到退路时只得孤注一掷，无奈地履行职责。然而，战争在毁灭许多人的同时，也考验了一些人，使他们成长。在作者笔下，大自然对人类的命运是漠不关心的。面对着人类的杀戮和恶行，她依然平静地继续着自己的进程。社会环境对人类也加以限制，人已失去了自由意志，只是在社会组织机构的操纵、控制和强迫之下被动地、盲目地行动。小伙子所在的新兵团经过一番浴血冲杀之后又奉命返回开战前的阵地，这说明他们先前所作的努力在很大程度上是徒劳的。这些都形象地体现了作者的自然主义观点："环境是世界上一种强有力的东西，它无视一切地左右着人们的生活。" 为了表现人在大自然和社会面前微不足道，作者故意淡化人物的个性，多以人物特征来代替具体的人名，像"小伙子""衣衫褴褛的士兵"这样的称谓就是明显的例子。作者如此淡化背景和人物个性还有一个目的，那就是要使小说具有普遍意义，成为一部人类命运的寓言。

从艺术风格来看，这部小说也有许多吸引人的地方。克莱恩在创作这部小说时尚未经历过战争，但他读过有关美国南北战争的新闻报道和老兵写的回忆录，也读过法国作家左拉（Émile Zola）和俄国作家列夫·托尔斯泰（Leo Tolstoy）的战争小说，再加上他有丰富的想象力，因此能把战斗的场面和士兵的表现描绘得栩栩如生、真实可信，使读者犹如身临其境，由此可见其卓越的创作才能。克莱恩擅长使用印象主义和现实主义的手法描写细节，特别是通过描绘颜色和模仿声音来烘托氛围。他的语言简洁生动，充满形象的比喻和独特的意象，也不时透出讽刺和幽默。当然，作品中尚有一些晦涩之处，需要读者仔细斟酌，根据上下文去理解并做出判断，这种手法与现代主义的写作手法很是相似。

由此可见，这部作品无论在主题方面还是在艺术风格方面都不仅仅属于克莱恩的时代。作者对世界和人生的思考及表现手法具有超前的性质，大概这就是《红色的英勇标志》仍受现代人欢迎的原因吧。

这部小说已有几个中文译本，标题多译为《红色英勇勋章》。中国学者写的美国文学史教材和研究著作也多使用这个书名。我们仔细阅读了原著文本，并参阅了相关文献资料，发现上述译名有不妥之处，因此将其改译为《红色的英勇标志》。这是基于以下几个方面的考虑。

第一、关于 badge 一词的字面意思。我们查阅了几部英语原文字典，包括《牛津英语大词典》微缩版，这些字典对 badge 的解释都是指具体的"徽章""证章""标记""标识""标志"，也指抽象的"标志""象征"等，但皆无"勋章"之意。

第二、关于 badge 在文本中的含义。在这部小说里，作者曾两次使用 badge。第一次是在第九章，原文的情节是这样的：衣衫褴褛的伤兵问弗莱明，"你哪儿受伤了？"。小伙子支支吾吾说不上来，脸唰地红了，突然躲开他，混进伤兵队伍里往前走。这个问题让小伙子感到羞耻。他不时左右张望，怀疑身边的人都会从他脸上看出"羞耻"二字。有时他用羡慕的眼神看着别的伤兵，认为身上有伤的人特别幸福。接下来就是这样一句话：He wished that he, too, had a wound, a red badge of courage。此句中的 a red badge of courage 显然是 wound 的同位语，因此这句话应译为："他希望自己身上也有一个伤口——一个红色的英勇标志。"第二个 badge 出现在第十一章：A moral vindication was regarded by the youth as a very important thing. Without salve, he could not, he thought, wear the sore badge of his dishonor through life. 此处的 badge 指的是小伙子心灵的伤痛，即，他因开小差和遗弃那位垂死的衣衫褴褛的伤兵而产生的负罪感。这两句话结合上下文应译为："小伙子认为，从道德上证明自己正确是一件十分重要的事情。他想，没有这方面的宽慰，他将无法带着这个让他苦恼的耻辱的标志度过余生。"

第三，关于 red badge 的一点背景。根据评论家小西瑟尔·D. 埃比提供的背景资料，美国南北战争时期，北部联邦军波多马克部队第三军团里，有一个著名的 Red Badge 师，（也称作 Red Patch，或 Red Diamond），其指挥官是骁勇善战的将军菲利普·卡尼（Philip Kearny）。他曾率先要求官兵在军帽上佩戴红色菱形标志，以便在战斗中识别。他规定军官的标志要戴在军帽的上边或左边，士兵的标志要戴在军帽的正前方。这一红色标志从一开始就是"好品德的标志和荣誉的标志"。就连他们的敌人南部同盟军官兵也将其视为特殊的英勇标志。尽管北部联邦军的其他将军纷纷效仿卡尼，也让自己的官兵佩戴独特的标志，但卡尼的红色标志始终被认为是神圣的。菲利普·卡尼于 1862 年 9 月在尚蒂利阵亡，他的部队也被并入第二军团，但这一红色标志仍然是前卡尼师的标志。后来卡尼的继任者戴维·B. 伯尼将军设立了红色勋章，以奖励英勇杀敌的战士。值得注意的是，"红色勋章"是用 red medal 来表述的，而不是 red badge。当时在弗吉尼亚州作战的联邦军指战员都知道"红色标志"和"红色勋章"的事，一些传记作者也记载过此事。再有，克莱恩的一个哥哥是研究美国内战的权威，他也应该知道此事。另外，托玛斯·卡尼在传记《菲利普·卡尼将军：亲历五次战争的士兵》中记载，克莱恩在成名前就访问过卡尼家族的居所，与菲利普·卡尼将军之子约翰·沃特·卡尼谈过话，在成名后又访问过约翰·沃特·卡尼将军，并谈到自己这部小说的标题有象征意义。可惜那位传记作者没有转述此象征意义。从上述事实来看，克莱恩在创作这部小说时使用了卡尼将军的"红色标志"这个广为人知的典故作为隐喻，一方面可以吸引读者注意，另一方面也强调了小说的一个讽刺含义：亨利·弗莱明的伤口本来是他隐秘的怯懦标志，却被错当成他公开的英勇标志。

　　鉴于上述三个理由，我们认为小说中的 badge 指的是象征性的"标志"，而不是"勋章"，因此将书名改译为《红色的英勇标志》，合适与否，请读者和专家指教。

　　另外，本书还收入了克莱恩的短篇小说《老兵》（"The Veteran"）和《无篷船》（"The Open Boat"）。

　　《老兵》创作于《红色的英勇标志》完稿之后，1896 年发表在《麦克莱尔》杂志上。故事刻画了年老的亨利·弗莱明的形象。历尽沧桑的老人更增加了自我审视、自我批判的勇气和能力，他与乡亲们闲聊时欣然承认自己第一次打仗时曾因害怕而开了小差。他的坦诚态度赢得了人们的敬慕，除了他的小孙子以外。后来牲口房失火时，他奋不顾身地带领众人抢救马匹和奶牛，最后葬身于火海之中。故事的结尾描写老人的精神化作一团玫瑰色的烟云，暗示他的灵魂永生。这个短篇可以说是长篇小说《红色的英勇标志》的补充，使亨利·弗莱明的形象趋于完整。

另一篇《无篷船》是克莱恩根据亲身经历创作的。1897 年 1 月 1 日，克莱恩作为记者随"海军准将号"轮船从美国佛罗里达州杰克逊维尔港出发，给古巴革命者运送军火。轮船于 2 日凌晨沉没，他与三名船员同乘一艘小救生艇逃生，历尽千辛万苦，终于在 3 日上午到达佛罗里达州的代托那比奇市。1 月 7 日克莱恩在《纽约新闻报》上发表了详述自己死里逃生经历的报道；同年 6 月，又在《斯克里布纳》杂志上发表了根据此经历创作的短篇小说《无篷船》。这篇作品仍然表现环境对人类命运的影响这一自然主义主题。记者、船长、厨师和加油工这四个人物在乘小船逃生途中重新认识了人与自然的关系。善于观察思考的记者作为他们的集体代言人，发现大自然对人类既不仁慈，也不残酷，而是全然冷漠的。既然大自然对人类的命运不承担任何责任，那么人类只有依靠自己的力量，同舟共济，摆脱困境。小说中的四个主要人物虽然经历不同，性格各异，但他们在共同的生存斗争中达到了空前的团结。最后，在一个男子的救助下，记者、船长和厨师上了岸，但那位最勇敢、最能干的加油工却溺水身亡。《无篷船》与其说是一篇历险故事，不如说是一篇人类生存斗争的寓言。作者似乎告诉我们：虽然大自然对人类是冷漠的，但人类在与大自然的较量中可以靠自己的智慧、勇气、坚忍和团结取得部分的胜利，尽管需要付出沉重的代价。由此可见，克莱恩对人类还是持乐观态度的，这是他与欧洲自然主义作家的一个不同之处。克莱恩在描绘细节和使用比喻及色彩方面独具匠心，为读者展现了一幕幕波澜壮阔和惊心动魄的场景，像一幅幅印象派的油画。整篇小说是深刻的思想内涵与高超的艺术手法完美结合的产物，堪称美国自然主义文学的经典之作。

　　（本文原载于斯蒂芬·克莱恩著《红色的英勇标志》，刘士聪、谷启楠译，人民文学出版社 2004 年 7 月版。）

# 《幕间》译本前言

　　《幕间》(*Between the Acts*)是英国女作家弗吉尼亚·吴尔夫(Virginia Woolf)的绝笔之作。她于 1938 年 4 月开始构思这部长篇小说(原定名为《波因茨宅》),1941 年 2 月 26 日完成手稿,但她并不满意。她在给出版商约翰·列曼的信中说,这部小说"太不足道,太粗浅","太愚笨,太琐碎",不能出版。她本来是准备认真修改书稿的,但还没来得及做,便于 3 月 28 日投水身亡了。《幕间》于 1941 年 7 月正式出版。

　　要理解《幕间》,首先必须了解其创作背景。弗吉尼亚·吴尔夫在创作此书期间,看到了第二次世界大战的开端和逐步升级的过程,包括慕尼黑危机、英法对德宣战、巴黎沦陷、德军空袭伦敦等。她曾亲眼见到德军战机飞过苏塞克斯郡田野上空去轰炸伦敦。她本人在伦敦的两处房子都被炸成了废墟。她认识到人类文明可能毁灭,意识到自己一生钟爱的生活方式将会消失,因此心中充满忧虑和痛苦,同时也对历史和现实进行了深入的思考。

　　战争使吴尔夫联想到死亡。她经常想起在西班牙内战中阵亡的外甥朱利安·贝尔,以及先后过世的其他亲人,包括她的哥哥、母亲、同母异父的姐姐;她也常联想起自己幼年时遭受同母异父的哥哥性侵犯的情景。她意识到,人民有一种"集体意识",各人的历史中都有一种"共同的成分"。这又促使她对人生进行深刻的思考。

　　此外，吴尔夫在 1941 年还着手写作一部评论英国文学史的专著，只完成了第一章和第二章的一部分。她对于艺术与生活、艺术家与观众之间关系的思考也渗透到了小说《幕间》之中。

　　《幕间》讲述 1939 年 6 月的一天在英格兰中部一个有五百多年历史的村庄里发生的故事，展现了乡村生活的画卷。作者使用复调小说的方法，设置了两条叙事线索，一条主要叙述乡绅巴塞罗缪·奥利弗一家的故事，另一条叙述拉特鲁布女士指导村民演出露天历史剧的故事。这两条线索时而平行，时而交叉，构成了错综复杂的图景。作者用这种方法把过去与现在、历史与现实、艺术与人生、舞台戏剧与人生戏剧巧妙地结合在一起。

　　通过奥利弗一家及其邻里的故事，作者把英国乡村中产阶级的生活状况和他们的喜怒哀乐呈现在读者面前。老年人充满怀旧情绪，留恋过去的生活和古老的传统；中年人不满意自己的婚姻，渴求真正的爱情；许多人对德国入侵的危险忧心忡忡。轰鸣而过的战机与美丽的田园风光形成了鲜明的对照。村民的生活看似恬静平和，实际上却充满矛盾和缺憾。人与人之间缺乏理解，日渐疏离。例如，伊莎贝拉与丈夫关系不好，暗恋一位乡绅农场主又不可能有结果，她的艺术才华也得不到别人的理解，因而感到困惑和痛苦。除了现代人的疏离这一主题外，小说还密切关注人类的暴力倾向和人类文明的倒退趋势。小说中描写了贾尔斯·奥利弗把一条蛇连同其口中的癞蛤蟆踩得稀烂。这一情节在世界大战即将爆发的背景下具有多重寓意，既象征以暴力制服弱肉强食，又暗喻人类也有使用暴力的野蛮倾向。作者似乎向我们发出警告：人类已从大自然的保护者沦为破坏者，人类文明正在倒退。

　　另一方面，通过拉特鲁布女士指导村民演剧的故事，我们看到这位艺术家对英国历史的回顾和对英国文学史的批判性介绍，也了解到她在艺术上力图创新的观点以及失败的苦恼。在节庆活动中表演露天历史剧是英格兰的民间传统，在 20 世纪30 年代仍很流行。拉特鲁布女士编导的露天历史剧采用了戏谑性模仿的手法，并使用了话剧、哑剧、音乐、舞蹈等多种艺术形式。全剧包括表现古英语时代的序幕、中世纪的歌曲、表现伊丽莎白一世的塑像剧、后莎士比亚时代话剧中的一场、表现"理性时代"的塑像剧、王政复辟时期的话剧、表现维多利亚时代的戏剧（包括序幕和活报剧）、表现"现在"的场景以及结束语。这部露天历史剧有狂欢化的特色，充满幽默、调侃和讽刺，颇具颠覆性，其中不乏对历史的思考和对现实的感悟。它一方面暴露人性，针砭时弊，揭示现实世界的支离破碎和现代人的疏离倾向，另一方面也显示了善终将战胜恶的真理，歌颂了青春和爱情的胜利，给忧虑和绝望的气氛增添了些许乐观情绪。

拉特鲁布女士这个人物十分引人注目。她是一个有独创精神的艺术家。她有社会责任感，以帮助人们认识历史和现实为己任。她在编导这部剧时试验了许多新的表现方法。最突出的是，她在剧中大胆混合使用多种艺术形式和手法：她安排了一次较长的幕间休息，以便让观众感受"现在"；她让许多演员用镜子照观众，以帮助观众认识自己。然而，她独具匠心的艺术并没有得到观众的认可，甚至遭到了抵制。她认为这是自己最大的失败，甚至等于死亡。拉特鲁布女士的形象自然使人联想到弗吉尼亚·吴尔夫本人。吴尔夫一生特立独行，在艺术上不懈地探索，提出了许多新的创作思想，试验了许多新的创作方法，也取得了很大的成功。然而她一贯追求完美，不满意自己的后期作品。她在 1940 年 6 月 9 日的日记里写道："我突然想，我有一种奇特的感觉，那就是，从事写作的'我'已经消失了。

没有观众。没有反响。这就是一个人的部分死亡。"从拉特鲁布女士身上我们分明看到了吴尔夫的影子。

《幕间》这一标题也有深刻的寓意。从字面上讲，它指露天历史剧的幕间休息；从比喻意义上讲，它可以指两次世界大战的间隙，也可以指舞台戏剧与人生戏剧的交替。舞台戏剧可以落幕，人生戏剧仍在上演，永无止息。

弗吉尼亚·吴尔夫写《幕间》时，艺术技巧已发展到了炉火纯青的程度。先前几部小说里使用过的各种技巧和手段，在《幕间》里几乎都有体现。为了塑造人物性格，她采取了人物对话和内心独白并用的方法，从多元视角展现多个人物的内心世界。她的幽默和讽刺可谓信手拈来，随处可见。她的象征十分奇特，寓意深刻。她对语言修辞手段的运用更是纯熟，头韵、尾韵、谐音、象声词俯拾皆是。特别应该指出的是，吴尔夫在《幕间》里使用了大量经典文学的引语和典故，对塑造人物和表现主题有重要的意义，需要仔细玩味。

总之，《幕间》是一部内涵丰富、寓意深刻的小说，与吴尔夫的其他作品相比毫不逊色，值得读者和研究者阅读和关注。

在翻译此书时，译者借鉴了"功能对等"的原则，力求最自然、最近似地再现原著的风采，特别是人物的意识流和内心独白。但遗憾的是，由于中英文在语音上差异甚大，原著中有些精彩的语言特点难以用中文恰当表达。另外，因时间和精力有限，只对原著中的部分典故做了注释，希望读者谅解。

（本文原载于弗吉尼亚·吴尔夫著《幕间》，谷启楠译，人民文学出版社，2003 年 4 月版。2017 年 5 月修改。）

# 《月亮与六便士》译本前言

威廉·萨默塞特·毛姆（William Somerset Maugham 1874—1965）是英国著名小说家、戏剧家。根据英国作家塞利娜·黑斯廷斯（Selina Hastings）的传记《萨默塞特·毛姆的隐秘生活》，毛姆于 1874 年 1 月 25 日生于巴黎，父亲是律师，供职于英国驻法国大使馆。毛姆八岁丧母，十岁丧父，后被送回英国，由担任牧师的叔父抚养。他孤独忧郁，以书为伴，养成了阅读的习惯。后来他就读于坎特伯雷的皇家公学，因口吃的缺陷而备受歧视，留下了心理阴影。在德国海德堡大学就读一年后，他回到英国，在圣多马医学院学医，毕业后做了助产医士。1897 年，毛姆出版了第一部长篇小说《兰贝斯区的丽莎》，获得好评，从此走上文学创作的道路。1907 年，他的喜剧《弗雷德里克夫人》在遭到十七个剧团拒绝后终于上演，大获成功。这是他"在通向巨大声望和财富的道路上迈出的第一步"。从那时起他创作了多部戏剧和小说。毛姆对哲学和宗教一直很感兴趣，阅读了"从柏拉图到罗素、从印度神秘主义到《奥义书》"等著作，不断探索人生的目的。第一次世界大战期间，他志愿参加了红十字会的战地救护工作，后来又为英国做过谍报工作。毛姆最重要的长篇小说《人生的枷锁》（*Of Human Bondage*），于 1915 年出版。这是一部带自传性质的小说，以作者早年的经历为基础，表现一个青年人发现自我的历程。该书出版后毁誉参半，直到 1919 年才得到重新评价，确定了经典的地位。从

1916 年起，毛姆在秘书兼同性伴侣杰拉德·哈克斯顿的陪同下多次游历了世界很多地方，1919 年曾到过中国。1928 年，毛姆定居于法国里维埃拉地区费拉角的"毛宅"，他的家成了许多英美作家、艺术家、政客、社交名流聚会的沙龙。第二次世界大战期间，毛姆做过新闻报道工作，并在美国居住。二战后他回到"毛宅"，继续写作。1965 年 12 月 16 日他在那里去世，享年九十一岁。

毛姆一生中既追求女性，奉子成婚，又有同性伴侣。他的同性恋取向为当时的传统社会所诟病，影响了他前期的声誉。然而毛姆是一个优秀的多产作家，一生中创作了大量的戏剧和小说，多部作品被搬上舞台和银幕，持续受到各国读者和观众的欢迎，为他赢得了很高的荣誉。1954 年英国女王授予他"荣誉勋位"，1961 年他被英国皇家文学学会选为荣誉会员。

《月亮与六便士》（*The Moon and Sixpence*）是毛姆继《人生的枷锁》后出版的又一部脍炙人口的长篇小说，后来还被改编成电影和歌剧。关于这部作品的主题、艺术特色和文学价值，罗伯特·考尔德教授（Robert Calder）已在本书《序言》中做了详细的论述和中肯的评价，笔者无须赘言。仅在此处补充一点情况，并谈一点感想。

《月亮与六便士》实际上有两个主人公。明显的主人公是英国画家斯特里克兰，他的原型是法国后印象派画家保罗·高更（Paul Gauguin）。毛姆对高更仰慕已久，早在 1903 年就参观过高更的画展，被他描绘塔希提岛的画作所吸引，萌生了去南太平洋群岛旅行的想法，后来又想创作一部有关高更的小说。1916 年，毛姆因患病需要疗养，遂与哈克斯顿一起去南太平洋群岛旅行。他们于 1917 年 2 月到达塔希提岛的帕皮提港。毛姆采访了当地人，搜集到很多有关高更的情况，看到了高更遗留的作品，还从土著人手里买下一幅高更画在玻璃门上的画。《月亮与六便士》于1918年问世，小说中的画家斯特里克兰与高更不乏相似之处：过去都是受人尊重的证券经纪人，有妻子儿女，为了追求艺术自由而离家出走，过着贫困的生活，在塔希提岛生活并创作，都病死在南太平洋的岛屿。然而值得注意的是，斯特里克兰与高更有很多不同之处，因为毛姆写的不是传记，而是小说。他从高更的事迹中提炼出素材并大胆地加以虚构，让斯特里克兰做出许多不为常人理解的极端的事，从而塑造出一个特立独行的天才艺术家形象。斯特里克兰为了心无旁骛地学习绘画和进行艺术创作，毅然摆脱了传统社会的重重束缚，甚至到了六亲不认的地步。在付出巨大代价之后，他终于画出杰作，实现了自己的理想，但也悲惨地结束了一生。毛姆不仅表现了斯特里克兰对艺术执着追求和为艺术献身的精神，也揭示出他自私自利、无情无义、大男子主义等缺点，其性格比较复杂，比较接近真实。一些评论家认为，这部小说没有说明斯特里克兰突然弃商从艺的动机，是最大败笔。而笔者却认为，这正是毛姆的匠心所在。斯特里克兰不擅言谈，不擅与人交流，如果他没对别人透露过自己的动机，那么叙述者当然无从知道，也无可奉告，这完全符合人们认识事物的方法，也给读者留下了想象的空间和参与解读的机会。毛姆在当时就使用这种现代主义的技法，是很超前的。

　　小说中的另一个主人公，就是第一人称叙述者"我"。他是个年轻作家，涉世未深，自视清高，善于思考，有正义感，可视为青年毛姆的替身。他虽然没有具体姓名，但在全书中起着举足轻重的作用，因为读者必须透过他的叙述来了解斯特里克兰及其他人物。这位第一人称叙述者与斯特里克兰没有很多交集，在很大程度上是个观察者，只能告诉我们他的所见、所闻、所想。他不可能深入斯特里克兰的内心世界，因此对许多事只能揣测、猜想，甚至臆想，但他有哲学头脑，善于思考，也提供了自己的分析和评判。由于他的意见和看法毕竟主观，他被视为"不可靠的叙述者"。他对于天才与艺术的关系、艺术与爱情的关系、艺术与社会生活的关系都进行了哲理性的思考，给小说增添了深度。看过全书后静心想来，我们对这位叙述者反倒比对斯特里克兰了解得更多，从他的讲述中可以看出他逐渐成熟的过程和虚构小说的过程。

小说中的次要人物也刻画得很生动。荷兰画家迪尔克·施特罗韦其貌不扬，绘画技巧欠佳，甚至显得有点傻，但他真诚善良，宽容大度，乐于助人，有艺术鉴赏力。这个人物与斯特里克兰形成了很大的反差，给人印象深刻。与斯特里克兰有联系的三个女性人物性格各异。艾米·斯特里克兰是固守传统社会价值观的中产阶级妇女，深陷婚姻的囹圄。布兰琦·施特罗韦义无反顾地追求浪漫爱情，却屡受伤害，悲惨而死。爱塔则延续了人类纯朴善良的自然天性，在婚姻中保持尊严和相对的独立性。

在这部小说里，毛姆通过天才艺术家与他力图逃离的资产阶级社会之间的冲突，演绎了小说的主题。"月亮"是远大理想的象征，而"六便士"则是蝇头小利的象征。一个人是抬头望月，志存高远，还是低头看地，追逐小利，这是两种截然不同的人生观。

从小说的结构来看，作者采取了大故事套小故事的模式。整部小说是一个大故事，由第一人称叙述者讲述。由于他对斯特里克兰缺乏了解，便访问了几个人，有画家施特罗韦、尼科尔斯船长、犹太商人科昂、鲜花旅馆老板蒂阿瑞·约翰逊、卡迈克尔医生、布律诺船长和库特拉医生，并把他们讲的故事也编织进去。这些人的故事丰富了叙述者的故事，也拓宽了小说反映社会生活的广度。这是小说引人入胜的一个重要原因。总之，《月亮与六便士》文字简洁，故事生动，主题深刻，经过历史的大浪淘沙，至今魅力不减，仍然吸引着各国读者。毛姆不愧是一个伟大的讲故事的人。

重译《月亮和六便士》是一项艰巨的任务。首先要细读原文的文本，因为那是作家超越时空与我们对话的依据。尽管有前辈翻译家的作品可资借鉴，但重新细读文本，弄清楚作品的文化背景和文化内涵，仍是至关重要的。在此基础上，按照自己的理解逐字逐句翻译，努力寻找与原文最接近的译法，尽可能近似地再现原著的风格。这是笔者一贯追求的目标和效果。

在翻译本书过程中，笔者得到两位老朋友的帮助。一位是加拿大不列颠哥伦比亚大学英语系的威廉·纽教授（Prof. William New），他一如既往地热情释疑解惑，提供了许多重要的启示。另一位是美国加利福尼亚州西尔拉学院创作中心前主任帕特·麦克德米德教授（Prof. Patt McDermid），他推荐了毛姆的最新传记，给予了很多启发。特在此对他们表示衷心的感谢。同时也感谢人民文学出版社马爱农编辑的鼓励和宽容，以及为本书付出的辛勤劳动。

谷启楠

2015 年 6 月 30 日

（本文原载于萨默塞特·毛姆著《月亮与六便士》，谷启楠译，人民文学出版社，2016 年 7 月版，后载于 2018 年 5 月第二次印刷本（教育部统编《语文》推荐阅读丛书），以及 2018 年 8 月版。2018 年 12 月修改。）

# 《福斯特短篇小说集》译本前言

本书《福斯特短篇小说集》（*Collected Short Stories*）中的短篇小说是英国作家爱德华·摩根·福斯特（Edward Morgan Forster, 1879—1970）在第一次世界大战之前创作的，按照他本人的说法，均属于幻想小说（Fantasy）。

福斯特在文学评论专著《小说面面观》（*Aspects of the Novel*，1927）第六章对小说的"幻想"层面进行了明确的解释。他说，幻想含有神祇内容和神话意味。"召唤神灵并祈求帮助的事也可能发生，因此让我们代表幻想求助于一切栖息在较低的天空里、浅水中、小山上的神灵们；求助于所有的农牧神和护树女神，以及各种记忆差错；求助于所有的文字巧合、大自然神和双关语，求助于所有存在于坟墓这一边的中世纪事物"。他还列举了具有幻想倾向的作家们所采用过的手法："把神祇、鬼魂、天使、猿猴、妖怪、侏儒、女巫引进人们的日常生活；或者把普通人引进无人地带，引进未来、过去、地球内部、第四维空间；或者深入人格并割裂人格；或者采用戏谑性模仿的手法或改编的手法。"他进而指出："这些手法永远无须变陈旧；它们会自然而然地出现在具有某种气质的作家的脑海里，并被他们用新鲜方式加以利用。" 这些论述对于我们理解福斯特的幻想小说有很大帮助。

在叙述故事时，福斯特使用了许多希腊罗马神话典故，以及《圣经》和西方文学作品典故。他从年轻时起就欣赏希腊文

化和意大利文化。根据《诺顿英国文学选集》(第七版)的介绍:
"1901 年他访问了希腊,并在意大利住了一段时间。这段经历
对他产生了久远的影响;他一生中都喜欢把希腊和意大利的农
民生活与英格兰中产阶级窒息压抑的生活做象征性的对比。希
腊神话和意大利文艺复兴艺术为他揭示了一个被马修·阿诺德
称之为具有'意识自发性'的世界。他的大部分作品都是关于
如何在现代生活的复杂和扭曲现象之中发现人际关系的这一特
性。" 福斯特运用典故的技巧很高,可以说是信手拈来,巧妙
地加以改造,融合到对人物日常生活的描写之中,从而赋予作
品以深刻的内涵。正是由于这一特点,他的幻想小说可以从不
同层面解读。少年读者可以把它们当作神话或奇幻故事来阅读,
从中得到乐趣;成年读者则可以把它们当作寓言或科幻小说来
阅读,领会其中的含义。

　　这些小说看似离奇,甚至荒诞,但都表现了重要的主题。
福斯特的一个常见主题是:主人公厌倦了令人窒息的世俗社会,
想冲出囹圄,逃往一个理想的地方。这理想的地方可以是森林
或大海,可以是民风淳朴的乡村或另一个国度,甚至可以是天
国。有些主人公成功出逃,有些则被迫回归世俗世界。除了表
现自由的灵魂与社会习俗之间的冲突之外,福斯特的作品还反
映了人际关系、人与自然的关系、人与机器的关系、不同种族
之间的关系等等。

　　特别值得关注的是《机器停转》《永恒的瞬间》和《安德鲁
斯先生》三篇小说。《机器停转》是福斯特罕见的科学幻想小说。
这篇作写于 1909 年的作品预见了电视、互联网、视频电话、机
械自动化等现代科学技术,并且发出了警告:人类如果远离大
自然,过于依赖机器,终会丧失人性,甚至彻底灭亡。《永恒的
瞬间》也是一篇重要作品。作者对人物的内心世界做了细腻的

刻画，并且预见到旅游业的无序发展会给小山村及其居民带来负面影响，特别指出对金钱的贪欲会扭曲人的灵魂。《安德鲁斯先生》篇幅很短，但寄托了作者对基督徒和伊斯兰教徒实现最终和解的美好愿望。这三篇小说会让当代的读者觉得作家是在针砭时弊，对现世颇有警示意义。为此我们不能不赞叹福斯特惊人的洞察力和预见力。

从福斯特和其他文学名家的范例不难看出，伟大的作家必定是伟大的思想家。凡是经受住时间考验并流传于后世的作品，无一不反映作者对人生和社会的哲理性思考，以及对人类命运的深切关怀。因此我们在翻译名著时，对作者要有敬畏之心，必须严肃对待和认真处理作者写下的每一个字、每一句话、每一个段落和每一个篇章，不能有丝毫怠慢。

翻译本书过程中，我根据原著文字极其简练、文化内涵极其丰富的特点采取了相应的翻译方法。我常常有这样的感觉：解读和翻译作品的过程就是与作者进行心灵沟通的过程。这个过程虽然艰苦，可是一旦破解了作者的含意，或找到了自认为合适的表达方法，所感受到的快乐是无法形容的。当然，由于自己学识有限，难免有疏漏之处；自己的努力能否对读者有帮助，还有待读者评说。

最后，我要特别感谢我的朋友、美国加利福尼亚州西尔拉学院创作中心原主任帕特·麦克德米德教授（Prof. Patt MacDermid）。在此书的修订过程中，我们通过电子邮件进行了认真而愉快的讨论。他对原文的深刻理解给了我很多启发和帮助。

谷启楠

原写于 2008 年 12 月

修改于 2014 年 12 月

　　（本文作为《译者前言》原载于福斯特著《福斯特短篇小说集》，谷启楠译，人民文学出版社，2009 年 8 月版。后作为《译后记》载于福斯特著《福斯特短篇小说集》，谷启楠译，上海译文出版社，2016 年 7 月版。2018 年 5 月修订。）

# 《塞巴斯蒂安·奈特的真实生活》译本后记

《塞巴斯蒂安·奈特的真实生活》（*The Real Life of Sebastian Knight*）是俄裔美籍作家弗拉基米尔·纳博科夫（Vladimir Nabokov, 1899—1977）用英语写的第一部长篇小说。

纳博科夫生于俄罗斯圣彼得堡市一个贵族家庭，从小就受到良好的教育。1919年，他们全家为躲避俄国无产阶级革命而逃亡到英国，他进了剑桥大学。1923年大学毕业后，他定居柏林，用俄语创作诗歌和短篇小说。后来由于纳粹德国崛起，他流亡到巴黎，继续用俄语写作，出版了两部长篇小说，在西欧文学界小有名气。1938至1939年，他在巴黎用英语创作了《塞巴斯蒂安·奈特的真实生活》。1940年，他在纳粹入侵法国之前移居美国，并带去了此书的手稿。1941年，《塞巴斯蒂安·奈特的真实生活》由美国新方向出版社出版。此书长时间没有受到评论界的重视，直到他的长篇小说《洛丽塔》（1955）获得国际声誉后才得到重新评价和认可。

《塞巴斯蒂安·奈特的真实生活》中，主人公塞巴斯蒂安·奈特是一个虚构的俄裔英籍作家，他行踪隐秘，特立独行，以擅长写"研究小说"著名，但不幸英年早逝。故事的第一人称叙述者 V 是塞巴斯蒂安的同父异母弟弟。为了反驳传记作者古德曼对已故哥哥的歪曲，他决心为哥哥写一部传记。然而他对哥哥并不完全了解，加之缺少文学创作经验，写传记有一定的困难。他仔细研究了哥哥的作品和少量遗留文件，走访了为数不多的知情人，力图追溯哥哥生前的踪迹，特别是要解开其两次恋情之谜。随着故事情节的展开，一个有才华、有个性、有怪癖的小说作家形象呈现在读者面前，而叙述者本人也在调查和写作过程中思考人生，思考文学创作，成了书中的又一个主人公。

对于《塞巴斯蒂安·奈特的真实生活》，许多欧美评论家已从不同角度做了评论，其中"带有不合理的魔幻色彩的文学侦探小说"（见英文版封底）这一评价似乎更为贴切。译者认为，这部小说内容丰富，内涵深刻，我们至少可以从三个不同的层面来解读：

从"侦探小说"的层面上讲，这部小说具有扑朔迷离、悬念迭生的特点，叙述者 V 虽然不是在侦办犯罪案件，但也是在破解一个秘密。由于"破案"所需的线索散见于全书各章，因此读者必须反复阅读，和叙述者一起观察、思考、分析，才能理出头绪，得出符合逻辑的结论，并感受探秘的玄妙和破谜的惊喜。

从"现代主义小说"的层面上讲，这部小说具有许多现代主义小说的特点，如意识流、内心独白、戏谑性模仿、打乱时空顺序的叙述等等，甚至带有一点荒诞的（或者说魔幻的）色彩。主人公对人性和社会的思考，也在一定程度上体现了现代主义的反传统思想和现代派作家对社会现实的消极看法。然而在小说快要结尾时，叙述者还是暗示了某种"毋庸置疑的谜底"，相信作家去世后其精神将在作品中永存。

从"关于文学题材的小说"的层面上讲，这部小说探讨了一个作家的人格和生活经历对其作品的影响，以及"研究小说"和"传记"的创作方法。具有讽刺意味的是，叙述者 V 虽然声称不想把哥哥的传记写成"小说化传记"（biographies romancées），但从他讲述的调查和构思过程来看，最终的成果仍不可避免地会带有许多虚构成分，因为他没有足够的第一手资料（如塞巴斯蒂安的言谈、日记、书信、论文等），只能以自己的回忆为基础，从哥哥的小说作品中寻找其思想轨迹，根据知情人提供的线索进行调查、猜测、分析、拼凑和想象，这必然给他的叙述加上诸多主观因素和虚构因素。

纳博科夫的小说通常具有多重含义，因此，除了上述三个层面之外，读者还可以从自己感兴趣的角度出发阅读这部作品，做出更多的解读，感受更多的乐趣。

在本书的翻译过程中，译者得到了南开大学孔延庚教授、谷恒东教授、陈曦教授、李珠副教授和天津大学潘子立教授在俄语、法语、德语方面给予的帮助，在此表示衷心的感谢。

（本文原载于纳博科夫著《塞巴斯蒂安·奈特的真实生活》，谷启楠译，上海译文出版社，2009 年 12 月版和 2013 年 8 月版。2018 年 6 月修订。）

# 《老人与海》译本后记

　　厄内斯特·海明威（Ernest Hemingway, 1899—1961）是 20 世纪美国著名作家，于 1954 年获得诺贝尔文学奖。他的长篇小说《老人与海》（*The Old Man and the Sea*）出版于 1952 年，是他认为自己"这一辈子所能写的最好的一部作品"。

　　小说讲述古巴老渔夫圣地亚哥出海捕鱼的故事。老人因连续八十四天一无所获，遂在第八十五天独驾小帆船去远海捕鱼。经过两天半的努力，他终于捕到一条巨大的枪鱼。在带鱼返航途中，他的小帆船多次遭到鲨鱼群的袭击。老人历尽艰险，顽强搏斗，直至筋疲力尽，终于把残存的巨大枪鱼骨架带回了渔港。作者用现实主义手法再现了大海的波澜壮阔和海鱼的机灵敏捷，生动地描绘了渔民的艰险生涯；另一方面，又用现代主义手法展现了主人公的内心独白，揭示出其丰富的内心世界。

　　《老人与海》可以有多种解读。简而言之，它既是一部描写个人捕鱼经历的小说，又是一则宣示人类命运的寓言。它讴歌了人类坚忍、坚毅、坚韧不拔的伟大精神。圣地亚哥老人说的话"人生来不是为了被打败的"和"一个人可以被毁灭，但不能被打败"等话，已成为警世名言。老人在险恶的环境中坚持斗争，永不言败，表现出海明威所推崇的"硬汉"精神。正如海明威所言，"这本书描写一个人的能耐可以达到什么程度，描写人的灵魂的尊严，而又没把灵魂二字用大写字母标出来。"

在海明威笔下，人与大自然是融为一体的。小说揭示了人与自然之间相生相克的关系。老渔夫终生与大海为伴，靠着大海的馈赠生存；而大海则变幻莫测，既非仁慈，又非邪恶，既能帮助人，又能毁灭人。老渔夫以捕鱼为生，把某些鱼类视为兄弟，但为了生计又必须捕杀它们。而鱼类在养活人的同时，为了生存也常置人于死地。

这部小说以精练的语言和简明的句式叙述故事，重点在于展示，而不是讲解。这种独特的文风影响了后世的许多作家。瑞典文学院把诺贝尔文学奖授予海明威的理由就是："因为他精通叙事艺术，这表现在他最近的作品《老人与海》中，也因为他对当代文学风格所产生的影响。" 寥寥数语，道出了海明威作品的巨大魅力。

短篇小说《乞力马扎罗的雪》也是海明威的一篇杰作，发表于 1936 年。故事讲述作家哈里在非洲游猎途中患重病而濒临死亡的故事。哈里参加过第一次世界大战，战后写作成名，但他贪图安逸，过起了奢靡的生活。这次他带妻子来非洲游猎，是想经受磨炼，彻底改变自己，开始新的生活。但不幸的是，他被困在丛林里，腿伤发展成坏疽，病情迅速恶化。海明威大量使用意识流技法，展现哈里异常活跃的思维。哈里回忆往事，反思自己的一生，后悔没能利用多年积累的素材创作更多的作品。在生命垂危之时，他面对失败仍思悔改，终于在梦幻中接近了乞力马扎罗山的顶峰——理想和事业高峰的象征。然而在现实中，死神却夺去了他的生命。哈里是第一次世界大战后美国"迷惘的一代"的典型形象。但他面对死亡时没有恐惧，表现出了"压力下的优雅风度"。

海明威是我极为尊崇的作家。由于多年从事美国文学的教学与研究，我对上述两部作品十分熟悉，但是要进行翻译仍感到困难重重。一是因为这样的名著具有极其丰富的内涵；二是因为已有前辈翻译家的多个译本，很难有所突破。我决定从小说文本出发，细心研读，按照自己的理解来翻译，力求译出自己的特点。翻译过程中，在行文方面力求贴近原文风格，并用中国读者习惯的方式明晰地表达。涉及航海、渔业方面的词汇，尽量使用汉语中常见的说法来翻译。让我感到遗憾的是，限于现代汉语的规范，我只能用"它"字来指代被海明威描写得极富灵性的海鱼海鸟，无法充分传达作者的原意。本想启用"牠"这个"异体字"，但因有文字不规范之嫌而作罢。希望以后能有机会弥补这一缺憾。

在翻译本书过程中，我曾得到我的朋友、美国加利福尼亚州希尔拉学院文学院写作中心主任帕特·麦克德米德（Patt McDermid）教授的帮助，他的睿智和洞察力给了我很多启发，在此特表示衷心的感谢。同时也感谢天津人民出版社的孙瑛编辑为此书付出的辛勤劳动。

（本文原载于厄内斯特·海明威著《老人与海》，谷启楠译，天津人民出版社，2013年1月版。2017年5月修改。）

# A New Light on Shakespeare Studies: Foreword to *Shakespeare's Cradle*

For the last 400 odd years since William Shakespeare passed away, countless researches have been done on this great man and his great works. However, as Shakespeare is considered both ancient and modern, no books can be exhaustive in revealing the depths of his thoughts and of his art, and fresh topics keep popping up.

So here we see a new book, *Shakespeare's Cradle: Titchfield Abbey and the Dark Theaters of 1592—1594*. As the title shows, the book is intended to discover Shakespeare's artistic metamorphosis from an emerging actor and playwright to a successful dramatist, focusing on his scarcely noticed life around 1592—1594 against the background of the social changes in England. Such a focus, as far as I know, is rarely found in other books on Shakespeare.

Dr. Patt McDermid was enchanted by Renaissance Literature, particularly the works of Shakespeare, while a student at Stanford University in the 1960s. He continued to study the subjects, first at San Francisco State University, and then at Southern Illinois University where he received his PhD Degree. During his entire teaching career he has taught these subjects, in addition to English, as professor in colleges and universities, public and private, including Nankai University in Tianjin, China.

While the author was teaching at Nankai in 1981—1982, the seed of the present topic began to germinate in his mind. In one of his lectures, a Chinese student asked him how it happened that Shakespeare had suddenly become so important when the London theaters reopened and he came out of "the dark." The author could not give a satisfactory answer, but promised to find it out. For the last 34 years, Dr. McDermid has made consistent researches on this subject and published a number of essays. Now, having assembled his research results and completed his "Nankai Project," he presents us with this book, as an anniversary tribute to Shakespeare, as well as a token of fulfillment of his promise.

Based on his meticulous study of historical facts, the author points out that Shakespeare did not suspend his career as playwright during the Dark Theaters period, because of his connection with his patron Henry Wriothesley, the 3rd Earl of Southampton, who was an unconventional young man and a fervent drama lover. This patronage provided Shakespeare with protection and financial backing. And what is more important, it provided him with almost all other necessary conditions and facilities to further his writing and his drama production. To name just a few: a sanctuary at the Earl's family home in the renovated Titchfield Abbey and unrestricted use of the private theater there, opportunities to meet with influential nobility, opportunities to have close contacts with professional actors and their patrons, a sophisticated and appreciative audience, the complete freedom to write for this audience without being censored by the Crown's Master of Revels, and the potential resources of Titchfield's history. Under these circumstances, Shakespeare developed his talent and created, besides poetry, new plays. These experiences are crucial to his professional career. Without this "audition" and experiment, Shakespeare could not have emerged out of the Dark Theaters period as the leading dramatist in England's dominant acting company .

Of the works Shakespeare produced in this period, the author has chiefly analyzed four plays—Romeo and Juliet (Tragedy), Love's Labour's Lost (Comedy), Richard II (History), and A Midsummer Night's Dream (Fantasy). They are grouped as "The Love Quartet," not only for stylistic affinities, but also for a shared love theme—"love in youth," "love in adulthood," "love of country and honor," and "love of theatre and art." The Love Quartet is significant because it sets basic patterns and principles for a new type of play, which would shape Shakespeare's subsequent plays .

The author also analyzes Shakespeare's exploration of human nature through drama, with an emphasis on the subconscious and unconscious levels of the human mind and the functions of dreams. This exploration endows the plays with modernist features, and consequently, ever-lasting charm.

Apart from the above, readers may find more puzzle-solving details about Shakespeare's life and times. And with the help of some photos and originally designed Figures and Charts, readers may get more insights into the plays and into the man.

In a word, this book has indeed cast a new light on the studies of Shakespeare, and is a fitting contribution to the world's commemoration of this cultural giant who belongs to all times.

Gu Qi'nan

（本文原载于帕特·麦克德米德著《莎士比亚的摇篮：1592—1594 年，蒂奇菲尔德修道院与剧场谢幕》，商务印书馆，2018 年 5 月版。）

# 二、翻译学篇

# 正确理解原作是文学翻译的关键

早在 1953 年，英国语言学家瑞恰慈（I. A. Richards，又译为理查兹）就指出：翻译"很可能是宇宙进化迄今所产生的最复杂类型的事件"（Richards, 1953:250）。这已成为翻译界经常引用的至理名言。从宏观角度看，翻译及被接受的全过程，不仅包含译者的劳动，也包含原文作者和译文读者的劳动，但其中译者付出的脑力劳动尤为复杂，尤为艰苦。

从心理语言学的角度出发，翻译及被接受的全过程是作者、译者和读者分别运用两套文字代码系统进行编码、解码、再编码、再解码的过程。其中译者担负着双重任务：他既要用第一种语言解码，理解作品，又要用第二种语言重新编码，写出译作。在译者完成这两项任务的过程中，对原作的理解始终处于重要地位，如下图所示：

```
    编码        解码       再编码        解码
作者————→作品←———译者————→译作←———读者
            理解                    理解
```

译者首先借助词典和其他工具书的帮助弄清楚原作的字面意义，然后结合自己掌握的背景知识进一步推断出原作的暗含意义。没有这后一步的努力，理解就不能算完成。有些译作看似辞藻华丽，但读起来不知所云，甚至错误百出，多半是译者理解不当所致。由此可见，理解原作在翻译中起着举足轻重的作用，正如金隄和尤金·奈达（Eugene A. Nida）在《论翻译》一书中指出的："正确理解原文是正确翻译的关键。要获得正确的理解，必须能全面而深入地分析词汇、结构、修辞手段的意义，而且要充分掌握字里行间隐藏的含义。"（Jin & Nida, 1984: 123）

　　与其他类型的翻译相比，文学翻译的过程更为复杂。这是由文学作品的性质决定的。文学作品是作家运用文学语言创作的艺术品，以此反映社会生活，表达自己的观点和感情。文学作品与作家生活的时代及社会文化背景是密切相关的。译者不仅应传达原作的信息，还应表达出原作者的观点和感情。译作本身也应该是艺术品，应能使读者感受到原作的影响和魅力。文学翻译的复杂性给翻译工作者提出了艰巨的任务：译者必须同时是原作的阐释者和研究者。译者必须下大力气分析和理解原作，研究其内涵，把握其总体精神，然后才有可能进行阐释和再创造。很难想象一个追求急功近利的译者能产生上乘的译作。如果原文是脍炙人口的佳作，而其译文却质量低劣，岂不是对作者的亵渎！

　　下面仅以笔者从事英语文学教学和翻译的点滴体会说明分析和理解原作的重要性。

## 分析和理解原作的语言成分

　　语言是文学作品的主要成分。我们应分析（1）词汇的字面意义和关联意义、（2）句法结构的结构意义和关联意义、（3）修辞手段的字面意义和关联意义。这三方面都不能脱离语境单独存在，因此我们必须结合上下文去理解。现举例说明：

1. 美国女作家尤多拉·韦尔蒂（Eudora Welty）的一个短篇小说题为"A Worn Path"（Welty, in Trimmer, 1985: 116），有人译成《一条走烂了的路》。这种译法用词太俗姑且不论，它根本没有传达出原作的精神。小说描写一位黑人老妇不辞辛苦，沿着古老的山路进城去给相依为命的孙子取药。从全篇分析，作家使用 worn 表达了三层意义：一是字面意义，描绘小路因多年风雨侵蚀和路人踩踏而变得崎岖；二是关联意义，形容老妇面容憔悴、老态龙钟，如同这古老的小路；三是寄寓意义，暗示老妇的生活道路像这小路一样不平坦。要找一个恰当的汉语词同时表达这三层意义确实很困难。笔者建议将此标题改译为《坎坷的小路》，因为"坎坷"一语双关，既可形容道路，又可形容人生之路。这样，worn 的三层意义至少可以表达出两层，比较接近原文，也能起到点题的作用。

2. 美国作家马克·吐温（Mark Twain）的短篇小说《卡拉维拉斯县驰名的跳蛙》（"The Celebrated Jumping Frog of Calaveras County"）中有这样一段：

If he even see a straddle-bug start to go anywhere, he would bet you how long it would take him to get to—to wherever he was going to, and if you took him up, he would foller that straddle-bug to Mexico but what he would find out where he was bound for and how long he was on the road. ( Twain, in Brooks, 1973: 1296)

有一种译文如下：

甚至如果他看见一个金龟子开始向哪儿走，他也会跟你打赌要多久它才会走到它要去的地方,如果你答应他了,他会跟着那个金龟子走到墨西哥,不过他不会去弄清楚它要到哪儿去或者在路上走多久。

这段译文比较拗口,而且后半句自相矛盾。误译的原因在于对 but what 结构理解不当。从结构意义上讲,but what 在口语中可以引起表示目的或结果的状语从句,相当于 so that。从关联意义上讲,作者通过此状语从句表现主人公吉姆·斯迈利的好奇心和好胜心。因此,建议改为:

就是看见一只金龟子开始爬,斯迈利也会下赌注,预言那只小虫要用多长时间才能爬到——爬到它要去的地方。如果你同意打赌,他会跟着金龟子一直走到墨西哥,好弄清楚它究竟去了些什么地方,在路上用了多少时间。

3. 加拿大作家莱斯利·斯克里夫纳（Leslie Scrivener）的传记《特里·福克斯的故事》（*Terry Fox: His Story*）中有这样一段:

There were also days of triumph for Terry. He had anticipated his run up to Montreal River Hill for weeks. The hill was on everyone's mind. Those who knew the hill's reputation had made the three-kilometre slope, south of Wawa, a Goliath to Terry's David. ( Scrivener, 1983: 138）

这段说的是,加拿大青年特里·福克斯患癌症失去双腿后,靠假肢长跑横越加拿大,途中遇到一个艰难的路段。引文中有两个难点。一个是短语 Terry's David。其实，'s 在这里表示的不是惯常的所属关系，而是同位关系。第二个难点是 Goliath 和 David。根据《圣经·旧约全书·撒母尔记（上）》第十七章的记载，Goliath 是非利士军勇士。他身高九英尺，身着青铜盔甲，手持重器，威慑以色列军。年轻的牧羊人 David 毫无惧色，独自迎战，仅用一块石头便打死了 Goliath，大败非利士军（《圣经》，2000: 446-449）。作者用此典故作为暗喻。从字面意义上讲，作者把特里比作 David，把 Montreal River Hill 比作 Goliath。从关联意义上讲，作者暗示此山难以攀登，将成为特里的大敌。为了帮助中国读者理解，翻译这段时，笔者用增译法在译文中加了一点解释：

> 这些天特里充满胜利的喜悦。几个星期以来，他就盼望着跑上蒙特利尔河边小山。人们都替特里担心。了解小山的人都把瓦瓦镇以南这个三公里长的山坡比喻成非利士勇士歌利亚，而把特里比喻成大卫。（斯克里夫纳，1988：148）

另外还加了一个注释说明以上《圣经》典故。

## 分析和理解原作的文学成分

作品的文学成分除语言外还包括背景、情节、结构、人物、叙事视角、主题、风格等。它们都与作家生活的时代以及作家的创作意图有关。分析这些成分有助于理解原作并把握其总体精神。仅举两例说明：

1. 美国作家厄内斯特·海明威（Ernest Hemingway）的短篇小说《一个洁净、灯光明亮的地方》（"A Clean, Well-Lighted Place"）以第一次世界大战后的西班牙为背景。作者通过酒吧间两位侍者的谈话以及他们对待一位老年顾客的不同态度，表现战后西方人中普遍存在的孤独感和绝望情绪。非正义的战争粉碎了传统的价值观，也粉碎了他们的梦想和信仰。许多人对生活持虚无主义态度。作品中最精彩的是年长侍者的一段独白：

... Our nada who art in nada, nada be thy name thy kingdom nada they will be nada in nada as it is in nada. Give us this nada our daily nada and nada us our nada as we nada our nadas and nada us not into nada but deliver us from nada; pues nada. Hail nothing full of nothing, nothing is with thee. （Hemingway, 1987: 291）

下面是这段独白的一种译文：

我们的虚无缥缈就在虚无缥缈中，虚无缥缈是你的名字，你的王国也叫虚无缥缈，你将是虚无缥缈中的虚无缥缈。给我们这个虚无缥缈吧，我们日常的虚无缥缈，虚无缥缈是我们的，我们的虚无缥缈，我们无不在虚无缥缈中，可是，把我们打虚无缥缈中拯救出来吧；为了虚无缥缈。欢呼全是虚无缥缈的虚无缥缈，虚无缥缈与汝同在。

对于中国读者来说，这译文与原文同样费解。不理解这段独白便不能得到原作的精髓。这就要求译者持严谨态度，通过广泛查阅和求教，正确理解原文，然后进行翻译和阐释。要读懂这段独白，必须参考祈祷文：

> Our Father, who art in heaven, hallowed be Thy Name. Thy Kingdom come, Thy Will be done on earth as it is in heaven. Give this day our daily bread and forgive us our debts as we forgive our debtors. And lead us not into temptation, but deliver us from evil; amen. (Matthew, 6: 9-13)
>
> Hail Mary, full of grace, the Lord is with thee. （《天主教常用祈祷文》）

对比之下可以看出，年长侍者是在背诵祈祷文，但他用英语的 nothing 和西班牙语中意义相近的 nada 取代了祈祷文中的许多重要的词语。他的独白深刻地反映出当时人们绝望到连上帝都不相信的程度。很明显，上述译文并没有传达出原作的意蕴，而且用"虚无缥缈"四字来翻译双音词 nada 或 nothing 也不甚合适。笔者建议用"乌有"代替"虚无缥缈"，并结合流传已久的祈祷文的译文来翻译这段独白，以便更好地表达作品的主题。原祈祷文的译文可以作为附注，以帮助读者理解。请对照以下祈祷文译文来看笔者翻译的独白。因页面幅宽所限，在此不得不把段落拆分呈现，正式翻译时还应回归段落。

| 祈祷文译文 | 独白译文 |
| --- | --- |
| 我们在天上的父， | 我们在乌有上的乌有， |
| 愿人都尊你的名为圣。 | 愿人都尊你的名为乌有。 |
| 愿你的意旨行在地上， | 愿你的乌有行在乌有上， |
| 如同行在天上。 | 如同行在乌有上。 |
| 我们日用的饮食， | 我们日用的乌有， |

今日赐给我们。　　　　　　乌有赐给我们。

免我们的债，　　　　　　　乌有我们的乌有，

如同我们免了人的债。　　　如同我们乌有了人的乌有。

不叫我们遇见试探，　　　　不乌有我们遇见乌有，

救我们脱离凶恶；　　　　　救我们脱离乌有；

阿们。　　　　　　　　　　再乌有。

（《圣经·新约全书》10）


万福玛利亚，你充满圣宠，　万福乌有，你充满乌有，

主与汝同在。　　　　　　　乌有与汝同在。

（《天主教常用祈祷文》）


　　笔者认为，这样翻译独白才能更好地传达作者的意图和小说的绝望主题。

　　2. 美国作家詹姆斯·鲍德温（James Baldwin）的短篇小说《桑尼的布鲁斯曲》（"Sonny's Blues"），通过桑尼一家的遭遇反映美国黑人的痛苦和觉醒。小说开头，桑尼的哥哥（第一人称叙事者）讲述自己在地铁列车上读到桑尼因贩毒而被捕的消息时的反应：

　　I read about it in the paper, in the subway, on my way to work, I read it, and I couldn't believe it and I read it again. Then perhaps I just stared at it, at the newsprint spelling out his name, spelling out the story. I stared at it in the swinging lights of the subway car, and in the faces and bodies of the people, and in my own face, trapped in the darkness which roared outside. (Baldwin, in McMichael, 1985: 1772)

原文中，trapped in the darkness which roared outside，寥寥数语，意义深刻。动词 trap 原意为设陷阱捕兽或设圈套诱人就范。作者用这个词形象地表现人们乘地铁火车时犹如被困于黑暗陷阱中的体会，同时又赋予它以象征意义，巧妙地点出当时黑人的社会地位。全段可译为：

那条消息，我是在乘地铁上班途中从报纸上看到的。我看了一遍，不相信，又看一遍，后来我大概一直痴呆呆地瞪着那条新闻，上面分明写着他的名字和案情。我瞪着那条新闻，它印在车厢摇曳的灯光里，印在众多乘客的脸上和身上，也印在我自己的脸上。我犹如被困在陷阱之中，外面是一派黑暗，呼啸着疾驰而过。

另外，小说的最后一部分描写哥哥应邀去夜总会听桑尼及其伙伴演奏布鲁斯乐曲。他从乐声中听到了黑人"如何受苦，如何欢乐，如何可能取得胜利"（1791），受到了启发，终于理解了弟弟。乐曲结束后，他请女侍者给桑尼等人送酒。作者以描写酒杯结束全篇：

For me, then, as they began to play again, it glowed and shook above my brother's head like the very cup of trembling. (1792)

译文：他们又开始演奏的时候，那只酒杯在我弟弟的头顶之上闪烁晃动，在我看来，它宛若上帝的"使人东倒西歪之杯"。

笔者这样翻译，虽然传达了原文的字面意义，但按照文学

翻译的要求，仍不能就此止步。因为鲍德温使用了《圣经》的
典故，而不熟悉此典故的读者并不能理解其蕴涵的象征意义，
所以必须加以下注释：

> "使人东倒西歪之杯"，亦即上帝的"愤怒之杯"，源出
> 《圣经·旧约全书·以赛亚书》第五十一章 17—23 节。根
> 据记载，上帝在盛怒之下让耶路撒冷人喝下他的"愤怒之
> 杯"中的酒，使他们东倒西歪，遭受灾难，以示惩罚。后
> 来上帝又收回此杯，以示宽恕，并说要将此杯交给那些苦
> 待他们的人。是否可以这样理解：哥哥献给桑尼的这杯酒
> 象征兄弟和解，也预示黑人觉醒后终将战胜压迫者。从宗
> 教意义上讲，这杯酒酷似圣餐杯，是彻底摆脱邪恶的象征。

## 结　语

从以上数例不难看出，正确理解原作在文学翻译过程中占
有极其重要的地位，称其为关键实不为过。译者要想准确地传
译原作，并使译文读者感受到原作的影响和魅力，非下功夫分
析研究原作不可。急于求成，急功近利，粗制滥造，只能亵渎
作者并贻误读者。文学翻译绝非易事，因此，文学翻译工作者
必须同时具备强烈的社会责任感、严谨的治学精神、广博的学
识和熟练驾驭语言的能力，才能有所作为。

### 参考文献

[1] 斯克里夫纳，莱斯利. 命运的挑战者 [M]. 刘士聪、谷
启楠，译. 长沙：湖南人民出版社，1988.

[2] 圣经（新标准修订版，简化字和合本）[M]. 中国基督

教三自爱国运动委员会、中国基督教协会，2000.

[3] 天主教常用祈祷文[M/OL]. [2018/01/08]. http://www.
360doc.com/content/ 17/ 0603/19/12351181-659606942shtml.

[4] BALDWIN, JAMES. Sonny's Blues [M]. McMichael,
George et al, eds. Anthology of American Literature 2. New York:
Macmillan Publishing Company, 1985:1772-1792.

[5] HEMINGWAY, ERNEST. A Clean, Well-lighted Place
[M]. Hemingway, Ernest. The Complete Short Stories of Ernest
Hemingway (The Finca Vigía Edition). New York: Charles
Scribner's Sons, 1987.

[6] JIN, DI & EUGENE A. NIDA. On Translation [M].
Beijing: China Translation & Publishing Corporation，1984.

[7] RICHARDS, I. A. Toward a Theory of Translation [J].
American Anthropological Association. Studies in Chinese
Thought, Vol.55, Memoir 75. Chicago: University of Chicago
Press, 1953.

[8] SCRIVENER, LESLIE. Terry Fox: His Story [M].
Toronto: McClelland and Stewart, 1983.

[9] TWAIN, MARK. The Celebrated Jumping Frog of
Caraveras County [M]. Brooks, Cleanth et al eds. American
Literature: The Makers and the Making. New York: St. Martin's
Press, 1973: 1294-1298.

[10] WELTY, EUDORA. A Worn Path [M]. Trimmer, Joseph
F. & C. Wade Jennings eds. Fictions. San Diego: Harcourt Brace
Jovanovich Publishers, 1985: 116-121.

（本文原载于《中国翻译》1989 年第 5 期。2018 年 1 月修改。）

# 浅谈英译汉过程中词义的确定

　　刘宓庆先生在专著《汉英对比研究与翻译》中指出，与汉语相比，"英语词义比较灵活，词的含义范围比较广，词义对上下文的依赖性比较大，独立性比较小。语境制约对词义的调节作用很大"（刘宓庆，1991）。英语的这一特点在文学作品中表现得更为突出。一个词在此上下文里是一个意思，在彼上下文里可能是另外一个意思。因此，在翻译时，如果发现某个词的词义难以确定，必须结合相关的上下文进行分析，切不可只根据该词的字面意义或常用意义生搬硬套，否则就容易歪曲原文，既委屈了原文作者，也给译文读者造成理解困难。这一点应当引起译者的注意。

　　例如，英国女作家弗吉尼亚·吴尔夫（Virginia Woolf）的小说《达洛维太太》（*Mrs Dalloway*）的开头有这样一段文字，描写达洛维太太早晨来到空气清新的户外，触景生情，回忆起自己年轻时的感受：

> What a lark! What a plunge! for so it had always seemed to her when, with a little squeak of the hinges, which she could hear now, she had burst open the French window and plunged at Bourton into the open air . (Woolf, 1996: 5 )

要翻译这一段，首先必须弄清 What a lark! What a plunge!

是什么意思。有译本把这两句译为："多么欢快的云雀！那么矫健地从天空冲下来！"诚然，名词 lark 最常见的词义是"云雀"，但这段中并没有与"云雀"相关的内容。《牛津现代英语高级学者词典》（第四版）提供了 lark 的另一个定义：bit of adventurous fun，并将 What a lark 解释为 How amusing（Hornby, 1989）。结合此段的语境，将 What a lark 译成"多有意思啊"当属无误，符合女主人公当时的心境。再联系下文，what a plunge 也不难理解，名词 plunge 的意义已被 when 从句中的动词 plunge 所限定，是指主人公推开落地窗瞬间来到室外的感受。因此全句可译为：

　　　　多有意思！多么痛快！因为她过去总有这样的感觉，每当随着合页吱扭一声——她现在还能听见那合页的轻微声响——她猛地推开伯尔顿村住宅的落地窗置身于户外的时候。（吴尔夫，2003/2014: 4）

从此例不难看出，翻译不能脱离上下文。语境对确定英语词义影响极大，切不可掉以轻心。

刘宓庆先生在同一著作里还明确指出："英语的词义在很大程度上视词的联立关系而定，词的联立关系不同，词的含义也就不同。"（刘宓庆，1991）美国学者贝蒂·华莱士·罗比内特（Betty Wallace Robinett）在《向讲其他语言的人教授英语：实质与方法》（*Teaching English to Speakers of other Languages: Substance and Technique*）中也说，英语词汇的特点，一方面体现在其构成形式上，另一方面体现在词汇意义的归类范畴上。她举了一个例子，如果有人问 principal 的词义，很难给以肯定的答复，因为它可能是形容词，意为"主要的"，也可能是名词，意为中小学的"校长"（Robinett，1985）。这两位学者都强调了上下文对确定词义的影响。

金隄先生和美国翻译学家尤金·奈达（Eugene Nida）在《论翻译》（*On Translation*）中进一步指出：词汇语境有远的（remote）和近的（immediate）之分（Jin & Nida, 1984: 139）。有的词义可以根据该词所在的词组、句子或段落的语境来确定，有的则需要根据邻近的段落或更远的故事情节来判断。试分析下面两组例句：

第一组：特定词的词义需要根据"近的语境"来确定

1. I went to a shower for the girl he married, but then everybody went to everybody's showers. (Munro, 1968: 88)

Shower 通常意为"阵雨"或"淋浴"，但在此句中则指为即将结婚的姑娘举行的"赠礼聚会"。

2. ... and the shopkeepers were fidgeting in their windows with their paste and diamonds, their lovely old sea-green brooches in eighteenth-century settings to tempt Americans...(Woolf, 1996: 7)

Paste 通常意为"糊状物"或"浆糊"，在此句中显然指"人造宝石"。

3. ...while the iron road crawled steadily between him and where he was born, nailing another straight line behind the Grandmother's straight police to fence him in, square him in against the innumerable bluecoats... (Wiebe, 1973)

Police 通常意为"警察"，但在此句中意为"家规"。

4. The boy ... went alone to the bush where everything spoke: warm rocks, the flit of quick, small animals , a dart of birds, tree trunks, the great lights in the sky at night, burning air, ground, the

squeaky snow ... (Wiebe, 2010)

Bush 通常意为"灌木丛",但在此句中意为"荒原",系美国和加拿大的特殊用法。

5. Sometimes Father Macdowell mumbled out loud and took a deep wheezy breath as he walked up and down the room and read his office. (Callaghan, 1986: 159)

Office 通常意为"公职""办公室"等,但在此句中意为"祈祷文"。

第二组:特定词的词义需要根据"远的语境"来确定

1. How are you, darling? She cried, and threw her arms around me, an opening that didn't help as we were at a Literary Guild cocktail party, and anyone will throw their arms around you on such occasions, even the directors of the Book-of-the-month Club. ( Archer, "The Luncheon" p.1)

此句中的 an opening that didn't help 究竟是什么意思,需要借助"远的语境"来确定。在此段之前,即故事开头处,有这样的叙述:

She waved at me across a crowded room of the St Regis Hotel in New York. I waved back realizing I knew the face but I was unable to place it. She squeezed past waiters and guests and had reached me before I had a chance to ask anyone who she was. I racked that section of my brain which is meant to store people, but it transmitted no reply. I realized I would have to resort to the old party trick of carefully worded questions until her answers jogged my memory. (p.1)

这位女士在大庭广众之中招着手向叙事者走来，但叙事者却想不起她是谁，觉得十分尴尬，急于解开这个谜。联系这段上文，opening 显然指女士的问候和拥抱。因此，前面一段可译为：

> 亲爱的，你好吗？她喊道，并伸出手臂拥抱我。她的开场示意并没有让我想起她是谁，因为我们是在参加文学协会的鸡尾酒会，在这种场合，谁都可能伸出手臂拥抱你，就连每月新书俱乐部的主任们也如此。

2. "Anyhow, he gives large parties," said Jordan, changing the subject with an urban distaste for the concrete. "And I like large parties. They're so intimate. At small parties there isn't any privacy." (Fitzgerald, 1953: 49-50)

如何理解 intimate 的意思，成了正确翻译这段文字的关键。从"近的语境"来看，intimate 与 there isn't any privacy 形成了对比。由于 intimate 的主语是 large parties，结合上下文可选用《韦氏新世界美国英语词典》中的一个释义：promoting a feeling of privacy and coziness, romance. etc. (Neufeldt & Guralnik, 1988: 707)。通过重读前文，才找到 5 页之前的"远的语境"：

> The first supper—there would be another one after midnight—was now being served, and Jordan invited me to join her own party, who were spread around a table on the other side of the garden. There were three married couples and Jordan's escort, a persistent undergraduate given to violent innuendo, and obviously under the impression that

sooner or later Jordan was going to yield him up her person to a greater or lesser degree. Instead of rambling, this party had preserved a dignified homogeneity, and assumed to itself the function of representing the staid nobility of the country-side—East Egg condescending to West Egg, and carefully on guard against its spectroscopic gayety. (Fitzgerald, 1953: 44-45)

从这段上文可以看出，聚会规模很大，客人很多。乔丹和她的朋友们在花园另一边，围坐在一个桌子旁谈话。在大型聚会上，几个熟人可以单独行动，躲在角落里说笑，不会引起别人注意。因此，前面一段似可译为：

> "不管怎么说，他常举办大型聚会，"乔丹说，她以城里人不屑于细说的态度转换了话题："我喜欢大型聚会，总让人感觉自在惬意。在小型聚会上，没有机会跟人单独相处。"

以上两组例句说明：在翻译过程中，词义的转换包括词的通常意义和在特定语境中的信息意义，译者有责任根据上下文对有关词汇做出恰当的解释。翻译时，如果无法从"近的语境"确定某特定词的词义，那就要设法搜寻"远的语境"，以找到确定其词义的线索。加拿大翻译学家让·德利尔（Jean Delisle）在《翻译理论与翻译教学法》（*L'Analyse du Discours Comme Methode de Traduction*）中说："翻译是一种解释性活动，是对一篇文献的巧妙分析。只有通过这样的解释，才有可能使人们了解词的含义、所叙述内容的含义、以及文献的全部内容。"（德利尔，1988）这的确是一条重要的经验，值得中国翻译工作者借鉴。

## 参考文献

[1] 德利尔，让. 翻译理论与翻译教学法 [M]. 孙慧双，译. 北京：国际文化出版公司，1988.

[2] 刘宓庆. 汉英对比研究与翻译 [M]. 南昌：江西教育出版社，1991.

[3] 吴尔夫，弗吉尼亚. 达洛维太太 [M]. 谷启楠，译. 北京：人民文学出版社，2003.

[4] ARCHER, JEFFREY. The Luncheon [M/OL]. [2018/06/21]. http:// lingualeo.com/ es/jungle/the-luncheon-by- jeffrey-artcher-168867#/page/1.

[5] CALLAGHAN, MORLEY. A Sick Call [M]. New, W. H. ed. Canadian Short Fiction: from Myth to Modern. Scarborough, Ontario: Prentice-Hall, 1986: 159-163.

[6] FITZGERALD, F. SCOTT. The Great Gatsby [M]. New York: Charles Scribner's Sons, 1953.

[7] HORNBY, A. S. ed. Oxford Advanced Learner's Dictionary of Current English [G]. London: Oxford University Press, 1989.

[8] JIN, DI & EUGENE A. NIDA. On Translation [M]. Beijing: China Translation & Publishing Corporation，1984.

[9] MUNRO, ALICE. An Ounce of Cure [M]. Munro, Alice. Dance of the Happy Shades. Toronto: McGraw-Hill Ryerson limited, 1968: 75-88.

[10] NEUFELDT, VICTORIA & DAVID B. GURALNIK eds.

Webster's New World Dictionary of American English (3rd College Ed.) [G]. New York: Prentice Hall, 1988.

[11] ROBINETT, BETTY WALLACE. Teaching English to Speakers of Other Languages: Substance and Technique [M]. Minneapolis: University of Minnesota Press, 1985.

[12] WIEBE, RUDY. Speaking Saskatchewan [M]. Wiebe, Rudy. Rudy Wiebe: Collected Stories 1955—2010. Edmonton: University of Alberta Press, 2010.

[13] WIEBE, RUDY. The Temptation of Big Bear [M]. Toronto: McClelland and Stewart, 1973.

[14] WOOLF, VIGINIA. Mrs Dalloway [M]. London: Penguin Books Limited, 1996.

（本文与刘士聪合写，原载于英汉语比较学会编《英汉语比较研究》，湖南省科学技术出版社，1994 年 6 月版。2018 年 6 月修改。）

# 关于《红楼梦》文化内容的翻译

关于《红楼梦》的文化，红学家周汝昌在《红楼梦辞典》的序言中指出，《红楼梦》是一部出自文人之手的传世之作，而"曹雪芹这个'文人'，既有中国历代文人的共同特点，又有清代满洲八旗文人的更大的特色……这种文人的文化素养加上特性特习，就使得《红楼梦》带上了极其深厚的中国文化传统的奇妙的色调和气质、风格和手法。假如不能理会中国汉字文学艺术传统和华夏文人对这种文化的造诣和修养之深之高，那就永远也无法真正谈得上理解和欣赏他们的作品。"（周汝昌，1987：5）。对于以汉语为母语的原文读者是这样，对于以英语为母语的译文读者也是这样。

《红楼梦》目前已有两个完整的英译本，一是杨宪益夫妇（Yang Hsien-yi and Gladys Yang）合译的 *A Dream of Red Mansions*，一是戴维·霍克斯（David Hawkes）和约翰·闵福德（John Minford）合译的 *The Story of the Stone*。这两个译本的诞生是汉文学英译领域的巨大收获。从整体效果看，两个译本都很成功，但在对书中很多具体内容，特别是有关文化内容的翻译上，两个译本采取了不同的处理方法。本文拟就这方面的问题及其效果，结合具体译例做一些粗略的考察。

宏观上，译者一般要照顾两个方面：译文既要在意义和风格上忠实于原著和作者，又要符合目的语表达习惯，使译文读者容易接受。在涉及一个民族的传统文化（包括语言上的修辞手段）时，如何满足这两个方面的要求，值得研究。

例如，《红楼梦》第一回《甄士隐梦幻识通灵　贾雨村风尘怀闺秀》中有个《好了歌》，第一句是"世人都晓神仙好"（曹雪芹，2013：24），杨宪益夫妇的译文（以下简称杨译）是：All men long to be immortals（Tsao Hsueh-Chin, 1978: 16）。霍克斯的译文（以下简称霍译）是：Men all know that salvation should be won（Cao Xueqin, 1973: 63）。杨译将"神仙"直接译成 immortals，"神仙"是中国道教概念，成"神"成"仙"是道家的理想。霍译则采用了转译的方法，使用了 salvation（拯救）一词，"拯救"是基督教概念，从"罪孽"中得到"拯救"是基督徒的追求。

又如，第六回《贾宝玉初试云雨情　警幻仙曲演红楼梦》里，刘姥姥说"谋事在人，成事在天。"（曹雪芹，2013：147）杨译是：Man proposes, Heaven disposes.（Tsao Hsueh-Chin, 1978: 9）霍译是：Man proposes, God disposes.（Cao Xueqin, 1973：152）同样，杨宪益把"天"译成 Heaven，而霍克斯则译成 God。在封建时代的中国，人们把"天"视为大自然的主宰，而基督徒则把"上帝"视为大自然的主宰。

这里，杨译遵循忠实于原作的原则，保持了其道教概念；霍译则考虑了读者的宗教信仰和接受心理，将原作里的中国道教概念转化为西方基督教概念。这两种方法各有遵循，杨译多从原作的文化着眼，霍译则多从译文读者着眼。从理论上讲，这体现了"语义翻译"和"交际翻译"的区别。

彼得·纽马克（Peter Newmark）在《翻译的方法》（*Approaches to Translation*）一书中提出了"语义翻译"（semantic approach）和"交际翻译"（communicative approach）的说法，并认为这是他对翻译理论的贡献。他说：

交际翻译试图对译文读者产生一种效果，这效果要尽可能接近原文对读者所产生的效果。语义翻译则试图在目的语的语义和句法结构允许范围内传达原著的确切上下文意义。

从理论上讲，这两种方法区别很大。交际翻译只注意读者；译文读者预想不到译事之难或原文之费解，而是期待译者在必要之处将外语成分尽多地转化到自己的语言和文化之中。但即便如此，译者仍需尊重源语的文本形式，将其视为翻译的唯一物质基础，并在此基础上进行翻译。语义翻译则立足于原著的文化，仅在其内涵意义方面给读者提供帮助，条件是这种内涵意义传达了文本中主要的、对全人类有普遍意义的信息（而不是仅对某个民族有意义的信息）。这两种方法的一个根本区别在于：当出现矛盾时，交际翻译必须强调"表现力"，而不强调信息的内容。（Newmark，1988：39）

这就是说，"语义翻译"注重对原作的忠实，其处理方法带有直译的性质；而"交际翻译"则更关照目的语读者，其处理方法带有意译的性质。但二者又不是截然分开的，在一部作品的翻译过程中，往往是"语义翻译"和"交际翻译"相辅相成，互为补充。

现依据纽马克的理论对《红楼梦》两个译本中几处有关文化内容的译例试做比较：

一、在第二回《贾夫人仙逝扬州城　冷子兴演说荣国府》里，贾雨村说："大仁者修治天下；大恶者扰乱天下。清明灵秀，天地之正气，仁者之所秉也；残忍乖僻，天地之邪气，恶者之所秉也。"（曹雪芹，2013：46）

"天地之气"的"气"是中国古代哲学概念，指构成天地万物的物质。杨译用 essence 译之：The good embody pure intelligence, the true essence of heaven and earth; the bad, cruelty and perversity, the evil essence.（Tsao Hsueh-Chin, 1978: 27）此处 essence 取事物本质之意，与"气"的概念不完全一致。

由于"气"在英语里没有对应的概念和词汇（有的英语词典用 qi 来表示），霍译放弃"气"的本来意义，而以 humour 代之：Now , the good cosmic fluid with which the natures of the exceptionally good are compounded in a pure, quintessential humour; whilst the evil fluid which infuses the natures of the exceptionally bad is cruel, perverse humour.（Cao Xueqi, 1973: 77）这里的 humour 指 one of the four liquids that were thought in the past to be in a person's body and to influence health and character（Hornby, 2004: 862），即旧时认为人体内可影响人的健康和性格的四种体液之一种。英语的 humour 与汉语的"气"相去甚远，但霍译选用这个词是考虑英语读者的文化背景和接受心理。这种变通从原文角度看是不确切的，但根据纽马克的"交际翻译"原则，在目的语里没有相对应的概念时，这也是一个解决办法。

二、第十九回《情切切良宵花解语　意绵绵静日玉生香》开头提到，一日宝玉闲暇无事，偏袭人又家去吃年茶，"因此，宝玉只和众丫头们掷骰子，赶围棋作戏"（曹雪芹，2013：355）。关于中国的围棋，杨译并未特意解释，只是译为： So Pao-yu was left to amuse himself with the other maids at dice or draughts（Tsao Hsueh-Chin, 1978: 266）。霍译则加了一个长句，做了解释：

After her departure Bao-yu played "Racing Go" with the other maids. This was a game in which you moved your Go-piece across the board in accordance with the throw of dice, the object being to reach the opposite side before everything else and pocket all the stakes. (Cao Xueqin, 1973: 375-376)

从此例的情况看，在译文中适当加些解释是必要的。当然也可以采取另加脚注的形式。

阅读《红楼梦》这样的作品，需要参考注释，不要说外国读者，中国读者也如此。1987年，北京师范大学出版社出版了以程甲本为底本的《红楼梦》校注本。启功先生在该书的《序》里说，《红楼梦》"需要注释，注释起来，又不是那么省事的。一个典故的出处，一件器物的形状，要概括而准确地描述，颇为费力。即使极平常的一个词语，在那个具体的环境中，究竟怎么理解，也常常不是容易的。"（启功，1987：二）因此，翻译《红楼梦》这样具有"高度思想性"和"高度艺术性"的作品，无论是采取"语义翻译法"还是"交际翻译法"，都需要做些注释。

三、《红楼梦》里丰富的文学典故也给翻译带来困难。在第十七回《大观园试才题对额　荣国府归省庆元宵》里，贾政带领众人来到一石碣处，遂命众人题字。因此有了下面的叙述：

众人云："方才世兄云：'编新不如述旧。'此处故人已道尽矣：莫若直书'杏花村'为妙。"贾政听了，笑向贾珍道："正亏提醒了我。此处都好，只是还少一个酒幌……"（曹雪芹，2013：315）

"杏花村"和"酒幌"之间的关系，在场的人物都清楚，中国读者也会自然联想到杜牧的《清明》诗句："借问酒家何处有，牧童遥指杏花村。"（杜牧，2013：1212）

杨译是这样的：

"As your worthy son just remarked, 'An old quotation beats an original saying.' The ancients have already supplied the most fitting name—Apricot Village."

Chia Cheng turned with a smile to Chia Chen, saying, "That reminds me. This place is perfect in every other respect, but it still lacks a tavern-sign ...." (Tsao Hsueh-Chin, 1978: 234)

这是忠于原文的译法，不增不删，但有一个缺点：一般的译文读者缺乏中国古典文学知识，很难将 Apricot Village 和 tavern sign 联系起来，难以体会此处"杏花村"题名的含蓄与诗意，这不能不说是一个损失。

霍译是这样的：

"Just now our young friend was saying that to 'recall an old thing is better than to invent a new one'," said one of the literary gentlemen. "In this case the ancients have already provided the perfect name: 'Apricot Village'."

Jia Zheng knew that he was referring to the words of the fainting traveller in Du Mu's poem:

"Where's the tavern?" I cry, and a lad points the way
To a village far off in the apricot trees.

He turned to Cousin Zhen with a smile:

"Yes. That reminds me. There's just one thing missing here: an inn-sign..." (Cao Xueqin, 1973: 334-335)

霍克斯在以"交际翻译"方法处理译文时，要考虑帮助译文读者理解故事，所以引入了杜牧的诗。但另一方面，这毕竟不是原文作者的叙述方式，所以，原文的含蓄和行文节奏遭受损失。

四、《红楼梦》里还有不少活灵活现、妙趣横生的口头用语，如何翻译也值得讨论。例如，第二十回《王熙凤正言谈妒意　林黛玉俏语谑娇音》里，有一段黛玉讥笑史湘云的描写：

黛玉笑道："偏是咬舌子爱说话，连个'二'哥哥也叫不上来，只是'爱'哥哥'爱'哥哥的。回来赶围棋儿，又该你闹'幺爱三'了。"（曹雪芹，2013: 388）

史湘云不甘示弱，反唇相讥：

湘云笑道："这一辈子我自然比不上你。我只保佑着明儿得一个咬舌儿林姐夫，时时刻刻你可听'爱'呀'厄'的去。阿弥陀佛，那时才现在我眼里呢！。"（389）

这一段把两个小姑娘唇枪舌剑的情景写得栩栩如生。小孩咬舌会把"二"说成"爱"。关于"厄"，学者王家惠在《道得一字尽得风流》一文中对此有所考察。他说，现在红学界基本上采用曹雪芹祖籍为河北丰润一说，丰润北部山区的人们，以及附近迁安、迁西的人们都是把"二"说成"厄"。（王家惠，1995）对于这一细节的处理，杨译和霍译采用了不同的方法。

杨译先是对"厄"和"爱"用脚注做了解释：Erh means "two" or "second", and ai "love".（Tsao Hsueh-chin, 1978: 295） 后面是史湘云这段话的译文：

"Naturally I'll never come up to you in this lifetime. I just pray that you'll marry a husband who talks like me, so that you hear nothing but 'love' the whole day long. Amida Buddha! May I live to see that day!"（296）

霍译如下：

"I shall never be a match for you as long as I live," Xiang-yun said to Dai-yu with a disarming smile. "All I can thay ith that I hope you marry a lithping huthband, tho that you have 'ithee-withee''ithee-withee' in your earth every minute of the day. Ah, Holy Name! I think I can thee that blethed day already before my eyeth！"(Cao Xueqin, 1973: 413)

杨译传译出了体现在"爱"字里的讥讽蕴意，但没有传译出其语言的俏皮和风趣的效果；霍译用了一系列齿摩擦音来再现原文的活泼意味，但史湘云讥讽林黛玉的有力武器"爱"字被忽略了。

总体上，杨译所采用的方法偏重"语义翻译"，霍译偏重"交际翻译"，但这二者不是截然分开的，在许多具体问题的处理上也有交互使用的情况。纽马克主张，无论是"语义翻译"还是"交际翻译"，"在等效前提下，字对字地直译不仅是最好的，而且是唯一行之有效的翻译方法。不论何种翻译，都没有理由使用不必要的'同义词'，更不要说释义了。"（Newmark, 1988: 39）实际上，在汉英两种语言之间用"字对字的直译"方法来达到等效几乎不可能。然而，他的另一主张却有普遍意义。他说，"人们通常想用语义翻译的方法翻译严肃文学（高级艺术），但不要忘记，所有的艺术在不同程度上都是寓意的、比喻的、暗寓的，都有教诲意义，因此，都带有交际目的。比喻语言只有在目的语及其文化的比喻中得以再现时才有意义；如果不能再现，则只好转达它的意思。"（45）

如何恰当翻译像《红楼梦》这种充满文化内涵、寓意和比喻的古典文学作品，是一个复杂的问题。译者的原则应该是最大限度地忠实于原著，再现原著，为达此目的，兼取"语义翻译"和"交际翻译"之长；凡在译文里不好再现的内容，适当加注释以补足。任何单一的翻译方法都难以忠实地再现《红楼梦》中丰富的文化内涵。

## 参考文献

[1] 曹雪芹. 红楼梦（新批校注本）[M]. 北京：商务印书馆，2013.

[2] 杜牧. 清明 [M]. 俞平伯等，编. 唐诗鉴赏辞典（新一版）. 上海：上海辞书出版社，2013.

[3] 启功. 序[M]. 曹雪芹. 红楼梦（校注本）. 北京：北京师范大学出版社，1987.

[4] 王家惠. 道得一字尽得风流 [N]. 天津日报，1995/04/26.

[5] 周汝昌. 序言 [M]. 周汝昌，主编. 红楼梦辞典. 广州：广东人民出版社，1987.

[6] CAO XUEQIN. The Story of the Stone [M]. Hawkes, David & John Minford, trans. London: Penguin Books, 1973.

[7] HORNBY A. S. & SALLY WEHMEIER eds. Oxford Advanced Learner's English-Chinese Dictionary (6th ed.) [M]. Beijing: The Commercial Press & Oxford: Oxford University Press, 2004.

[8] NEWMARK, PETER. Approaches to Translation [M]. London: Prentice Hall International, 1988.

[9] TSAO HSUEH-CHIN & KAO NGO. A Dream of Red Mansions [M]. Yang, Hsien-yi & Gladys Yang, trans. Beijing: Foreign Languages Press, 1978.

（本文与刘士聪合写，最初发表于《中国翻译》1997 年第 1 期。后发表于刘重德主编《英汉语比较与翻译》，青岛出版社，1998 年 10 月版。后又载入陈宏薇主编《方法·技巧·批评——翻译教学与实践研究》，上海外语教育出版社，2008 年 10 月版，收录时文字略有修改。2018 年 1 月再次修改。）

# 对作者要有敬畏之心

## ——《福斯特短篇小说集》翻译谈

动笔翻译小说之前，译者必须首先读懂作品。所谓"读懂"，不仅要读懂作品的字面意思，还要读懂其蕴含的深意。

《福斯特短篇小说集》（*Collected Short Stories*）中的各篇都是福斯特在第一次世界大战之前创作的，按照他本人的说法，均属于"幻想小说"（Fantasy）（Forster, 1947/2002: 5），包含神祇内容和神话意味。作家常常"把神祇、鬼魂、天使、猿猴、妖怪、侏儒、女巫引进人们的日常生活；或者把普通人引入无人地带，引入未来、过去、地球内部、第四维空间；或者深入人格之中并割裂人格；或者采用戏谑性模仿手法或改编手法。"（Forster, 1976: 101）了解幻想小说的特点有助于我们读懂作品，而深刻理解原著正是翻译的第一步。

从语言和修辞角度分析，本书中的小说明显具有三个共同特点。第一、文字极其简练，大量使用英语词汇中最常用的单音节词和双音节词，而且行文简洁，句中多有省略之处。第二、含有许多负载着文化含义的词语。第三、多处涉及古希腊罗马神话典故和宗教典故，寓意深长，有极其丰富的文化内涵。因此在翻译时必须针对这些特点采取适当的方法。

针对第一个特点，译文要尽可能简练，一般情况下可按照原文的句式翻译，非必要时尽量避免将句子打乱重组。然而，有时为了使译文明晰，也需要使用"增译法"，将某些省略的成分增补出来。仅举一个简单的例子：《惊恐记》（"The Story of a Panic"）第三部分第一句 But the day was nothing to the night. （Forster, 1947/2002: 24），这是一个承上启下的句子，简练得不能再简练了。如果仅按字面翻译成"可是对于夜晚来说，白天算不了什么"，读者恐怕不知所云。所以翻译时必须根据语境做出增补，译成："但是，与那天深夜发生的事相比，白天的事就算不得什么了。"（福斯特，2009: 17）

针对第二个特点，需要在行文中或在注解中点出某些词语负载的文化含义。例如《惊恐记》中的 panic 一词，除了"惊恐""惊慌"等常见意义之外，在本篇的具体语境中还有一层特殊意义，与希腊神话中的大自然之神潘神（Pan）有关，意为"潘神引发的惊恐"。这层意思有必要在注解中加以说明：潘神是"希腊神话中的山林田野之神、牧神，长着人脸、人躯干、羊后腿、羊角、羊耳，相当于罗马神话中的法乌努斯，被认为是大自然的化身、宇宙的象征。据说潘神能让身处僻静处的人突然产生恐惧，这就是英语 panic 一词的来源。传说潘神在泰坦人袭击奥林匹斯时让他们产生恐惧和混乱，结果众神大胜。"（福斯特，2009: 5）这样做可以帮助读者理解全篇的主题。

针对第三个特点，需要对诸多典故加以说明。有些典故比较简单，在译文里加词说明即可，如《惊恐记》第二部分中的 the Evil One 可直接译成"恶鬼撒旦"。有一些典故则比较复杂，就需要加注解说明。此处仅举《另类王国》（"Other Kingdom"）中的一段为例：

原文：

"But they do!" he cried. "Suppose that long-haired brute Apollo wants to give you a music lesson. Well, out you pop into the laurels. Or Universal Nature comes along. You aren't feeling particularly keen on Universal Nature, so you turn into a reed."

"Is Jack mad?" asked Mrs Worters.

But Miss Beaumont had caught the allusions – which were quite ingenious, I must admit. "And Croesus?" she inquired. "What was it one turned into to get away from Croesus?"

I hastened to tidy up her mythology. "Midas, Miss Beaumont, not Croesus. And he turns you—you don't turn yourself: he turns you into gold." (Forster, 1947/2002: 60)


　　译文：

　　"可他们就逃避了很多事！"他喊道。"假如长头发野人阿波罗要给你上音乐课，哼，你会马上跑出去钻进月桂树丛里。假如'大自然'来了，你不大喜欢它，那你就变成一根芦苇。"

　　"杰克疯了吗？"沃特斯太太问。

　　可是博蒙特小姐明白他话里的典故——我必须承认，这些典故很巧妙。"那么克罗伊斯呢？"她问。"一个人为了逃避克罗伊斯会变成什么呢？"

　　我赶紧澄清她对神话的误解。"伯蒙特小姐，是迈达斯，不是克罗伊斯。迈达斯会把你变成——你不会自己变，他会把你变成金子。"（福斯特，2009：57-58）


　　此译例的前半部分涉及希腊罗马神话里的两个典故，也为故事情节的发展埋下了伏笔，所以译文中必须加上注解。首先说明："阿波罗（Apollo），希腊神话中的太阳神，也是音乐、诗歌、医药之神。"然后解释："杰克·福特的话涉及希腊罗马神话里的两个故事。一、水泽女神达佛涅（Daphne，那伊阿德丝中的一员）为逃避太阳神阿波罗的追赶，变成了一棵月桂树。二、山林女神西琳克丝（Syrinx）为逃避'大自然'潘神的追赶，跳进河里，变成了一株芦苇。"此译例的后半部分提到了历史人物 Croesus 和希腊神话人物 Midas，分别加注释如下："克罗伊斯（Croesus，公元前 595—公元前 546），吕底亚末代国王"；"迈达斯（Midas），希腊神话中佛里吉亚国的国王，贪恋财物，能点物成金。"（福斯特，2009：58）读了这些，读者才有可能明白叙述者为什么说"这些典故很巧妙"，才能理解作者的寓意。

文学名著都是经过历史的大浪淘沙之后留存于世的精品，反映出作家对历史和人生的深刻思考，既富哲理性又具艺术性。因此我们在翻译名著时，必须对作家怀有敬畏之心，以严肃认真的态度对待其写下的文字，要结合其生平和思想来解读作品。实际上，解读作品的过程就是译者与作家进行心灵沟通的过程。尽管由于文化背景的差异，译者不一定能百分之百地领会作家的真意，但仍应付出百分之百的努力。有时为了破解一句话，需要遍翻资料，方能领悟其含义。另一方面，译者又要关怀译文读者，站在读者的地位，尽力寻找能让其理解的恰当方法来翻译，尽最大可能忠实地传达作家的意思。这往往是一个苦苦思索的过程。译者起着中介和协调者的作用，既要对作家负责，又要对读者负责。没有对作家的敬畏，没有对读者的关怀，是翻译不好作品的。

## 参考文献

[1] 福斯特，E. M. 福斯特短篇小说集 [M]. 谷启楠，译.

北京：人民文学出版社，2009.

[2] Forster, E. M. Collected Short Stories [M]. London: Penguin Books, 1947/2002.

[3] Forster, E. M. Aspects of the Novel [M]. New York: Penguin Books, 1976.

.

# 如何使译文简洁而清晰

## ——《遗物》翻译导读

　　赵恺先生是我国当代著名诗人、散文家，现任江苏省作家协会副主席、淮安市作家协会主席。他的散文《遗物》（译名：The Legacy）原刊登于 1998 年 10 月 11 日的《天津日报》副刊上，此次重印略有改动。散文讲述了一段许多中国人不大熟悉的抗日历史，读后令人难以忘怀，多年后仍感到心灵的震撼。中国空军飞行员曹芳震 1937 年 10 月在婚礼上说的一席话："我此生只有三个纪念日——一是航校毕业，一是今天结婚，第三当是抗击日寇、血洒长空的那一天了"，可谓振聋发聩；他的遗孀李兑承要保留他的手枪作为遗物的请求更是感人肺腑。作者发表此文时，正值曹芳震烈士牺牲六十一周年之际。这篇不足千字的短文，简洁生动，不乏浪漫主义色彩，既表达了作者对烈士的怀念之情，又表达了对烈士遗孀的敬佩之意。如何使译文清晰易懂，再现原文的简洁风格，是我们需要思考和解决的问题。

　　首先，这篇文章涉及历史事件和人物，因此在动笔翻译之前要参阅相关资料，以便了解背景，核对事实，更好地理解原文，也为撰写必要的注解做准备。例如，了解到抗日战争期间四次南京空战的惨烈情景，特别是"中国空军首战告捷"的背景，就能更深地理解文中曹芳震、刘粹刚、李兑承的言行，也能较深地体会作者的情感，这样，在翻译时就能较准确地表达作者的意思。又如，原文中六次提到"鹰"，在本文的特定语境中，"鹰"是双关语，既指战斗机，又指英雄飞行员，还指他坚强的妻子。了解到当时中国空军第四、第五大队初期配备了美国柯蒂斯公司制造的"霍克式"三型双翼战机（Curtis Hawk III biplane），而且曹芳震在第四次南京空战中所驾驶的就是这种型号的飞机，那么就可以确定：用 hawk 一词来翻译"鹰"，比用 eagle 等其他词更为贴切。

　　第二个问题是，英译文的目标读者主要是外国人，因此要考虑如何使译文清晰易懂，便于外国读者接受。这篇散文中有一些中国人名、地名、历史事件和带有地方色彩的描述，其中有的就需要适当解释。这种解释最好是包含在译文之中，必要时也可加注解说明。请看下面几例。第五段中的"石城"是南京的别称，翻译时可用同位语加以说明：Nanjing, the Stone City。第六段中，"东北大汉"一语具有地方文化内涵，估计外国读者可能不了解，所以根据上下文译为 the tall, stout and tough man from Northeast China。"嫂子"在汉语口语中也可用于称呼与自己没有亲戚关系的妇女，但与"嫂子"相对应的英语词 sister-in-law 却不是直接称谓语，更不能用来指称与自己没有亲戚关系的妇女，因此译文做了变通，译为 sister，因为美国英语中 sister 有这种非正式的用法。"敢以复仇作为遗物"，如果直译成 brave enough to take 'revenge' as legacy，似乎稍欠逻辑性，而且 revenge 也太抽象。因此译文中加了一点解释：brave enough to take the weapon of revenge as a legacy。至于第九段中"抗战爆发"和"中国空军首战告捷"这样的历史事件，则需要加注解说明，以供外国读者参考。简言之，在翻译过程中要时时想到中外文化的差异，要从目标读者的需求出发妥善处理类似的细节，该解释的一定要解释，不能为了追求行文简洁而省略不顾。

　　第三个问题是，与汉语文章相比，英语文章更强调逻辑性，对行文的连贯性也有严格的要求，特别注重形式上的衔接。句与句之间、段与段之间的转折需要使用一些承上启下的修辞手段。《遗物》原文中，有的段落之间虽不乏内在联系，但形式上略显松散，翻译时就要按照英语文章的规范加以调整，使译文连贯，更具逻辑性。请看下面几例：

　　1. 第三段中描写曹芳震烈士遗孀李兑承扫墓时抚摸墓碑的情景。

　　　　原文：
　　　　触及最后四个字，似有雷电涌动。过分冗长使人厌倦，过分简洁使人震惊。
　　　　"遗妻李氏"，仅仅四个字。不乏四个字的欢乐，不乏四个字的痛苦，可四个字如何描写一只鹰呢？
　　　　译文：
　　　　When I touch the last five words, I feel a shock as if by thunder and lightning. While wordiness bores people, brevity does have a shocking effect. "Survived by wife nee Li", the five plain words convey so much bereavement as well as past wedded bliss, but are they sufficient enough to describe a hawk?

　　原文第一句描写作者的感受，第二句解释和评论第一句，两句之间虽有内在的语义联系，但没有形式上的联系。为了使译文连贯清晰，采取了重复 shock 的方法加以强调。后两句从语义上考虑可以结合在一起翻译。这两句中，"四个字"出现了四次，由于英语文章比较忌讳过于频繁的重复，在译成英语时可酌情缩减。"遗妻李氏"按英语习惯译为 Survived by wife nee Li 五个词，因为 Li 是已婚女子的娘家姓氏，前面要加 nee 或 née 来表明，原文中的"四个字"也相应改译成 five words。按常理推断，碑文上"遗妻李氏"所传达的首先是失去亲人的痛苦，翻译时就把 bereavement 提到了重要的位置。因考虑到"欢乐"如直译可能引起误解，所以根据语境作了阐释，译成 past wedded bliss。

2. 第四段中

原文：

假满归队，新郎在自己的名片上写下"亲爱的，珍重，你的芳震"，再把名片悄悄放进新娘的梳妆盒。谁知一言竟成谶语，夫妻一场，仅共五天。

译文：

When the time was due for the bridegroom to return to his unit, he wrote "Darling, take care. Love, Fangzhen" on his calling card, and slipped it into his bride's cosmetic box. However, against all expectations, Cao's remark at the wedding turned out to be an ominous prophecy, and the couple's married life lasted only five days.

原文的前一句是叙述，后一句是叙述加慨叹，两句之间暗含转折。因此翻译后一句时根据转折语气的需要使用了连词 however。

3. 第七段

原文：

五日新婚，七日守灵，阴间阳界，聚首十二天。

译文：

Counting the five days of marriage and seven days of deathwatch, Li Duicheng and her husband were together for merely twelve days.

原文整段仅仅十七个字，因此译文也应力求简练。"阴间阳界"本可直译为 in this world and in the nether world，但考虑到 deathwatch 已暗含"阴阳两隔"之意，为了行文简洁就不再译出。

4. 第八段结尾"她的一头黑发猛地全白了"与第九段第一句"为纪念抗战爆发五十周年……"从表面上看似乎没有直接联系，如果直译，会显得很突兀，因此在第九段译文开头增加了 Fifty years later 作为转折语。转折语在英语文章中是非常必要的。

5. 第九段中

原文：

触及最后四个字，老人晕倒了。倒下还摩挲石板——石板下面，埋着那支枪吗？

译文：

Touching the last five words, she fainted to the ground. Yet even then she did not relax her touch of the tombstone—Was that pistol buried underneath it?

从句义看，老人晕倒前在"摩挲石板"，晕倒后仍继续这个动作。我们不禁会问，人晕倒了还能继续摩挲吗？为了避免不合常理之嫌，翻译时稍微改换一下角度，译为：she did not relax her touch of the tombstone。

汉译英时，为了增强译文的逻辑性和连贯性，常常有必要做类似的变动和阐释。

第四个问题是，如何再现原文的简洁风格。原文作者遣词造句讲究，言简意赅，显然有深厚的古汉语功底。我们要使译文简洁，可以从两个方面入手。第一，在造句时，多使用介词短语、分词短语、独立结构等，不仅能缩短句子，还能使译文生动。第二、删掉初稿中可有可无的字句，或改换句子结构。请看下面几例：

1. 第三段中

原文：

陵园很静，我听得出自己抚摸碑文的沙沙声。

译文：

In the quietude of the Cemetery, I can even hear the rustling sound of my hand stroking the inscription.

此句本来可用 The Cemetery was so quiet that……结构，但用介词短语 in the quietude of the Cemetery 代替，句子结构变轻巧了，句子也简洁了。

2. 第十段

原文：

寂静中飞起一只鹰，鹰以双翅抚摸天空。

译文：

In all this quietude, a hawk soared up, caressing the sky with both wings.

整段仅仅十六个字，本可译成：In all this quietude, a hawk soared up, and the hawk caressed the sky with both wings。这样译虽能表达原意，但有些啰嗦。可是若不想重复 hawk，就得考虑用什么代词，是用 it，还是按照英语的习惯用 he 或 she 呢？现在将后半句改成分词结构 caressing the sky with both wings，既省了三个词，又使句子生动起来，还避免了选择代词的尴尬。

3. 第 6 段中

原文：
殷红，炽热，枪身的血仿佛是从枪膛里喷涌出来的。
译文：
The blood stains all over the pistol, still red and warm, seemed fresh from the barrel.

这句最初译成：The blood stains all over the pistol were still red and warm, as if freshly spouted from the barrel，须用十九个词。而删改成上句后，只需用十六个词。意思没变，句子却更简洁了。

4. 前文提到的第九段中"触及最后四个字，老人晕倒了"，如译成 As she touched the last five words, she fainted, and fell to the ground，一共十四个词。但是改换一下结构，译成 Touching the last five words, she fainted to the ground，只用十个词，不仅加快了节奏，而且使句子更平衡。

　　总而言之，简洁和清晰是我们必须追求的翻译效果。

　　此外，完成初稿后，最好是反复默读或朗读译文，看看像不像英语文章，然后反复修改，直到自己满意为止。当然，英语文章的语感并非一朝一夕就能培养出来的，要靠平时大量的阅读和积累，但只要用心，只要努力，假以时日，一定会发生从量变到质变的飞跃。

　　（本文原载于《中国翻译》2007 年第 4 期。2018 年 3 月改写。）

# 关于文化内容的解释性翻译

## ——《剪彩》翻译导读

《剪彩》（译名：The Ribbon-cutting Ceremony）是一篇描写中国当代著名画家黄永玉的散文。作者邓柯本人就是画家，曾任天津人民美术出版社编辑、天津画院干部，现为中国美术家协会常务理事。从文章来看，邓柯与黄永玉先生私交甚好，对他很了解，因此这篇短文就像一幅人物素描，着墨不多，却生动地勾勒出黄先生的高尚形象，也表达出作者对他的仰慕和爱戴之情。作者主要使用通俗语言，鲜活而简练，偶尔穿插精炼的文学语言，使全文朴实传神，流畅生动，感人至深。用英语再现原文，也必须注意使用相应类型的语言。

由于翻译是一项跨语言、跨文化的交际活动，译者在翻译之前首先要对译文潜在的读者群进行定位。可以设想这篇译文的读者是一些对中国文化不甚了解的外国人，那么在翻译时就需要从读者角度考虑，估计他们阅读的难点，特别是有关中国文化内容方面的难点，然后尽可能用他们习惯的表达方法传达原文的意思。对于文中所涉及的中国特有事物要做解释，或用注释形式，或在行文中进行。下面结合译文实例来说明：

1. 原文第二段提到"改革开放"，提到那时普通中国内地公民去香港很难，作者无法去参观黄永玉的画展。作者还使用了"折腾"和"黄花菜也凉了"这样的民间俗语。

原文：

那时改革开放的力度还没有现在这么大，咱一个平头百姓，到香港去参加画展？！找谁批？进哪个屋？出哪个门？等折腾清楚，黄花菜也凉了，我即向黄先生发一份贺电，也只能做到这一点了。

译文：

At that time, China's reform and opening-up policy was not yet fully implemented. As an ordinary citizen, how could I get permission to go to Hong Kong merely for an exhibition?! Who should I approach for approval? Where should I go to put in the application? By the time I had managed to get through all tedious procedures, the exhibition would have long been over. I immediately sent Mr. Huang a telegram of congratulations, and that was the best I could do in answer to his invitation.

"折腾"是一个使用很广、表达力很强的口语词，没有固定译法。如何翻译要根据语境来决定，并要联系它前后的词一并考虑。在本文语境中，"折腾"显然有"费尽力气、费尽周折"之意，那么"折腾清楚"就含有"费尽力气、费尽周折才办好手续"的意思。译文中把"折腾清楚"译成 managed to get through all tedious procedures。动词 manage 表达了"成功做成某件难办的事"之意。形容词 tedious 表达了办手续"费时费力、令人厌烦"之意。原文的"黄花菜也凉了"比喻生动，本来可以用意译加直译的方法译为：the exhibition would have long been over, just as a Chinese saying describes, "even the piping-hot day-lily dish would have turned cold."。但如这样译，还必须加上注释，说明黄花菜在中国一些地区是宴席的最后一道菜。这样一来，用词过多，把原文很简单的句子译得很复杂，有悖于原文的简洁风格。所以只好舍弃了直译部分，保留了意译部分 the exhibition would have long been over。此外，原文中暗示，在香港回归之前，普通内地公民很难有机会去香港。考虑到外国读者不一定理解，就加了注解说明当时的情况：As Hong Kong was still a British colony in 1996, Chinese citizens were not allowed to go there without a visa.

2. 第三段中的"拆迁"也具有中国独特的内涵。

原文：

……托很多朋友去打听，说他的单位撤销了、家又拆迁、不知搬到哪儿去了。

译文：

I asked several friends to enquire about him, but they only learned that his workplace had been closed down, and his house was no longer there as a result of a new construction project. They failed to locate where he had moved.

"拆迁"不能简单地翻译成 his house had been pulled down and his family moved away，因为有可能造成"受迫害"的误解，所以译成：his house was no longer there as a result of a new construction project，以解释在中国拆迁是怎么回事。

3. 原文第四、五、六段谈到黄永玉在"文化大革命"时期的生活情况，这样"文化大革命"就成了一个重要背景。译文在第四段"文化大革命"后加了注解，简明扼要地介绍了情况，也为翻译后面谈到的"不正常年代"里发生的抄家、压缩住房、毁坏文物、不准画家搞创作等事做了铺垫。现在重点讲一讲第五段前两句的译文。

原文：

在那间没有窗户的小耳房"罐儿斋"里，尤其那个不正常的年代里，先生家里的藏书抄光了，绘画毁了，唱片砸了，真是家徒四壁。

译文：

During the period of the Cultural Revolution when things were not on the right track, Mr. Huang and his family had to live in a small windowless room attached to one side of a house, which he nicknamed the Pot Studio. As his collection of books had been confiscated, his paintings destroyed and his gramophone records smashed, his home was almost left with nothing but bare walls.

译文中对"耳房""罐儿斋""不正常年代"都做了解释。"不正常"固然可直译成 abnormal，但意义不明确，因此直接译成 the period of the Cultural Revolution when things were not on the right track 。原文中说黄永玉一家住在"小耳房"里，不言而喻，他是受到了迫害，住房被压缩了，译文用 had to live 把这层意思表达出来。"真是家徒四壁"修辞有些夸张，译成英语时加了 almost，以缓和语气。译文把原文的两句打乱重组，是因为需要解释的词语较多，这样做可以保持译文的逻辑性和流畅性。

4. 原文第九、十段实际上是进行人物对比的两个句子。

原文：

一位是艺术家，他用睿智和双手创造了绚丽的艺术精品，让我们的心灵得到净化和震撼。

一位是园艺家，用智慧和双手培育了无数娇嫩的鲜花，装扮了我们的生活，陶冶了美好的情感。

译文：

Over here was an artist who, with his intelligence and his hands, had created a lot of gorgeous works, which have helped purify our souls and stimulate our minds.

Over there was a horticulturist who, with his wisdom and his hands, had raised a lot of beautiful flowering plants, which have helped decorate our life and cultivate our finest feelings.

由于这两句话的句法结构基本相似，译文也应尽可能追求这样的效果。在翻译"让我们的心灵得到净化和震撼"和"装扮了我们的生活，陶冶了美好的情操"时，句中都加了 help 一词。那是因为考虑到西方读者的思维较为理性化，如果直译，他们会认为这种描述过于概括，过于夸张：一个画家的画或一个花匠的花怎么会起如此大的作用呢？因此，有必要用 help 来缓和一下语气。

除了上面谈的"解释"问题之外，还有一个问题需要注意。原文中有许多句子较长，结构较松散，这在汉语里是允许的，但若是译成英语则必须按照英语句法的要求断句重组，并适当突出句与句之间的逻辑关系，以方便外国读者理解。

（本文原载于《中国翻译》2009 年第 3 期。2018 年 3 月修改。）

# 谈谈文章中典籍引语的翻译

## ——《与名人通信》翻译导读

《与名人通信》（译名：My Correspondence with Celebrities）的作者高鲁生先生，是我国当代知名音乐家、词曲作者、原《天津歌声》资深编辑。他的这篇散文朴实无华，以简洁生动的笔调叙述了他在 20 世纪四五十年代与我国文化界的几位名人通信的经历，当时他还是一个满怀激情的青年，渴望从长辈那里得到教诲，几位名人的回信给了他很多启迪。文章篇幅不长，却别有深意，这种文风很值得效仿。在翻译这篇文章时，要注意使用朴素的语言，以传达原作的平实风格。

这篇文章最难译的是第五段，因为这段较长，内容较多，包括作者的叙述、郭沫若的题词和赠言、《论语》的引文、以及作者自己的理解。现在重点谈谈如何翻译此段。下面是原文和笔者的译文：

原文：

1949 年 10 月，我向大文学家、历史学家郭沫若先生写信请教。当时郭老刚从香港绕道大连转赴北京参加全国政协会议，他住在北京饭店内，虽然很忙，还是很热情地给我回信，并题词："临事而惧，好谋而成，这两句古话是很好的。惧是怕做不好，有警惕的意思。做事不掉以轻心，肯用苦心思索办法，自然是可望成功的。"郭老引用的这两句古语出自《论语》，原文是："子路曰：子行三军，则谁与？子曰：暴虎冯河，死而无悔者，吾不与也。必也临事而惧，好谋而成者也。"郭老引用了"临事而惧，好谋而成"八个字，又在后面加了一段精辟的注解，特别强调了遇事要有警惕，不要掉以轻心，肯用苦心想办法，可望成功的精神，使我深受启迪。

译文：

In October, 1949, I wrote Mr. Guo Moruo (Kuo Mo-jo), the great writer and historian, to seek advice. He had just come to Beijing (Peking) from Hong Kong by a detour via Dalian, to attend the plenary session of the Chinese People's Consultative Conference. While still staying in Peking Hotel, Mr. Guo managed, out of his tight schedule, to send me a warm reply, with some remarks of encouragement：

The ancient saying "Approach an encounter with apprehension, and strive to succeed by strategy" is very enlightening. As apprehension

arises from anxiety about one's own incapability, the saying calls for caution and vigilance. One will eventually succeed if he takes pains and devises ways to do everything without negligence.

As a matter of fact, the ancient saying Mr Guo quoted comes from the Chinese classic The Confucian Analects, as the part of the text goes,

Zilu said,"If you, the Master, were to command all the three armies of a great state, whom would you take to help you?" The Master said, "The man who would fight a tiger bare-handed or cross a river without a boat, and even die without regret—that sort of person I would not take. My associate must be one who would approach an encounter with apprehension, and strive to succeed by strategy ."

So you see, Mr Guo had not only quoted "approach an encounter with apprehension, and strive to succeed by strategy", but also briefly illuminated its implication. He emphasized caution and vigilance as against rashness and negligence, and advocated the spirit of trying to win success by deliberate and painstaking efforts. His advice greatly inspired me.

翻译这段时，首先要考虑如何翻译《论语》的引文。《论语》是用古汉语写的，因此翻译之前要先查找这段引文的出处，弄清楚其语境和意义。通过查找可以发现，该引文出自《论语》的《述而第七》篇，完整的段落如下：

> 子谓颜渊曰:"用之则行,舍之则藏,唯吾与尔有是夫。"子路曰:"子行三军,则谁与？"子曰:"暴虎冯河,死而无悔者,吾不与也。必也临事而惧,好谋而成者也。"(《论语》,《汉英四书》,湖南出版社,1992 年,第 118 页 )

笔者还参考了这段话的白话文译文，例如下面这一种：

> 孔子对颜渊说:"用我,我就去干;不用我,就隐藏起来。只有我和你能够做到这样吧！"子路[在一旁插言]说:

"[老师]您如果统帅三军[去作战]，那么，您要和谁在一起呢？"孔子说："赤手空拳要和老虎搏斗，没有船要蹚水过大河，[这样做]死了都不知后悔的人，我不和他在一起。[我要共事的人]必须是遇事小心谨慎，严肃认真，善于筹划谋略而能争取成功的人。"（徐志刚编译：《论语通译》，人民文学出版社，1997—2012 版，第 78 页）

这段引文说明，子路（本名仲由）对孔子赞扬颜渊不服气，于是向孔子提出问题。而孔子的回答很有针对性，提醒子路不仅要有勇气，还要有谋略。郭沫若先生引用其中的"临事而惧，好谋而成"。也是为了勉励青年，希望青年智勇双全。

《论语》引文的意思弄清楚了，怎样翻译才好呢？笔者搜集并研读了六位著名翻译家的译文：

1. 理雅各（James Legge）译文：

...Tsze-lu said, "If you had the conduct of the armies of a great state, whom would you have to act with you ?"

The Master said, "I would not have him to act with me, who will unarmed attack a tiger, or cross a river without a boat, dying without any regret. My associate must be the man who proceeds to action full of solicitude, who is fond of adjusting his plans, and then carries them into execution."（《论语》，《汉英四书》，湖南出版社，1992 年，第 119 页）

2. 辜鸿铭译文：

When his other disciple, the intrepid Chung Yu, heard the remark, he said to Confucius: "But if you were in command of an army, whom would you have with you?"

"I would not have him," replied Confucius, "who is ready to seize a live tiger with his bare arms, or jump into the sea, without fear of death. The man I would have with me would be a man who is conscious of the difficulties of any task set before him, and who, only after mature deliberation, proceeds to accomplish it."（《辜鸿铭英译《〈论语〉》，云南人民出版社，2011 年，第 99 页）

3. 苏慧廉（William Edward Soothill）译文：

... Tzu Lu said, "Suppose that the master had the conduct of the armies of a great state, whom would he associate with him?" "The man," replied the Master, "who bare-armed would beard a tiger, or rush a river, dying without regret—him I would not have with me. If I must have a colleague, he should be one who on the verge of an encounter would be apprehensive, and who loved strategy and its successful issue."（*The Analects of Confucius with his Disciple and Certain Others*，Oxford University Press, 1937）

4. 阿瑟·韦利（Arthur Waley）译文：

... Tzu-lu said, Supposing you had command of the Three Hosts ["i.e., the whole army"—note by A. W.], whom would you take to help you？The Master said, The man who was ready to "beard a tiger or rush a river" without caring whether he lived or died—that sort of man I should not take. I should certainly take someone who approached difficulties with due caution and who preferred to succeed by strategy.（The Analects of K'ung Fu-Tzu [Confucius], Everyman's library, Alfred A. Knof, 1938, 参见 http://myweb.cableone.net/ subru/ Ancient_wisdom.html）

5. 林戊荪译文：

Zilu asked, "If you were to lead a grand army, whom would you like to take along with you?"

The Master answered, "I would not take along with me someone who would wrestle with a tiger with bare hands, or try to ford a river and die without regret. instead, I would want someone who was thoughtful, cautious and capable of realizing his goal by strategy."（《论语新译》，外文出版社，2010 年，第 121 页）

6. 安乐哲（Roger T. Ames）译文：

Zilu said, "If you, Master, were given command of the combined armies, who would you want to go along?"

The Master replied, "The person who would wrestle a tiger bare-handed or march across the Yellow River, and who would go to his death without regret—this person I would not take along. It would have to be someone who would approach any situation with trepidation, and who would be fond of planning with an eye to success."（《论语的哲学阐释》，中国社会科学出版社，2003 年，第 226 页）

这些译文各有千秋。六位翻译家虽然生活在不同的时代，有不同的文化背景，使用的翻译策略也不尽相同，但他们的译文总体上都很好地传达了原文的意思，值我们学习和借鉴。

一般情况下，我们在翻译时可以直接引用上述译文中的一种，并注明出处。然而我们现在面临的问题是，郭沫若先生的题词只取了《论语》引文中"临事而惧，好谋而成"八个字。这八个字形似两个成语，而且前四字与后四字对仗，要想让译文再现这个特点是比较困难的。这要求我们在翻译《论语》引文时必须把"临事而惧，好谋而成"译成两个结构尽可能相似的分句，而且要方便截取。从上述六种译文看，只有阿瑟·韦利的译法"approached difficulties with due caution"和"preferred to succeed by strategy"接近上述要求，但由于其中两个动词均为过去时态，不便于直接引用。所以，笔者参考现有的译文，按照自己的理解并根据行文的需要重新翻译了这段《论语》引文。

笔者的译文有利于从中截取"approach an encounter with apprehension, and strive to succeed by strategy."。由于英汉两种语言的差异，此语前后两部分的结构不完全相同，但至少读起来节奏是差不多的。将其改写一下，就成了祈使句/命令句："Approach an encounter with apprehension, and strive to succeed by strategy."。用它来表达题词"临事而惧，好谋而成"，比较恰当，而且符合郭沫若先生教导青年的口气。

从这个例子可以看出，翻译文章中的典籍引语不是一件简单的事情。首先要理解作者引用典籍的意图，其次要考虑译文全篇的行文要求，第三要考虑两种语言在文化背景、语法和语义方面的差别，然后再制定相应的翻译策略。译者务必谨慎多思，仔细谋划，既要尊重权威，又要敢于从实际需要出发，寻求最适宜的翻译方法。

此外，还有三个问题需要说明：

1. 原文中提到的胡适、陆贾、徐悲鸿、丰子恺、郭沫若、孔子、子路都是中国的名人，"中国人民政治协商会议"是中国特有的机构，这些都必须加注解说明。

2. "三军"如何译的问题。有的学生一看到"三军",立刻想到现代的陆海空三军。实际上,春秋战国时代没有这么多军种。根据徐志刚译注的《论语通译》,"三军"指"当时一个大国所有的军队,每军一万二千五百人,三军相当于三万七千五百人"(人民文学出版社 1997—2012 年版,第 78 页)。据此,这里把"三军"译成了 all the three armies of a great state。

3. 英语散文十分重视段落之间的衔接和连贯,因此本译文第二段至第七段开头处分别使用了"some time in 1947""once""another time""in October, 1949""as a matter of fact""so you see"等词语,以便承上启下。

(本文原载于《中国翻译》2014 年第 2 期。2018 年 12 月改写。)

# 细读原文 领会作者意图

## —— "In Amy's Eyes" 翻译导读

　　散文 "In Amy's Eyes"(《在埃米的眼里》) 1988 年首发于美国的 *Newsweek*(《新闻周刊》), 后来入选 *Reader's Digest*(《读者文摘》) 1990 年 7 月号, 文字作了缩减。作者 James Webb(詹姆斯·韦伯) 是美国小说家, 曾在海外任职。这篇散文表达了一个参加过越南战争的老兵对女儿的思念, 以及对自己生活道路的反思, 全文充满怀旧情绪和哲理性思考。文章看起来似乎很简单, 因为作者使用了许多日常词汇, 包括大量单音节词和双音节词, 句子结构也不复杂。但仔细阅读就会发现, 文章其实并不简单。从内容上讲, 它涉及几个历史时期和三代人的生活经历。从文风上讲, 它文字朴实、结构严谨、衔接自然、首尾呼应。文字和修辞手段极富表现力。这就使文章有了深刻的思想和丰富的文化内涵。因此翻译起来颇费思索。

　　首先, 要弄清文章的背景。作者是在第二次世界大战后的生育高峰中出生的, 曾参加过侵略越南的战争, 也经历过美国社会的动荡, 如民权运动、性解放、反战运动、水门事件、伊朗军火门事件等等。文章从他这代人的经历和感受出发, 回顾了父辈对他们的影响, 并重点审视了他女儿的心态和成长历程。文中的 debates over civil rights、the Vietnam war、Watergate、the Iran-contra affair、the babyboom generation 等都涉及历史背景。这些背景对美国读者是不言而喻的, 但中国读者却不一定熟悉,因此翻译时要查阅资料，做出注解。

　　其次，要读懂原文的意思，特别是要注意句与句之间、段与段之间的内在联系与衔接手段。例如文章第三段里，作者说到他的女儿埃米小时候常佩戴他的勋带去上学，结果是：

> It perplexed her mother and caused her teacher to think I was a militarist at a time when virulent antimilitarism was de rigueur. But even at five she could read inside my heart. She had conceived a way to show her loyalty on an issue that was drowning me in pain.

　　第二句话中的 but 表示转折，但这转折究竟有什么含义呢？我们必须细心阅读才能体会出作者的意图。作者是说，埃米的妈妈不明白女儿的做法，埃米的老师还因此对作者产生了误解。相比之下，倒是小埃米能够理解作者。翻译时应把这层意思清楚地传达出来，因此译成：

> 她的妈妈不解其意，她的老师也以为我是个军国主义者，因为当时正流行反军国主义的激进思潮。可是埃米才五岁就能看出我的心思了。在我遇到难题痛苦不堪时，她想方设法表达了自己的忠诚。

　　第三，要多查英语词典，弄清楚一些关键词语在上下文中的意思，然后再用中国读者能理解的方式表达出来，不要生搬硬套英汉词典上的词义。例如：

> Amy has been treated to a view that government is

corrupt and unfair.

如何翻译句中的 has been treated to 是个难点。从该句上下文的意思来看，我们显然不能使用英汉词典标出的"款待"等词。查阅 *The Oxford English Dictionary*（《牛津英语大词典》），可以找到这样一条定义：To entertain ( with food and drink or any enjoyment or gratification); also fig. (sometimes ironically)。词条里还有这样一个例句：He treated us with the most opprobrious language.（他用最亵渎的语言来恭维我们），颇有讽刺意味。受此启发，我们可以断定，原文里的 to treat 属于比喻用法，翻译时必须结合上下文加以变通，因此将此短语译为"被灌输"：

埃米被灌输了一种观点：政府是腐败的、不公正的。

笔者在翻译这篇散文的过程中，主要借鉴了美国翻译理论家尤金·奈达（Eugene Nida）的"功能对等"原则，按照汉语的规范尽可能清楚地表达原文的意思，尽可能近似地再现原文的意思和风格。下面仅举几例加以说明：

1. 从语序方面讲，原文作者先讲什么后讲什么，有一定的道理，翻译时应当尊重作者的意图。请看下面的例子：

Her bedroom haunted me with its silence, its unaccustomed tidiness, with the odd souvenirs from a childhood that was now history. But it was the music box that caught my eye .

这两句本来可以按汉语习惯译成：

> 她的卧室寂静无声，异乎寻常地整齐，里面有她童年时代的各色各样的纪念品。这个房间总是使我感到怅然。可是最吸引我注意的还是那个八音盒。

考虑到原文两句之间的衔接和转折，以及第一句里的 souvenirs 和第二句里的 music box 的紧密衔接，这种译法就不合适了，最好还是按照原文的语序来翻译：

> 我感到有些怅然，因为她的卧室里寂静无声，异乎寻常地整齐，还有各色各样的纪念品，都属于过去了的童年时代。可是最吸引我注意的还是那个八音盒。

另外，from a childhood that was now history 是一个带有定语从句的介词短语，表达了一种怀旧情绪，如译成"她童年时代的"过于简短，不足以表达原文的意蕴，因此译成了"都属于过去了的童年时代"。

2. 从句式方面讲，原文作者使用什么样的句式都是出于表达的需要，因此应该尽量理解作者的意图，然后选择恰当的汉语句式来翻译。例如，原文中有很多时间状语，有的是从句，有的是带定语从句的短语，都比较长，翻译时需要仔细斟酌。有些学生一见到 when ... 就机械地译成"当……的时候"，有时会搞得译文非常生硬。其实汉语里表达时间的方法多种多样，翻译时应根据上下文灵活运用，灵活处理。例如：

At a time when right and wrong canceled each other out,

when the country was in chaos and I was struggling with the wreckage of my life, my daughter was my friend.

这句的时间状语较长，包含两个以 when 开头的定语从句，而主句却很短。翻译时须作灵活处理，把两个定语从句组合在一起。还可用"此时"表达时间概念，加长主句，使整句平衡，译成：

> 在那个是非不分的年代里，国内一片混乱，我也挣扎着重整破碎的生活，此时我的女儿成了我的朋友。

3. 从修辞方面讲，原文作者总是选择最能有效表达自己意思的词语和修辞手段，因此我们必须尽量译出原文中每一个词的意思，避免漏译，同时要注意再现原文中形象生动的语言。请看第一段中的例子：

> On the dresser in Amy's empty bedroom was a music box with Snoopy on the lid, a gift when she was four or five. She had outgrown it years before and yet could never bear to part with it. It connected her to simpler days.

动词 to outgrow 用得很好，非常简练。根据 *Longman Dictionary of Contemporary English* （《朗文当代英语词典》），这个词的意思是：to change as you become older, and no longer enjoy the things that you used to do。由于汉语里找不到单一的相应词来表达，只能增词解释，译成：现在她已经长大，早就过了玩八音盒的年龄。

　　再有，原文里还有一些生动的比喻语言，在译文中必须有所体现。例如：I was struggling with the wreckage of my life 一句，经过反复思考后译成：我也挣扎着重整破碎的生活。此外，原文里还有一些富于文化内涵的词语，翻译时需要加以解释。例如 Snoopy 是美国家喻户晓的卡通形象，为了帮助中国读者理解，用增词法译成"卡通小狗史努比"。

　　总而言之，翻译的时候，要仔细研读原文，反复揣摩作者的意图和语气。译文要符合汉语的规范，力求近似地再现作者的意思和风格。


　　（本文原载于《中国翻译》2001 年第 2 期。2018 年 7 月修改，并加标题。）

# 翻译中的文化解读与篇章关照

## ——"Hello, Young Lovers" 翻译导读

"Hello, Young Lovers"(《你们好，相爱的年轻人》)是 Philip Harsham（菲利普·哈沙姆）写的散文，于 1989 年 10 月发表于美国 *St. Pertersburg Times*（《圣彼得斯堡时报》）。其缩写稿刊登于 *Reader's Digest*（《读者文摘》）1990 年 3 月号。文章描写一对新婚夫妇度蜜月时邂逅一位老人的故事。文笔抒情，充满怀旧情绪，表达了温馨美好的人际关系。文章结构严谨，长句较多，分词结构较多，语言简练而生动。

这篇散文虽然简短，但字里行间有着丰富的文化内涵。由于东西方文化的差异，许多在西方家喻户晓的典故对中国读者来说却难以理解，因此翻译时要特别注意传达引喻（allusion）的含义。文章的第一句就包含一个引喻及一个相关的暗喻（metaphor）：

He appeared almost Lilliputian, dwarfed by the big hickory rocking chair he occupied on the porch of the old Riverside Hotel in Gatlinburg, Tenn.

Lilliputian 一词出自英国著名作家 Jonathon Swift（乔纳森·斯威夫特）创作的脍炙人口的小说 *Gulliver's Travels*（《格列佛游记》），Lilliputian 指"小人国"Lilliput 的居民，身高仅

6 英寸左右。作者把坐在大木椅上的老人比作"小人国"的居民，虽然有些夸张，但十分幽默。

文章第八段最后一句包含第二个引喻：

During brief periods when a conversational lapse threatened, he softly hummed "Hello, Young Lovers", the song from The King and I.

"Hello, Young Lovers"（《你们好，相爱的年轻人》）是轻歌剧 The King and I（《国王与我》，又译《安娜与国王》）中的一首插曲，表达女主人公安娜对被迫分离的一对恋人的同情，以及她本人对爱情的渴望。散文作者巧妙地利用这个引喻，表达老人对已故妻子的怀念，和对新婚夫妇的羡慕和良好祝愿。

文章第十段第一句包含第三个引喻：

He was waiting for us in his rocking chair after breakfast, the look of a leprechaun on his face.

Leprechaun 是爱尔兰民间传说中的矮精灵，以小老头的形象出现，谁捉住他，他就会给谁指点埋藏金子的地方。作者把老人比作矮精灵，除了外形近似外，还暗示老人将给叙事者及其妻子指点宝藏所在。不过老人要指点的不是埋藏金罐的地方，而是一个隐秘而浪漫的幽会地点，可让他们独自享受爱情的甜蜜。这个比喻不仅贴切，而且很有风趣。

译者如果不懂以上三个典故，就无法充分体会作者的含义，译文的质量也会受到影响。传译这三个引喻时，一方面可在行文中增词解释，另一方面可以加注解予以说明。

翻译英语散文时还应注意原文的连贯和衔接方式。由于英语文章很注重结构的严谨，因此如何再现原文的连贯，如何传译字与字、段与段之间的衔接，就十分重要了。请看第九段开头的一句：

That night he sat alone during dinner, careful, he later told us, not to "get in love's way". But he glanced often in our direction, and we knew he was not alone; he was deep in reverie, dining with his true love.

很明显，这两句话是靠 but 联系在一起的。但值得注意的是，第一句话里有一个插入语 he later told us，翻译时如果处理不当，会混淆时间概念，影响读者的理解。笔者译成：

那天晚餐时，他一直独自坐着，尽量"不妨碍别人谈情说爱"（那是他后来告诉我们的）。可是他不时朝我们这边瞥上一眼，我们知道他并不孤独；他是在深思冥想之中与挚爱的人共进晚餐。

这样处理，把插入语放入括号之中，就凸显了两句间的衔接，也避免了时间概念的混淆。

再看文章第十四段最后一句和第十五段开头一句：

... Our arrival went unnoticed.

But when we walked into the hotel lobby the next morning, our son toddling ahead, the old man was sitting in an overstuffed lounge chair.

很明显，but 是连接两段、承上启下的关键词，同时又表达了对比关系。我们从上下文里可以揣摩出第一人称叙事者的"潜台词"：我们虽然没有张扬，悄悄地来到旅店，但那位老人似乎知道我们来了，第二天早上坐在大厅里等着我们呢。翻译时一定要把这层含意表达出来，不要因为句子长而忽略转折词 but 的作用。这两句可译为：

> ……我们的到来没有引起注意。
>
> 可是，第二天早晨，我们跟在蹒跚学步的儿子后面走进旅店大厅时，那位老人正坐在一张松软的大沙发上。

翻译英语文章时也不应忽视冠词和指示代词，要理解其含义并正确传译。英语的定冠词可以用来指代前面提到过的事物。例如第十段中：

> He handed me a piece of paper on which he had sketched the river, a place where we could leave our car, a footpath and points at which large boulders made it possible to cross the cold mountain stream on foot.

其中 the river 和 the cold mountain stream 都指前面第六段中提到的 Little Pigeon River。由于两段离得较远，翻译 the river 时必须重复"小鸽河"，翻译 the cold mountain stream 时也必须强调"那条冰凉的山间小河"，这样才能使这两个词组的所指意义一目了然。另外，指示代词也用于指代前面提到过的事物。第二段中有 he smiled a knowing smile，而第十七段中又有 He smiled that beatific smile，通过指示代词 that 与第二段中的那句话遥相呼应。翻译这两句时，不仅应注意表达 that 的意义，而且可以使用类似的句型，把前一句译成"他露出了会心的微笑"，把后一句译成"他又露出了那种安详快乐的笑容"。这样有利于传达原文首尾呼应的特点。

此外，有的英语词无法用一个确切的汉语词表达，翻译时应根据语境来理解，并做出恰当的解释。本篇原文中的 self-consciously 和 self-consciousness 就是这种难译的词，需要结合上下文传译，译例如下：

第二段中：

His eyes followed as we trailed self-consciously behind the luggage-laden bellboy.

我们跟在提着行李的侍应生后面拘束地走着。

第五段中：

More likely, it was our honeymooner self-consciousness; we'd been found out by an elder and felt compelled to comply with his wishes.

更可能是因为我们度蜜月的人有一种窘迫感，时时意识到自己的言行：既然一位长者看出了我们的身份，我们就不能驳他的面子。

这两例中，"拘束地""窘迫感""时时意识到自己的言行"都是根据语境确定的措辞。

总之，我们在动笔翻译之前，不仅要读懂原文的字面意义，而且要理解其文化内涵，因为语言既是文化的载体，又是文化的一部分，翻译语言在很大程度上就是传译文化。译者应该培养文化意识和对文化的敏感性，要善于识别原文中的文化信息，养成探索其内涵的习惯。另外，译者要注意原文的总体篇章结构，仔细解读各种语义符号，做到一字不落，一丝不苟，方能得到原文的精要。在此基础上，译者才有可能使用得体的语言向读者传达原文作者的意图、信息和风格。

　　（本文原载于《中国翻译》2002 年第 1 期。2018 年 7 月改写。）

# 背景知识与翻译

## ——"Hesquiaht—a People, a Place and a Language"翻译导读

"Hesquiaht—a People, a Place and a Language"(《赫什奎亚特——民族、地域和语言的统一体》)选自 *Canadian Geographic*(《加拿大地理杂志》)1998 年 7—8 月号。作者 Karen Charleson(卡伦·查尔森)是加拿大赫什奎亚特族人,她长期从事"重新发现"教育,帮助人们了解自然界和赫什奎亚特族文化,帮助他们掌握野外生存的技能。现在她和丈夫一起经营胡克萨姆户外活动学校(Hooksum Outdoor School),同时也从事写作。此文最吸引人之处,是它介绍了一个鲜为人知的地域和一个鲜为人知的民族,描绘了一幅幅大自然原生态的画面,表达了人与自然一体的理念,传达出人与自然和谐相处的人文精神。文章层次分明,语言生动,风格简洁,感情细腻,是一篇非常优美的散文。

翻译这篇文章的主要困难,不在于词语,而在于文化背景知识。正如文章标题所示,Hesquiaht 涉及民族名、地域名和语言名。这个地域面积很小,一般的地图都没有标注,我们很难想象它的具体位置。特别是 harbour 一词容易产生歧义,它既可指"港口",又可指"港湾",在特定语境中还可指"港湾沿岸地区",如果理解有误,就会译错。再有,文中提及的民族,

人数极少（根据加拿大印第安和北方事务部的统计，2005 年一共只有 657 人），一般的资料鲜有介绍，因此，如何正确理解和翻译文章的倒数第二段也很费思量。另外，文中提到了四种植物和十六种动物，有些是北美洲特有的，如何正确翻译这些物种名称也需考虑周到。

　　遇到这样的问题，只能耐心地查找相关的背景资料。笔者在这方面花费了大量时间，除了查字典、地图册、百科全书外，主要利用了 Google 搜索引擎，查找因特网上的资料。好在网上资料十分丰富，连该区域的地图和图片都有，终于解决了一些关键的历史文化背景问题，对原文有了较清楚的理解。下面仅举两例说明：

　　1. Hesquiaht 如何译。从商务印书馆出版的《世界民族译名手册》（1982）中，可以找到 Hesquiaht 的词条。译为"赫斯基亚特人"。但从该社的《外国地名译名手册》（1993）中，却找不到 Hesquiaht 的标准译名。考虑到原文作者已标注了 Hesquiaht 的正确读音——hesh'-kwi-aht，所以统一译为"赫什奎亚特""赫什奎亚特族""赫什奎亚特语"。

　　2. Hesquiaht First Nation 如何译。First Nations 特指加拿大的印第安原住民。"印第安"是意大利航海家哥伦布对北美土著居民的误称。事实上，"印第安人"并不是单一的民族，而是许多民族，各有各的称谓和语言。由于他们的祖先在两万五千年前就从亚洲迁徙到了北美洲北部，因此他们自称为 First Nations，以反对种族歧视，争取合法权益。20 世纪 80 年代初以来，这个称谓在加拿大得到越来越广泛的承认，已成为政治术语。我国学者一般将 First Nations 译为"印第安原住民"。赫什奎亚特族就是印第安人中的努特卡族的一个分支。所以 Hesquiaht First Nation 可译为"赫什奎亚特族印第安原住民"。

　　翻译不同于阅读。阅读的时候，不一定每个生词都查字典，有时根据上下文就能领会其中的意思，但是翻译就不一样了，每个词、每句话都必须理解清楚，才能进入翻译，否则，以己昏昏何以使人昭昭呢？

　　翻译这篇文章需要注意的另一个问题是，有些非常典型的英语句子是高度凝练的，因此译成汉语时必须加以扩展。请看下面三例：

　　1. 第一段第三句

　　　　原文：

　　　　We travel by boat, across miles made long by open Pacific water, to tuck ourselves behind the reefs and swells into the safety of this Vancouver Island harbour.

　　　　译文：

　　　　我们通常乘船，要渡海二十多英里，由于在太平洋海域航行，航程显得格外漫长；驶过礁脉，穿过涌浪，就来到了隐蔽其后的这个温哥华岛的港湾，进入安全的水域。

　　原文句子非常简练，仅二十八个词就概括了一大段航程，句中只有三个动词（谓语动词 travel、过去分词 made、动词不定式 to tuck）。但译成汉语就没有那么简单了，需要扩展成两大分句，要用八个动词。另外，原文中的 miles，数量不定，不好译。参考同一位作者写的另一篇文章 "Learn from Earth and Ocean"（http://www.wavelengthmagazine.com/2003/ fm031earn. php），得知作者是从温哥华岛西海岸中部的托菲诺镇乘船去伊尤苏克的。又根据其他资料，从托菲诺镇到赫什奎亚特港大约有二十三英里，到伊尤苏克还要再远一点。据此将 miles 译成

"二十多英里"。

2. 倒数第二段

原文：

Iusuk was a designated Hesquiaht Indian Reserve until the 1960s. How it came to be taken away from the Hesquiaht and transferred to provincial control, placed within a logging licence and then within a provincial park, is a convoluted story. Convoluted enough that the Hesquiaht First Nation is currently in court, suing Canada for its return.

译文：

20 世纪 60 年代之前，伊尤苏克曾经是政府命名的"赫什奎亚特印第安保留地"。它是如何从赫什奎亚特人手里被抢走并转到省政府控制之下的，如何被划入特许伐木区的，后来又如何被划入省辖公园的，整个过程极其错综复杂。正因为太错综复杂了，所以赫什奎亚特族印第安人正在向法院起诉，要求加拿大政府归还这个地区的所有权。

原文很简练，仅用五十六个词就概括了这个民族的历史和现状。但句中有一些成分被省略掉了，翻译时需要加以补充。

3.第五段第三句

原文：

Bald eagles scan our campsite from the treetops, then move around the nearest point for more privacy.

译文：

白头海雕从大树顶上扫视我们的营地，然后绕着离我们最近的岬角飞翔，好多享受一点清静。

这句中的 for more privacy 如何理解是个问题。根据《牛津高阶英汉双语词典》，privacy 的定义为：1. the state of being alone and not watched or disturbed, by other people; 2. the state of being free from the attention of the public。结合这篇文章，privacy 应该是定义 1 的意思，指独处、不受人类干扰的状态。笔者认为，作者的"潜台词"是，这个地方是野生动物的世界，白头海雕对人类的活动不感兴趣，只是在飞行中扫视一下，然后飞到一个无人干扰的地方去享受清静。据此做出以上译文。

4. 第七段前两句

原文：

Come spring, black bears traverse the beach and forest on regular routes. They amble by us campers slowly, undisturbed by our presence on their way to overturn rocks at the ocean's edge to search for small crabs.

译文：

春天来临时，黑熊沿着固定的路线穿越海滩和森林。他们从我们这些野营者身边慢慢走过，对我们置若罔闻；他们要去大洋边上翻动岩石，寻找小螃蟹。

Come spring 是个倒装句。美国语言学家乔治·科姆（George O. Curme）在专著《句法学》（*Syntax*，1937）的第二章中说，把动词放在句子开头是一种古老的用法，目的是强调动作，现在仍见于生动的叙述文中。他给的一个例句是：Came days of storm, days and nights of storm, when the ocean menaced us with its roaring whiteness, and the wind smote our struggling boat with a Titan's buffets.（Jack London, The Sea-Wolf, Ch. XXVII）因此这里把 Come spring 译成"春天来临时"。状语 undisturbed by our presence 可以译成"并没有因为我们在场而受到惊扰"，与原文较对等。此处译为"对我们置若罔闻"是想表达一点人类自嘲的意味。

5. 最后一段第二句

原文：

The bears and birds revert to routes and sites that they avoided in our presence.

译文：

黑熊和鸟儿又回到先前为躲我们而不敢走的路线和不敢去的地点。

原文十分简练。如果直译成"黑熊和鸟儿又回到我们在的时候它们避开的路线和地点"，虽然可以，但文字不顺畅。不如增加几个字把意思讲得更清楚些。

6. 第六段第二句

原文：

Life is at its richest and most diverse: eagles, seagulls and hosts of ducks arrive in such numbers that their bits of lost plumage dot the waters.

译文：

这是一年中最为生机勃勃、多姿多彩的时候：老鹰、海鸥、以及一群群鸭子都来了，数量是那么大，它们褪下的片片羽毛散落在水面上竟如星罗棋布一般。

原文中的 Life is at its richest and most diverse 如何翻译，需要反复掂量。如果直译为"生物形态最为丰富多彩"，句子倒是很短，可是显得突兀，而且两个最高级的形容词也没有参照。翻译时根据上下文做了一些变通，译为：这是一年中最为生机勃勃、多姿多彩的时候。

总之，如果英语原文很简练，翻译成汉语时应遵循两个原则，一是要把事情说清楚，二是行文要自然。当然，要做到这两条，需要对译文的文字反复推敲。

（本文原载于《中国翻译》2007 年第 1 期。2018 年 3 月改写。）

# 要使译文便于读者接受

## ——"Leafing through the Maple Lore"
## 翻译导读

"Leafing through the Maple Lore"(《关于枫树的传说》)选自 *Canadian Geographic*(《加拿大地理杂志》)1997 年 9—10 月号,是加拿大作家 Bill Casselman(比尔·卡斯尔曼)为该杂志"我们的家园和母语"专栏写的文章。这篇散文以简练生动的语言,历数枫树与加拿大的种种联系,以及对加拿大人的特殊意义。文章结构严谨。第一段说明文章的主旨。第二、三段讲述一个关于枫树和枫糖浆的神话。第四段叙述枫树对加拿大语言的影响。第五段质疑枫糖浆为北美洲独有的说法。第六段讲枫叶与加拿大历史的关系。第七段讲 maple 的词源。最后一段很短,其中作者用 leaf 一词与标题中的 leafing 相呼应,以此结束全文。文章虽然篇幅不长,但涉及加拿大的传说、风俗和历史,有丰富的文化内涵。

对于加拿大读者来说,这篇文章应该是很好懂的,因为里面提到的很多内容都是耳熟能详的,他们可以很容易地读出其中的幽默,发出会心的微笑。然而对一些中国读者来说,这篇文章可能有一定的难度,难点不在于文字,而在于其中的文化内容。我们翻译这篇文章,就自然而然地承担起传递文化信息的任务。在翻译这种文章时,可以借鉴交际翻译理论。马克·沙特尔沃斯（Mark Shuttleworth）和莫伊拉·考伊（Moira Cowie）在《翻译学词典》（*Dictionary of Translation Studies*，上海外语教育出版社，2004）中总结道："在交际翻译中，重点应该是用一种符合目的语之语言规则、文化规则和语用规则的形式来传达信息，而不是在不违背目的语规范的情况下尽可能近似地反映出源语的具体词汇。进行交际翻译时，允许译者有解释源语文本的更大自由度，这样，他会理顺风格上的不规范之处，除去模棱两可之处，甚至纠正作者在事实方面的错误；他这样做的时候，会努力使目的语文本实现一种具体的交际功能（这种功能是由译者所定位的目的语读者类型所决定的），从而限制源语文本在语义上的潜在可能性。"

　　根据这个原则，在翻译这篇散文时，应把重点放在传达信息上，可以把译文读者定位为具有高中及以上文化程度的普通中国读者，他们可能不大了解加拿大文化，因此我们有必要在译文中对原文的某些涉及文化内容的词句进行解释。通常使用的方法有三种：第一种是变换说法，第二种是在译文中稍加解释，第三种是在译文后面加注解。笔者掌握的原则是，在不影响忠实传达原文信息的情况下尽可能使用前两种，必要时才使用第三种，因为译文后面的注解太多会影响读者的阅读兴趣。下面结合这篇译文的例子加以说明：

　　1. 第一段开头，The maple smoke of autumn bonfires 是个非常简练的词组，如果直译为"秋天篝火的枫烟"，读者会感到费解，因此需要变换说法，译成"秋天篝火中燃烧的枫树枝叶冒出的烟气"。这种解释是根据常识做出的，并没有歪曲原文。

　　2. 第二段中的 Ojibwa，译为"奥吉布瓦族印第安人"，并加了注解："1492 年意大利探险家哥伦布发现美洲大陆时，把那里的土著居民统称为'印第安人'。实际上，'印第安人'并不是单一的民族,而是至少四十多个有不同称谓和语言的民族。奥吉布瓦人就是其中之一。"这样做主要是考虑读者不一定知道奥吉布瓦人,加上"印第安人",概念就清楚了。

3. 第五段中,

原文:

Could Proto-Amerinds who crossed the Bering land bridge to populate the Americas have brought with them a knowledge of maple syrup?

译文:

那些最早跨过白令海峡"陆桥"来北美洲和南美洲繁衍生息的原始印第安人,有没有可能带来关于枫糖浆的知识呢?

关于"原始印第安人",笔者加了一个注解:"一般认为,北美洲印第安人的远祖属于亚洲的蒙古利亚种族,他们在第四纪冰期横跨西伯利亚,渡过白令海峡,到达美洲大陆。白令海峡最窄处仅八十四公里,水道较浅。由于第四纪冰期海平面比现在低一二百米,白令海峡就成了两大洲之间的'陆桥',人们可以用原始的方法从那里渡海迁徙。"加此注解的目的是帮助读者体会作者的"潜台词":那些人来自亚洲,其中会有中国人吧?熬制枫糖浆的方法会不会是中国人带来的呢?

4. 第六段中,把 New France 译为"新法兰西殖民地",把 English Canada 译为"英属加拿大省份",都是为了说明历史情况。另外,把 Canada's Confederation 译为"加拿大自治领成立"并加了注解:"1867 年 7 月 1 日,《英属北美法案》生效,根据法案,魁北克省、安大略省、新斯科舍省、新不伦瑞克省共同组成了统一的联邦国家，定名'加拿大自治领'。7月1日成了加拿大的国庆日。"注解的目的是说明这一事件在加拿大历史上的重要性，从而帮助读者理解枫叶的象征性，以及亚历山大·缪尔的歌曲《永远的枫叶》对加拿大的重要意义。

传译此类文化内容，不仅要靠平时的知识积累，还需要查阅多种词典和资料。除一般的词典外，常常需要使用一些侧重于百科解释的大词典（encyclopedic dictionaries），如 *Webster's New World Dictionary*（《韦氏新世界词典》），还需要参考百科全书、历史和文化方面的专著、地图册等，更需要利用因特网上丰富的资料。

下面谈一谈翻译这篇文章还需注意的问题。

首先是常见词语的翻译。原文第二段第二句，Among Ojibwa, the primordial female figure is Nokomis, a wise grandmother. 如果想当然地把 among 译成"在……中间"，表面上看没有问题，但仔细一想，Nokomis 只是传说中的人物，怎能与 Ojibwa 这些真实的人相提并论呢，显然不合逻辑。查阅较大的词典就会发现，among 有一个释义是 from the joint resources of，因此把 among 短语译成"在奥吉布瓦人的心目中"或"奥吉布瓦人相信"比较妥当。由此可见，越是常见的词语，翻译时越要小心，一定要弄清楚其在原文语境中的词义，以免误译。

再谈短语的翻译。看看原文第一段第二句：

原文：

Bestowing aroma for the nose, chroma for the eye, sweetness for the spring tongue, the sugar maple prompts this sharing of a favorite myth and an original etymology of the word maple.

译文：

糖枫树给人带来扑鼻的香气、耀眼的色彩和令人咂舌回味的甘甜，它促使我写下这篇文章，告诉大家我最喜爱的一个神话以及"maple"（枫树）一词的独特词源。

此句开头的分词短语较长，内含三个排比词组，而且非常生动。如果直译为糖枫树"给鼻子带来香气，给眼睛带来色彩，给有弹性的舌头带来甜味"，显然不符合汉语的表达习惯。如何做到既表达原文的意思，又保持原文的生动性呢，确实颇费思索。几经修改，译成了"糖枫树给人带来扑鼻的香气、耀眼的色彩和令人咂舌回味的甘甜"。这样译比较符合汉语的表达习惯，又保留了"鼻""眼""舌"三个词，传达了原文中的"香""色""味"。对于原作中生动的文字，一定要千方百计地传译出来，使读者也能领略原作的文采。

现在谈句子的翻译。请看下面三个例句：

1. 原文第二段最后两句

原文：

Here wendigos represent oncoming winter. They were hunting to kill and eat Nokomis, the warm embodiment of female fecundity who, like the summer, has grown old.

译文：

在这个故事里，温迪格们代表将要来临的冬天。它们正在追逐可怜的诺柯米丝，要把她杀死吃掉，因为她是女性旺盛生殖力的温暖的象征，而且像夏天一样已经衰老。

原文后一句结构较复杂，包含一个同位语和一个定语从句。

为了使整句紧凑，用了"因为"来连接。虽然做了一点改动，但没有违背原文的意思。

2. 原文第三段第六句

原文：

And so, drooling ice and huffing frost, the wendigos left her, and sought easier prey.

译文：

于是，温迪格们不追她了。他们流着口水，喘着粗气，口水顷刻结成了冰，呵气顷刻凝成了霜，它们就这样离开她走了，去寻找更容易捕获的猎物。

原文从句法上看很简单，但翻译起来并不容易，主要是因为 drooling ice and huffing frost 过于简练，需要做符合逻辑的解释，但加解释后又会使句子过长，影响与上一句的联结。权衡再三，把这句话译成了两句。

3. 原文第七段第一句

原文：

The word maple is from mapeltreow, the Old English term for maple tree, with *mapl- as its Proto-Germanic root, a compound in which the first m- is, I believe, the nearly world-wide *ma, one of the first human sounds, the pursing of a baby's lips as it prepares to suck milk from mother's breast.

译文：

"maple"（枫树）来自古英语表达枫树的词"mapeltreow"。

"maple" 的原始日耳曼语词根是 mapl-。这是一个复合词根，我相信它的第一部分 m-就是那个几乎遍及全世界的 ma，即人类最早发出的声音之一，也就是婴儿噘起嘴唇要吸吮母乳时发出的声音。

原文句子很长，讲的是一般读者不大熟悉的词源问题，如果处理不好会给人凌乱的感觉。因此这里译成了三句话。总之，在翻译句子时，要考虑到句子的整体结构及其与上一句的联系，选择能为读者接受的形式来翻译，不要拘泥于原句的结构。

（本文原载于《中国翻译》2005 年第 3 期。2018 年 3 月改写。）

# 再现新闻报道的特点

## —— "Nunavik's First Registered Nurse" 翻译导读

"Nunavik's First Registered Nurse"（《努纳维克地区的第一名注册护士》），选自 *Canadian Geographic*（《加拿大地理杂志》）1997 年 1—2 月号，是 Beth Gallagher（贝思·加拉格尔）写的 "Bring Birth Home"（《给家乡带来新生》）一文的第二部分。这是作者对加拿大北方因纽特族护士进行的专访，因此我们翻译时必须考虑到新闻报道的特点：讲述事实，强调真实性，注重时效性。

首先，作者在文章中提供了真实的人名、地名、民族名、机构名等，我们在翻译时绝不能掉以轻心。翻译人名、地名、民族名时，可以参考新华通讯社译名室主编的《世界人名翻译大辞典》、中国地名委员会编的《世界地名译名手册》、李毅夫和王恩庆主编的《世界民族名译名手册》等工具书，也可参考一些学者和研究者公开发表的论著，尽量使用标准的、广为人接受的译名。有些专有名词可能比较生僻，很难找到标准译法，只好按照原词的读音来翻译，但在选字的时候要小心，尽量少用感情色彩过浓的字，翻译地名时，可先查阅字典、地图、百科全书或因特网等，弄清楚该地名的性质，然后在译名后注明"省""市""地区"等属性。翻译民族名时，最好注明"族"字。

翻译女性的姓名时，可酌情使用一些中国女性名字中常见的
"丽""莎""娅"之类的字。但翻译女性的姓氏时则不必这样做，
因为姓氏是男女通用的。过去曾有人把英国作家 Virginia Woolf
的姓译为"伍尔芙"，用"芙"字大概是为了表明女性，但译者
似乎忽略了西方已婚妇女随夫姓的事实。按此种译法，Woolf 的
丈夫就成了"伍尔芙先生"，看上去很不协调。因此译姓氏最好
还是选用中性的词。

其次，作者在文章里提供了具体的年、月、日、年龄及其
他数字，来说明事实。这些都很重要，我们应当照实译出，不
要弄错。

再有，作者在文章中直接引用了被访者的原话，这些直接
引语仍应译为直接引语。比较麻烦的是，原文中有些直接引语
是片断的，嵌在陈述句当中，如何用恰当的汉语句式表达，有
时颇费思索。但不管怎样，绝不要擅自将直接引语改译成间接
引语，若是改了，语言就不够生动了，文章的真实性也会大打
折扣。例如，第二段中

原文：

It is rare in the North to finish high school, but
something made Angutigiak keep going when others around
her quit, although by her own account she is a "very lazy
person" who "never had goals to get As" in school.

译文：

在加拿大北方，很少有人读完高中，可就是在周围的
学生纷纷辍学的时候，不知是什么力量促使安古缇吉亚克
坚持下来，尽管她说自己是个"很懒的人"，上学时"从来
没有想过要得优秀"。

此译文再现了原文的语序和引语。

最后，新闻报道的语言通常简洁明快，以陈述句居多，兼有其他类型的句子，引用的被访者的话多为口语体。这篇文章也有这样的特点。翻译时要注意原文各部分的语域变化，用恰当的汉语句式和词语表达出来。

除此之外，翻译此文时还需要注意下面几个问题：

1. 根据《世界民族译名手册》，Inuit 的译名是"因努伊特人"，但考虑到近年来报章杂志的文章和研究者的著作中多用"因纽特人"译名，因此本译文采用了"因纽特人"。Inuk 也是"因纽特人"之意。Inuktitut 意为"因纽特语"。

2. Nunavik、Kuujjuarapik、Kuujjuaq、Povungnituk、Salluit 等地名不常见，如果一般的字典里查不到，可利用因特网查找。

3. 原文第一段第一句中的 traditional black band 牵涉到习俗问题，应结合上下文理解，切不可望文生义。

原文：

Last spring, as the graduating class of nurses at Dawson College in Montreal filed up to receive the traditional black band on their starched white caps, a historic moment went all but unnoticed.

译文：

去年春季的一天，蒙特利尔市道森学院护理专业的毕业班学生排队走上台，接受校方按惯例授予他们的黑丝绒带子，并缀在浆得挺括的白帽子上，那是一个具有历史意义的时刻，但在当时几乎没有引起注意。

曾有学生把 traditional black band 译成"传统黑人乐队"，

与原文大相径庭。据加拿大从事护理工作的朋友介绍，加拿大医学院的学生如果通过了注册护士考试，会在毕业典礼上领到注册护士证书和一条黑丝绒带子，然后他们会把带子缀在白帽子上。这条黑带子有象征意义，用以纪念英国护士、近代护理事业的创始人弗洛伦斯·南丁格尔（Florence Nightingale，1820—1910），也有勉励新护士投身护理事业之意。这种涉及外国文化和习俗的句子是最难译的，在不理解的情况下直译，很可能出笑话。翻译时对文化问题要敏感，遇到此类问题，应查找有关资料，或向有经验的人请教，真正理解后再翻译。

4. 第四段中

原文：

A wife and mother from Kuujjuaq, she has been working as a C.N.A. since 1978.

译文：

她来自库亚克村，已结婚生子，从 1978 年起一直担任注册助理护士。

短语 a wife and mother 虽然很简单，但若直译"她是个妻子和母亲"，不符合汉语的习惯，需要加以变通，译成"已结婚生子"。

另外要注意这段中的 a program designed to produce registered nurses specially trained to practise in northern Quebec 中的 practise，指医护人员的"执业"。

5. 第五段中,

原文:

"Touching is not part of the normal relationship between Inuit adults," explains Angutigiak. "But it's part of our therapeutic training as nurses."

译文:

"因纽特族成年人一般不会去触摸别人",安古缇吉亚克解释说。"可是我们护士的治疗训练就包括触摸。"

这两句话若直译,恐怕很难为中国读者理解,只能在理解的基础上重新措辞。

6. 第六段中,

原文:

"I had a [pregnant] woman here [delivering] the placenta before the baby."

译文:

"有一次我这里有个(怀孕)妇女,孩子还没(生)出来,胎盘先出来了。"

说话者使用的是通俗口语,而叙事者为了使语言更规范清晰增加了两个词,用括号表示,翻译时应尽量在译文中体现出来。

7. 最后一段中,

原文:

For the people of her hometown at the top of the Ungava

Peninsula, she is a source of pride and a beacon of hope.

译文：

对于住在昂加瓦半岛北端的家乡人来说，路易莎·安古缇吉亚克是他们自豪的源泉和希望的灯塔。

原文中的两个比喻非常生动，因此采取直译的方法，译成"自豪的源泉和希望的灯塔"。

（本文原载于《中国翻译》2004 年第 6 期。2018 年 3 月修改。）

# 就《努纳维克地区的第一名注册护士》
# 译文与读者商榷

最近,《中国翻译》编辑部转来了一位研究生对我的译文《努纳维克地区的第一名注册护士》(《中国翻译》2004/6)提出的批评意见。这种以读者反馈的方式进行的翻译批评是有益的。这位读者对原文和参考译文读得很仔细,查阅了字典和相关背景资料,提出了一些很好的修改建议,也提出了一些值得讨论的问题。下面仅就六个方面的问题与读者交换意见,以取得进一步的认识。

## 一、可采纳的修改意见

1. 原文：the graduation class of nurses

　　谷译：护理班的毕业生

　　读者译：护理专业的毕业班学生

读者的译文更准确,更清楚,应该采纳。

2. 原文：White caps

　　谷译：白帽子

　　读者译：白色方形护士帽

这位读者在互联网上查到，加拿大的护理专业毕业生在毕业典礼上穿的是白色护士工作服，戴的是白色方形护士帽，因此做了如此的改译，译文很细致，加上"护士"二字很好，可以采用。此篇报道是原文作者为本国读者写的，因此只说 white caps，没有细讲其形状。如果我们确知帽子的形状，在译文中描绘一下也未尝不可。但值得注意的是，加拿大是一个多元化的社会，毕业生在毕业典礼上的着装常常因校而异，护士帽也并非只有一种形状。因此，把"白帽子"改为"白色护士帽"更稳妥一些。

3. 原文：the final exam

　　谷译：期末考试

　　读者译：毕业考试

这位读者的建议很好，因为原文的名词是单数，又有定冠词，不是指各门课程的考试，而是指某种特定的考试，如毕业考试。这里还有一种可能性，根据蒙特利尔市道森学院的资料，护理专业的毕业生必须通过魁北克省护士协会的认证考试，原作者是否指这种考试，就不得而知了。

4. 原文：... says Shirley Dupuis, one of the students at John Abbott

　　谷译：……约翰·阿伯特学院的学生雪莉·迪普伊说。

　　读者译：……雪莉·迪普伊如是说，她是上述的正在约翰·阿伯特学院学习护理的五名因纽特人之一。

读者的改译很确切，根据前面的信息把 one of the students

的含义充分表达出来了。我的译文有疏漏。

## 二、关于标题的翻译

原文：Nunavik's First Registered Nurse

谷译：努纳维克地区的第一名注册护士

读者译：努纳维克地区的第一名因纽特族注册护士

　　这位读者说，谷译是"死译"，字面上虽与原文对等，但并不忠实于原文。他认为，原文第四段中 ... of the 63 nurses working in the Inuit communities across Nunavik, none are Inuit 里说的 nurses "明显是指有资格执业的 registered nurses，否则我们难以想象在加拿大这样一个发达国家，居然有那么多的非法执业的护士"，因此推论："Nunavik 以前并非没有注册护士，安古缇吉亚克只是该地区的第一名因纽特族注册护士。"

　　讨论这个问题，首先要弄清楚什么是 Registered Nurse。根据加拿大人力资源部发布的职业分类介绍，护理类职业至少分为专业性职业、技术性和技巧性职业、辅助性职业三个层次。Registered Nurse 属于专业性职业，要求很高，只有那些取得大专院校护理专业毕业证书和学位证书、受过专门护理训练、并通过了注册护士学会严格考试的人才能取得这一资格（参见 "National Occupational Classification", www23.hrdc-drhc.gc.ca）。由此看来，原文中所说的"在努纳维克地区工作的六十三名护士"显然不可能都是注册护士，而那些没有取得"注册护士"资格的护士，也绝不是"非法执业的护士"。另外，还要注意这样一个情况，努纳维克属于加拿大北部边远少数族裔居住地区，医疗卫生事业的发展相对滞后，常年需要南部地区的医院派人员轮流支援，因此在那里工作的护士中有许多都是临时来工作的"南方人"（参见"Quebec's remote regions facing nursing crisis"，www.globalaging.org）。从以上情况看，努纳维克地区急需培养本地的因纽特人成为注册护士，正因为如此，安古缇吉亚克的毕业才那么重要，被作者称为"具有历史意义的时刻"。据此我们可以判断，安古缇吉亚克确实是努纳维克地区培养的第一名注册护士。考虑到原作者拟定的标题自有道理，而且新闻标题必须简明扼要，我认为还是应该尊重原作者的意图，将此标题译成"努纳维克地区的第一名注册护士"。

这里附带回答另一个问题：Certified nursing assistant 如何译。我原译为"注册助理护士"，这位读者建议改为"持证护理助理"。"持证"一词用得好，便于与"注册"区别，可以采用。根据上述关于加拿大护理职业的资料，Certified nursing assistant 被归于"Licensed Practical Nurses"类别中，仍属于护士范畴，因此应译为"持证助理护士"。

## 三、有关语域和语境的问题

翻译的理解与表达离不开对原文语域的分析。这篇新闻报道用的主要是"通常体"语言，有的句子近于口语，我们翻译时也要使用相应的汉语来传达原文的语言风格。除此之外，译者还应有语境意识，要注意研究原文的语境意义，并用适当的方法在译文中体现出来。让我们分析以下三例：

1. 原文：The real message, she insists, is that if she can do it, so can lots of others.

谷译：她一再强调，她说这话是想告诉大家，她能做到的事，别人也能做到。

　　读者译：她一再强调，她说这话其实是想告诉大家，既然她能做到这一点，那么其他许多人也可以。

　　这位读者认为"她能做到的事"不妥，因为原文中的 it 仅指安古缇吉亚克成为注册护士一事，不应"把它扩大到所有的事情"，还指出 real 和 lots of 的意思没有译出。这里牵涉到一个语域和语境的问题。原文比较通俗，句子较短，十分简练，因此译文也应简练，能不用的字尽量不用。我认为，"她说这话是想告诉大家"已经包含了 real message 的意思，加不加"其实"二字并不重要。"别人也能做到"中的"别人"本来就是泛指，不一定要加上"很多"一词。当然，强调一下也好，可改译为"很多人都能做到"。另外，特定的语境对词语的概念意义会有某种调节作用。译文读者读了上文中作者引述的安古缇吉亚克的话之后都会明白，"她能做到的事"指的就是"她成为注册护士"一事，不会误解为"她能做到的所有的事情"。这位读者的译法很准确，如能简洁就更好。


　　2. 原文：In more difficult cases, the nurses consult with a doctor by telephone, but they are left to handle many critical situations on their own.

　　谷译：遇到较难治的病人时，护士们就打电话请教医生，可是很多危急的情况还要自己处理。

　　读者译：遇到病人的病情较为严重时，护士们就打电话向某个医生咨询，但是他们获准可以自主处理许多紧急情况。

　　这位读者认为"还要"一词不妥，有"不得不"、为"形势所迫"的含义，而从下文中谈到的 independence 来看，那些护士"有权"自主处理一些病人，所以做了如此改译。我们在理解原文时必须有语境意识。仔细阅读原文第六段可以体会到，they are left to handle ... on their own 意为：they are left alone to handle ... without assistance，这有双重含义：一是那些护士受到信任可自行处理危急情况，二是那些护士遇到危急情况必须自己做出判断和处理。把这种"自行处理"理解成"有权"那样做未尝不可，若因此联想到"获准"就属于发挥了，因原文并没有这样说。至于"还要"一词是否在任何情况下都有"不得不"的含义，也可以探讨。根据《现代汉语词典》，"要"字也有"须要""一定要"之意，译文中用"还要"并无不妥。读者译中的"可以"二字用得好，也可以借用它把这句改译为："遇到较难治的病人时，护士们就打电话请教医生，但很多危急的情况可以自行处理。"另外，在谈到护士时最好慎用"她们"二字，因为现代护士中也有男性。

3. 原文：Both survived because of quick action. There was no time for long, consultative phone calls. That independence is what sets nursing in the North apart.

谷译：由于处理迅速及时，母子两人都活了下来。当时没有时间打电话详细咨询。这种独立性是北方护理工作的特点。

读者译：由于处理迅速及时，母子两人都活了下来，而当时西罗伊斯根本就没有时间打电话详细咨询医生。正是这种独立性使得加拿大北方地区的护理工作与众不同。

这位读者改译的理由是：（1）原文前两句之间存在"转折

关系"，谷译没有表现出来；（2）谷译"没说清楚是谁没有时间打电话咨询"；（3）原文第三句中的 to set something apart 的含义没有明确译出。这里仍有一个语域和语境的问题。作者使用的是"通常体"语言，句子很简练，译文应反映这种风格。我认为原文前两句之间并没有转折关系，第二句不过是补充说明而已。我想译文读者根据我的译文的语境，会明白是谁没有时间打电话咨询（当然不可能是产妇本人），而且也会明白第三句中的"北方"指的是加拿大的北方，而不是其他国家的北方。原文第三句看似简单，但不好译，仔细琢磨，其暗含意思是："这种独立性正是加拿大北方地区的护理工作与该国其他地区的护理工作的不同之处。"可是我们不能这样译，因为句子过长，不符合原文的语言风格，所以我才把它译成"这种独立性是北方护理工作的特点"。其实还可以有其他译法，如"这种独立性是北方护理工作的独特之处"，"这种独立性是北方护理工作的特色所在"，"有了这种独立性，北方地区的护理工作独具特色"等。读者改译的这句话表达了 to set something apart 的含义，用词也较得当。

## 四、值得商榷的其他问题

1. 原文：... enjoys down-hill skiing

  谷译：……喜欢高山滑雪

  读者译：……喜欢滑降/喜欢快速滑雪下山

这位读者在词典中查到 Alpine skiing，其译文是"高山滑雪"，因此认为把 down-hill skiing 译为"高山滑雪"不妥。查阅《简明不列颠百科全书》《大美百科全书》和《中国大百科全书》可以知道，down-hill skiing 与 Alpine skiing 并不矛盾。Alpine skiing 是总称，包括 down-hill skiing 和 slalom skiing 两种形式，都是从山上往山下快速滑雪，只不过前一种取直道，后一种取弯道。如果把 down-hill skiing 译成"滑降"，虽是术语，但一般的中国读者不一定熟悉；如译成"快速滑雪下山"，听起来又不像体育项目名称。所以还是使用总称"高山滑雪"好，读者会明白滑雪者是从山上往山下滑的，这是起码的常识。

2. 原文：We work as a clinic, the same way a doctor would in his office down south.

谷译：我们按诊所建制开展工作，跟南方的医生在自己的诊所看病是一样的。

读者译：我们像诊所那样开展工作，跟南方的私人医生在自己的诊所里要做的一样。

这位读者质疑的是"建制"和"看病"两词。这牵涉到对汉语词汇的理解。我用"建制"，指的是组织形式。至于"看病"一词，《现代汉语词典》注明的词义是"治病"，完全可以涵盖下文中所列举的 see patients, do assessments, prescribe drugs, and make medical decision 等工作。

3. 原文：We live with three extremes——weather, distance and case-load.

谷译：我们的生活面临三种极端情况——天气极冷，地域极广，工作极重。

读者译：我们必须忍受三种极端情况——天气极冷，

地域极广，工作极重。

这位读者认为，to live with something 意为 to accept or tolerate something，所以应译为"忍受"。这种理解是对的，但属于这种解释时，to live with 多与情态动词连用。如：I just had to learn to live with the pain.（《牛津高阶英语词典》，商务印书馆，2000）再如：Our marriage was a failure—you have to learn to live with that fact.（《新牛津英语词典》，外语教学与研究出版社，2001）又如：I don't enjoy the situation, but I can live with it.（《朗文当代英语大辞典（英英·英汉双解）》，商务印书馆，2004）。除了"忍受"的意思之外，to live with 在原句中还有 to exist together with 的意思，因此我采用了变通的译法。翻译时还要考虑汉语动词与宾语的搭配。根据《现代汉语词典》，"忍受"意为"把痛苦、困难、不幸的遭遇勉强承受下来"，可见"忍受"的宾语多为人们能感受到的事物，而"忍受……情况"这样的搭配似乎不大妥帖。从以上几个方面看，将此句中的 to live with 直译成"忍受"虽然过得去，但不如采用更恰当的变通译法。

## 五、"见仁见智"的译法

以下每句的两种译法并无本质上的区别，只是表达方式不同而已。

1. 原文：role model

谷译：择业楷模

读者译：别人择业时的榜样

2. 原文：... are in their last year at Montreal's John Abbott College

谷译：……正在蒙特利尔市约翰·阿伯特学院完成最后一年的学业（要注意：汉语里"正在……完成"并不等于"已经完成"。）

读者译：……正在蒙特利尔市约翰·阿伯特学院进行最后一学年的学习

3. 原文："I'm very Inuit," she says, reassuring herself and others that she will be content in Nunavik, even after the cosmopolitan pleasures of Montreal.

谷译：她说："我是个地地道道的因纽特人，"她以此言再次向自己也向别人保证，她会安心在努纳维克生活的，就是在享受过蒙特利尔大都会的乐趣之后也不改初衷。

读者译："我是个地地道道的因纽特人"她这样说道，再次向自己也向别人保证，就是在享受过在蒙特利尔这种大都会的生活的乐趣之后，她还是会安心在努纳维克生活。

这位读者认为谷译中的"不改初衷"表达的是"已经发生过的事情"，与 will be content 的将来时态相悖。根据《现代汉语词典》，"初衷"意为"最初的心愿"，并非"已经发生过的事情"，因此谷译是可以被译文读者理解的。这位读者的译文也很准确。

## 六、关于翻译的个性化

通过讨论上述问题，感想颇多。翻译是一种个性化的活动，同一篇文章由不同的译者翻译，会产生不同的译文，这是多种因素造成的。主要有三个方面：一是对原文的理解，二是译文的表达，三是对原文行文风格和语言之美的感受，及其在译文里的再现。

不同的译者因对原文理解不同而产生不同的译文，这种情况时有发生。译文迥然不同的情况也有，但不是太多，因为毕竟有原文作为客观的依据。

然而，在译文的表达上，译者的个性表现是很明显的。一方面，不同的译者在表达同一个意思时会采用不同的表达方式，因此，也就会有这样表达可以而那样表达也可以的情况；另外，这里所说的"个性"表现在多个层次上，比如，字词的选择、句子的组织，以及为了服从文章总体的行文风格对这二者所做的变通。这种变通是十分必要的，它在一定程度上体现了翻译的创造性。而经过变通的译文难免在字词和句子层级上与原文有所出入，这样的差异一般是可以接受的。

关于对原文行文风格和语言之美的感受及其在译文里的再现，则是一个更加重要的问题。在两种语言的转换过程中，因考虑到语言审美问题需要对语言做必要的处理，这样做的结果，有时会出现在字词的选择上和句子的组织上与原文不甚相符的情况。译者一方面要关照语言的细节，另一方面又要关照宏观的审美。当二者发生冲突时，译者的注意力应向后者倾斜。这个问题因篇幅关系可另做讨论。

总之，与读者的交流使我受益良多，首先是纠正了自己译文里的不当之处，也促使自己从不同的角度思考了很多问题，开阔了思路。在这里我仅向《中国翻译》编辑部和福建师范大学郑锦怀同学表示衷心的感谢！

（本文原载于《中国翻译》2006 年第 1 期。2018 年 3 月修改。）

# 《无篷船》译文和作品赏析

## 《无篷船》

斯蒂芬·克莱恩著

谷启楠译

此故事旨在描摹事实——四名船员在"海军准将号"沉没后逃生的经历

### 一

他们都不知道天空的颜色。他们的眼睛平视前方，紧盯着席卷而来的海浪。海浪呈蓝灰色，只有浪尖泛着白沫，他们四个男人都知道大海的颜色。地平线一会儿变窄，一会儿变宽，一会儿下沉，一会儿上升；无论在什么时候，地平线的边缘都是锯齿形的，那是由于海浪一拥而上，好似许多突出的尖子，像嶙峋的岩石。

许多人家里都应该有浴缸吧，比起这条海上小船来，浴缸还要大些呢。海浪极不公平，也很野蛮，来得突兀，卷得很高，每一个泛着泡沫的浪尖都给小船的航行造成了困难。

厨师蹲在船底板上，两眼盯着六英寸宽的舷边，舷边把他与大海隔离开来。他的袖子卷着，露出胖胖的前臂；他的背心没系扣子，当他弯下腰去舀船里的海水时，背心的前襟也随着摆动。他常说："上帝！真是死里逃生啊。"说这话的时候，他的目光总是掠过破碎的大海凝望着东方。

机械加油工握着一只桨，当作船舵，掌握着航向，他有时突然直起身子，避开从船尾卷来的海浪。船桨又小又薄，好像随时都会折断似的。

记者划着另一只桨，观察着海浪，同时思考自己为什么会来到这里。

受伤的船长躺在船头，此时陷入深深的沮丧和冷漠之中；这种沮丧和冷漠总会在公司破产、军队败阵、船舶沉没的无奈时刻突然地，至少是暂时地，来到人们心中，就连最勇敢、最坚忍的人也不能幸免。一船之长的心总是深深地植根于船体之中，无论他指挥了一天还是十年；而这位船长的脑海里就有一个不可磨灭的景象：在拂晓的昏暗中，有七个朝上的面孔，然后是顶桅的断头，上面有一个来回击打海浪的白球，它们都在下沉，越来越低，最后完全沉入海里。从那以后，他的话音里就有了一种陌生的因素，那声音虽沉稳，但带有深深的哀伤，还有一种超乎演说或泣诉的特质。

"再向南一点，比利，"他说。

"是，再向南一点，"船尾的加油工说。

这条小船上的座位与腾跃的野马背上的骑手座没有什么两样，而且，用同样的比喻，一匹野马并不比这条船小多少。小船腾跃，直立，猛冲，活像一只野兽。每次浪涛涌来的时候，小船都要升上去迎接，因此小船就像一匹马，跨越一个特别高的栅栏。小船攀越这些水墙的方式颇有神秘色彩；再有，它到了水墙顶端会遇到在白色激浪水域里行船通常遇到的这些问题：水沫从每一个浪涛的顶峰飞泻而下，这就要求小船再次跃起，在空中腾跃。小船轻蔑地冲撞了一个浪尖之后，会沿着长长的海水斜坡往下滑，然后加快速度，溅起水花，颠簸着来到下一个危险的海浪面前。

大海有一个独特的缺点，那就是，你成功地征服了一个波浪之后，会发现后面还有一个，跟前一个同样重要，同样紧张急切地要干点实事来淹没船舶。在一个十英尺长的救生艇里，你只要看看那一排排的海浪，就能知道大海多么有谋略。这一点，一个只有普通航海经历而没在海上乘过救生艇的人是无法领会的。每一道蓝灰色的水墙到来时，都挡住了船里人的视线，使他们看不见别的东西，于是他们很容易想象这波浪就是大海的最后喷发，是野性的海水作出的最后努力。在海浪的运动中有一种可怕的优雅，而且海浪悄悄地到来，仅浪尖发出低吼。

在暗淡的光线里，这四个人的脸一定是灰色的。他们目不转睛地盯着船尾方向时，眼睛里一定闪着奇异的光。假如从一个阳台往下看，这个场面无疑是一幅美丽的图画，带有神秘色彩。可是船里的人却没有时间去欣赏，他们即便有空闲，也需要考虑很多别的事。太阳渐渐转上了天空，他们知道天已经大亮了，因为大海的颜色变了，从蓝灰色变成了翠绿色，上面还有一条条黄褐色的光带，浪峰的水沫像倾泻而下的雪花。他们并不知道破晓的全过程。他们只是意识到了滚滚而来的波浪在此过程中发生的颜色变化。

厨师和记者用不连贯的语句争论着救生站和避难所有什么区别。厨师刚才说"莫斯基托湾灯塔的北边就有一个避难所。他们一看见我们就会驾船来接的。"

"谁看见我们？"记者问。

"船员呀，"厨师说。

"避难所里没有船员，"记者说。"据我所知，避难所只是放着衣服和吃食的地方，给遇上海难的人提供方便。避难所没有船员。"

"哎呀，有，那里有，"厨师说。

"没有，没有，"记者说。

"嗨，不管怎么说，咱们还没到那儿呢，"加油工在船尾说。

"唔，"厨师说。"也许我想的那个房子，莫斯基托湾灯塔附近的那个，不是避难所。也许是救生站。"

"咱们还没到那儿呢，"加油工在船尾说。

## 二

就在小船从一个浪尖跳到另一个浪尖的时候，海风吹乱了四个人的头发，他们都没戴帽子；当船尾扑通一声又落入水中时，浪花从他们身边打了过去。每一个浪尖都是一座小山，一刹那间，四个人从浪山顶上看到了整个辽阔骚动的海域，它闪闪发光，被风撕裂开来。它大概是很壮观的。大海无拘无束，野性十足，泛着翠绿色、白色和黄褐色的光，它的这种变幻大概是很辉煌的。

"太好了，风是往海岸刮的，"厨师说。"不然的话，咱们会在哪儿呢？那就没这出戏了。"

"说得对，"记者说。

忙着划船的加油工点了点头，表示同意。

随后，船长在船头咯咯地笑了，他的笑声同时表达了幽默、鄙夷、悲哀三种情感。"伙计们，你们觉得咱们还有多少戏吗？"

他说。

听了这话，那三个人都不说话了，只是偶尔清一下嗓子。他们都觉得，在这种时候，表现出丝毫的乐观情绪是幼稚和愚蠢的，可是毫无疑问，他们心里都觉得形势是乐观的。年轻人在这种时候常常会固执己见。从另一方面讲，处在这种情况下，他们的伦理观念绝不允许他们公开表示失望。正因为如此，他们才保持沉默。

"唔，不要紧，"船长安慰他的孩子们说，"咱们会安全上岸的。"

可是他的口气里有一种成分使他们深思，于是加油工说：
"是啊！如果风向不变！"

厨师正在舀水。"是啊！如果近岸浪不对咱们发威。"

海鸥像是用粗棉布做的，它们忽而飞近，忽而飞远。有时它们栖息在海面上，靠近一片片棕色的海藻；海藻滚过波浪，那态势如同挂在绳子上的一排地毯在狂风中摆动。海鸥成帮结伙，惬意地栖息在波浪上。小船里有人嫉妒它们，因为大海的怒涛对它们没有丝毫影响，正如对千里之外内陆地区的草原松鸡群没有影响一样。海鸥时常飞得很近，用黑眼珠瞪着船里的人。在这种时候，它们目不转睛审视的目光怪异而邪恶，于是四个人愤怒地大喊起来，叫他们滚蛋。一只海鸥飞了过来，显然决意落在船长的头顶上。那只海鸥飞着，与小船保持平行，它不兜圈子，而是在空中做出短距离的斜跳，活像小鸡的动作。它的黑眼珠伤感地盯着船长的头。"丑八怪，"加油工对海鸥说，"你像是用折刀削出来的。"厨师和记者恶狠狠地咒骂那家伙。船长自然想用沉重的缆绳头把它打走，可是他不敢，因为任何一个近乎用力的动作都会倾覆这条满载的小船。于是船长轻轻地、小心翼翼地挥了一下空着的那只手，赶走了海鸥。阻止了海鸥的跟踪之后，船长舒了一口气，因为自己毫发无损；其他三个人也舒了一口气，因为他们这时突然意识到那只海鸥很恐怖，是个不祥之兆。

在这期间，加油工和记者一直在划船。他们现在仍在划船。

他们两人同坐一个座板，每人划一只桨。然后是加油工划双桨，然后是记者划双桨，然后是加油工，然后是记者。他们不停地划船。干这活儿最难处理的，就是躺在船尾的人起身换班的时候。说老实话，从母鸡身子底下偷鸡蛋比在救生艇上交换位置还要容易些。首先，船尾的人要把手放在横座板上轻轻滑动，小心翼翼地挪动身子，好像他是用塞夫尔瓷 做的。然后，坐在划手座上的人要把手放在另一块横座板上轻轻滑动。这一切都要做得格外小心。两个人侧身而过时，所有的人都警惕地观察着即将冲来的海浪；船长喊："注意啦！稳住别动！"

海中不时出现一团团棕色海藻，看起来像小岛，像星星点点的土地。从表面上看，海藻既不往这边漂，也不往那边漂，几乎静止不动。这些海藻告诉船里的人，小船正缓慢地向陆地驶去。

救生艇随着一阵大浪升得很高，船长在船头小心翼翼地直起身子说，他看见

莫斯基托湾的灯塔了。厨师马上说他也看见了。记者当时正在划船，不知为什么也想看看灯塔，可是他正背对着远处的海岸，而且对付海浪很重要，因此他一时没有机会回头。然而终于来了一个比较柔和的海浪，当小船到了浪尖的时候，他迅速扫了一眼西边的地平线。

"看见灯塔了吗？"船长问。

"没有，"记者慢吞吞地说，"什么都没看见。"

"再看看，"船长说。他指了一下，"就在那个方向。"

船又一次来到浪尖的时候，记者朝船长指的方向看了看，这一次他的眼睛恰好捕捉到一个静止的小东西，就在摇摆的地平线的边缘。它简直就像一个针尖。只有非常急切的目光才能搜寻到这么微小的灯塔。

"船长，你觉得咱们能上岸吗？"

"如果这风继续刮，船也不被淹的话，不可能有别的结果，"船长说。

尽管小船被一个个如山的巨浪托上去，又遭到浪尖的恶毒泼洒，它还是前行了，但是由于海里没有了海藻，船里的人看不出小船在前进。小船看上去不过是个很小的物件，它头朝上，神奇地在海里翻滚，任凭五大洋摆布。偶尔有一大片海水像白色的火焰一样涌进船里。

"厨师，往外舀水，"船长镇静地说。

"是，船长，"生性快乐的厨师说。

## 三

这四个人在海上建立起来的微妙的兄弟情谊，很难用语言描述。谁都没有谈论这种情谊。谁都没有提到它，可是它确实存在于小船之中，每个人都感觉到它温暖着自己。他们是船长、加油工、厨师和记者，他们是朋友，他们的友谊是铁打的，其牢固程度竟然超过了一般的友谊。受伤的船长倚着水罐躺在船头，说起话来声音总是很低沉，很镇静，而他指挥的三个性格各异的船员总是愿意迅速执行命令，他永远不可能找到比他们更好的船员。这不仅仅是因为大家都认识到怎样做才能最好地维护共同的安全，这里面肯定还有一种个人的、心灵感知的因素。有了对小船指挥员的忠心，就有了这种同志情谊；就拿记者来说吧，尽管他过去受的教育使他不相信人间有真情善意，但就是在此时他也明白，这种同志情谊是他一生中最美好的经历。但是他们谁都没有谈论这种情谊，谁都不提。

"我希望咱们有一面风帆，"船长说。"咱们可以试一试，把我的大衣挂在一只桨的头上，那你们两个孩子就有机会休息一下了。"于是厨师和记者扶住了代用的桅杆，展开了船长的大衣。加油工负责掌舵，小船有了刚拼凑的桅帆，行驶得很顺利。有的时候，加油工不得不疾速划桨，以避免滔滔海水打进船里，但除此之外，航行还是成功的。

在这期间，灯塔慢慢变大了。现在它几乎有了颜色，看起来像天边一个灰色小阴影。划桨的人禁不住频频回头，力图看一下那个灰色小阴影。

坐在颠簸小船里的四个人终于能从每个浪尖上方看见陆地了。正如灯塔像直立在天边的阴影，那片陆地看起来不过是海上的一个长长的黑影，肯定比纸还要薄。"我们一定是到了新士麦拿对面的海域，"厨师说。他曾多次乘坐双桅帆船到过这一带沿岸。"船长，顺便说一句，我相信他们一年前就不用那边的救生站了。"

"是吗？"船长说。

风慢慢停了。现在厨师和记者用不着服苦役高举船桨了。可是海浪还在肆无忌惮地冲击救生艇，小艇再也走不动了，只是在浪涛上拼命挣扎。加油工，抑或记者，又划起了双桨。

海难与一切无关。只要人们事先能进行应对海难的训练，并能管控船舶，让事故在自己身体状况好的时候发生，海上就不会淹死那么多人了。在登上救生艇之前，他们四个人有两天两夜都没怎么睡过觉，而且他们在逐渐下沉的轮船的甲板上费力攀爬时，紧张之中竟忘了多吃东西。

由于这些原因，还有其他原因，加油工和记者这时候都不喜欢划船。记者以一切心智健全者的名义天真地质疑，怎么有人会认为划船好玩。划船可不是娱乐，而是残酷的惩罚。就连心理失常的天才都不会得出结论说，划船不是折磨肌肉的恐怖行为和劳损后背的罪行。记者给船里的人讲了他此刻对所谓划船乐趣的领悟，满脸疲惫的加油工笑了笑，表示完全赞同。顺便提一下，在轮船下沉之前，加油工已经在机房里连续工作了两个班次。

"伙计们，现在划慢点吧，"船长说。"别太累了。如果咱们必须冲过近岸浪，你们就得使出全部力气，因为咱们肯定是要游过去的。慢点，别着急。"

陆地慢慢地从海上升了起来。它从一条黑线变成了一道黑和一道白——那是树木和沙滩。最后，船长说他能看出岸上有一所房子。"那就是避难所，肯定是，"厨师说。"他们很快就会看见咱们，会出来找咱们的。"

远处的灯塔升高了。"现在管理员应该能看见咱们了，如果他透过玻璃窗看的话，"船长说。"他会通知救生员的。"

"先前那些船大概都没有靠岸，没有报告我们遇上海难的消息，"加油工低声说。"要不然，救生船就会出来找我们了。"

陆地从海中朦胧地显现出来，很缓慢，很美丽。风又刮起来，已经改变了方向，从东北风变成了东南风。最后，一种新的声音突然传进船里人的耳中。那是近岸浪发出的低低的轰鸣。"现在，咱们永远到不了灯塔了，"船长说。"比利，船头偏北一点。"

"是，船头偏北一点。"加油工说。

于是小船又一次把船头转到顺风方向；除了划桨人以外，其他人都注视着海岸，看着它越变越大。他们知道海岸在不断扩展，心中的疑虑和恐惧逐渐消失了。尽管操控小船仍需付出很大的精力，但他们还是悄然生出一种快乐的感觉。也许再过一小时他们就能上岸了。

他们的脊柱已经完全适应了在船里保持平衡，现在他们驾驭着犹如野马驹的救生艇，活像马戏演员。记者觉得自己被淋得湿透了，可是不经意间摸了摸外衣的上口袋，竟发现了八支雪茄烟。他们四人都被海水打得湿透，四人都毫发无损。一番搜索之后，有人找出三根干火柴，于是这四个流浪汉便不管不顾地在小船里抽起大雪茄烟，还评论起全人类的好与坏；他们的眼睛炯炯有神，确信自己很快就会得救。每个人都喝了一点水。

## 四

"厨师，"船长说，"你说的那个避难所周围不像有人的样子。"

"是啊，"厨师回答，"很奇怪，他们竟然没看见我们！"

一片宽阔低矮的海岸伸展在四个人的眼前。它由许多沙丘组成，上面覆盖着深色植被。近岸浪的吼声很清晰，有时一阵大浪翻滚着扑向海滩，他们能看见白唇状的浪尖。天边有一座很小的房子，只有粗浅的轮廓，呈黑色。往南边看，细细的灯塔挺立着，呈灰色。

潮水、海风和波涛摇晃着小船，推着它往北走。"奇怪，他们竟然没看见我们，"这四个人说。

这时候，近岸浪的吼声减小了，但它的音调却具有巨大的威胁性。小船游过大卷浪时，四个人都在倾听这吼声。"咱们的船肯定要淹了，"大家都这样说。

　　这里我要说一句公道话，其实无论是向北还是向南，方圆二十英里内根本就没有救生站。然而这四个人不知道，因此说了些辱骂的话，骂这个国家的救生员眼力不济。四个愤怒的男人坐在救生艇里，发明出许多带侮辱性的称谓，其数量之大超过任何记载。

　　"奇怪，他们竟然没看见我们。"

　　前一阶段的轻松气氛已荡然无存。他们的心变得更加敏感，能轻易想象出各种展现人类无能和盲目的画面，当然还有人类怯懦的画面。海岸就在那一边，陆地上有人居住，可是岸上却没出现任何救援的迹象，这使他们越发觉得愤懑。

　　"哎，"船长终于说话了，"我想咱们必须自救了。如果在这儿停得太久，到了船被淹的时候，谁都没力气游了。"

　　于是正在划船的加油工调转了船头，径直向海岸划去。他的肌肉突然紧缩起来。他在思考。

　　"如果咱们不能都上岸——"船长说。"如果咱们不能都上岸的话，我想你们知道往哪儿传我的死讯吧？"

　　于是他们很快交换了地址，讲了该注意的事项。他们的思虑中有许多愤怒的成分。也许他们的想法可以归纳如下："如果我将要被淹死——如果我将要被淹死——如果我将要被淹死，为什么要用镇海七疯神的名义让我到这么远的地方来看树木和沙滩？把我带到这儿来，仅仅是为了让我在即将啃到生活的神圣奶酪时又被牵着鼻子拉开吗？真是太荒唐了。如果命运这个笨女人不能做得更好，就应该剥夺她管理人类命运的权力。她是个不知道自己要干什么的老婆子。如果她决定淹死我，为什么不一开头就干，给我省掉所有这些麻烦呢？这一切实在太荒唐了……可是，不会的，她不可能想淹死我。她不敢淹死我。她不能淹死我。我做了这么多事，她不能那样做。"随后，说话的人可能会有一种冲动,想对着云彩挥动拳头。"现在你淹我吧,听听我怎么骂你!"

此时过来的大浪更可怕了。它们总像马上就要冲来,把小船翻进汹涌的泡沫。它们的话语里有一种预报性的拉长的咕哝声。即便不习惯大海的人,也不会断言救生艇能及时登上这些陡峭的浪峰。海岸依然很遥远。加油工是个狡黠的冲浪高手。"伙计们,"他快速地说,"这船坚持不了三分钟了,咱们离岸太远,没法子游过去。船长,是不是再把船划向大海?"

"好的,划吧!"船长说。

加油工做了一系列神速的动作,施展了又快又稳的划船技巧,在近岸浪中调转船头,又把船安全地划向大海。

小船在布满沟痕的海上颠簸,驶向更深的海域,很长一段时间船上静寂无声。后来有一个人忧郁地说:"唔,不管怎么说,到了这会儿,他们在岸上一定看见我们了。"

海鸥排着斜队,顶着风朝灰色而空寂的东方飞去。东南方向有暗淡的云和砖红色的云,好似从燃烧的楼房冒出的烟,看样子是有暴风雨。

"你觉得那些救生员怎么样?他们是不是太可爱了?"

"真有意思,他们还没看见我们。"

"也许他们以为我们在这里玩儿!也许以为我们在捕鱼。也许认为我们都是他妈的傻瓜。"

这个下午十分漫长。潮水改变了方向,竭力迫使他们往南走,可是海风和海浪却叫他们往北走。在前面很远的地方,海岸线、大海和天空形成了巨大的角度,那里有一些小小的圆点,似乎表明岸上有一座城市。

"是圣奥古斯丁吗?"

船长摇了摇头。"离莫斯基托湾也太近了。"

加油工划船，然后记者划，然后加油工又划。这可是个累人的差事。人的后背可以变成承载疼痛和苦痛的地方，它承载的痛苦比许多综合剖析一群人的书上所记载的痛苦还要多。尽管人的后背面积有限，但它能变成上演无数肌肉冲突、纠结、扭曲、紧缩和其他舒适动作的剧场。

"比利，你以前喜欢划船吗？"记者问。

"不喜欢，"加油工说，"去他地吧。"

一个人离开划手座换到船底板位置时，身体承受了很大的压力，这使他对什么都不关心，只是在必要时动一个手指头。小船里，冰凉的海水冲过来又冲过去，而他就躺在水里。他的头枕在一块横座板上，离旋转而来的浪尖仅一英寸之遥；有的时候，一股特别嚣张的海水打进船里，又把他淋得湿透。可是这些并没有让他恼火。几乎可以肯定，假如船翻了，他会舒舒服服地滚到海面上，仿佛他确信大海是一块舒适的大床垫。

"看！岸上有一个人！"

"在哪儿？"

"在那儿！看见了吗？看见了吗？"

"哦，看见了！他在走动。"

"现在他停下来了。看呀！他正对着我们！"

"他朝我们招手！"

"是啊！没错！"

"啊，现在咱们安全了！现在咱们安全了！再过半小时就会有船来救咱们啦。"

"他又往前走了。他在跑。他要去那边那所房子。"

远处的沙滩似乎低于海面，必须用眼睛快速搜索才能分辨出那个黑色的小人形。船长看见海面上漂着一根树枝，于是他们朝树枝划了过去。不知怎的，船里碰巧有一条浴巾，船长就把浴巾拴到树枝上摇动。正在划船的人不敢回头看，只得向别人发问。

"他现在干什么呢？"

"他又站住了。他是在看，我想……嘿，他又走了。朝着那所房子……现在他又停了。"

"他向我们招手吗？"

"没有，现在没有！刚才倒是招手来着。"

"看！又来了一个人！"

"他在跑。"

"看看他去哪儿，行吗？"

"咦，他骑着自行车。现在他和刚才那人碰面了。他们两人都向我们招手。看呀！"

"沙滩上又来了个什么东西。"

"到底是什么呀？"

"啊，看起来像条船。"

"唔，肯定是条船。"

"不是，它有轮子。"

"是啊，有轮子。那么，一定是救生船啦。他们总是用马车把救生船拉倒岸边的。"

"那肯定是救生船。"

"不是，混——，那是——那是一辆公共客车。"

"我告诉你，是救生船。"

"不是！那是公共客车。我看得很清楚。看见了吗？是大旅馆用的那种公共客车。"

"没错，你说得对。是公共客车，肯定是。你说他们用大客车干什么？也许要去各处接救生员吧？"

"是啊，很可能。看！有一个家伙在摇小黑旗。他站在汽车的脚蹬上。那两个家伙也过来了。现在他们都凑到一起说话。看看那个摇黑旗的人。也许他不是摇旗子！"

"那不是旗子，对吧？那是他的褂子。他刚脱下来的，现在正举在头上抡圆圈呢。可是你看他抡衣服的样子！"

"哎，我说，那边根本就没有救生站。那辆车只是避寒地旅馆的客车，刚送来一些住店的客人，带他们来看我们淹死。"

"那个白痴抡衣服是什么意思？他到底发的什么信号？"

"看样子他是想叫我们往北走。那边一定有救生站。"

"不对！他以为我们在钓鱼，只是高兴地向我们挥手。明白吗？哎，看那边，威利。"

"哎，我多希望能从那些信号里看出什么来呀。你说他是什么意思？"

"没什么意思，他只是在玩。"

"唔，如果他给咱们发个信号，让咱们再试试冲过近岸浪，或者划向大海等待时机，或者去北边，或者去南边，或者去地狱的话，也还有点道理。可是看看他吧！他只是站在那儿，抡着衣服，好像在转轮盘。这头蠢驴！"

"又来了好多人。"

"现在有一大群了。看啊！那是不是一条船？"

"在哪儿？哦，我知道你指的是什么了。不对，那不是船。"

"那家伙还在抡衣服。"

"他一定是以为我们喜欢看他那个样子。他为什么不停呢？抡衣服毫无意义。"

"不知道。我想他一定是尽力让我们往北走。那边的什么地方一定有救生站。"

"哼，他还不累。看他抡衣服的样子！"

"不知道他能坚持多久。他刚一看见我们就开始抡衣服，一直抢到现在。他是个白痴。他们为什么不找人派船来呢？一条渔船——那种两桅大帆船——完全能顺利到这儿。他为什么不干点实事呢？"

"啊，现在好了。"

"他们既然看见咱们了，会马上派船来的。"

一种淡淡的黄色调出现在低地上空。海面上的阴影慢慢加深了。海风带来寒气，四个人开始发抖。

"老天爷啊！"其中一个人说，听任自己的声音传达出对上帝的不敬。"如果咱们还在这儿转悠！如果咱们还得整夜在这儿折腾！"

"嗨，咱们不会在这儿待一夜的！别担心。他们既然看见咱们了，会很快追过来的。"

海岸变得昏暗了。抢衣服的人逐渐融进阴暗之中，阴暗也同样吞没了那辆客车和那群人。浪花怒吼着冲过船帮，迫使四个航海者蜷起身子，他们咒骂起来，就像有人往他们身上烙印记似的。

"我真想逮住那个抢衣服的家伙。我想捣他一拳，只是为了交好运。"

"为什么？他干了什么？"

"啊，没干什么，可是他那会儿好像他妈的那么高兴。"

在这期间，加油工划船，然后记者划，然后加油工划。他们的脸色发灰，身子往前弓，机械地轮流划着两支铅一般沉重的桨。尽管灯塔的形状已从南边的地平线消失了，但一颗发白的星星终于出现了，它刚从大海升上来。西边橘黄色的光带在包容一切的黑暗面前消逝了，东边的大海呈现出黑色。陆地已经消失了，只有近岸浪那低沉骇人的轰鸣声表示有陆地存在。

"如果我将要被淹死——如果我将要被淹死——如果我将

要被淹死，为什么要用镇海七疯神的名义让我到这么远的地方来看树木和沙滩？把我带到这儿来，仅仅是为了让我在即将啃到生活的神圣奶酪时又被牵着鼻子拉开吗？"

坚忍的船长趴在水罐上，有时不得不对划船的人说上一两句话。

"保持船头向上！保持船头向上！"

"是，保持船头向上！"他们的声音都是疲惫而低沉的。

这个夜晚肯定是寂静的。除了划桨的人以外，其他人都无精打采地瘫卧在船底板上。至于那位划桨的人，他的眼睛刚刚能分辨出又黑又高的浪涛，它们在不祥的寂静中席卷而来，只有浪尖偶尔发出压抑的咕哝声。

厨师头枕一块横座板，漠然地看着鼻子底下的海水。他已陷入深思，想着别的景象。最后他说话了。"比利，"他睡意蒙眬地嘟囔，"你最喜欢哪种馅饼？"

## 五

"馅饼，"加油工和记者激怒地说，"别谈那些东西，你真该死！"

"唉，"厨师说，"我只不过想起了火腿三明治和——"

乘着无篷船在海上度过的夜晚总是漫长的。当黑暗最终笼罩一切的时候，从南边的海上升起的亮光变成了纯金色。北边的地平线上出现了新的亮光，那是海水边缘处一个发蓝的小闪光点。这两个光点是大千世界的装饰物。否则的话，除了海浪之外便什么都没有了。

两个男人挤在船尾，船里的间距是那么恰到好处，让划桨人能把两只脚伸到同伴的身子底下取暖。这两个同伴的腿确实伸得够远，直伸到划手座下面，都能碰着船长前伸的脚了。有的时候，尽管疲惫的划桨人已竭尽全力，大浪还是一个接一个打进了船舱，那是夜间冰冷的海浪，令人打寒战的海水再次把他们浇透。这两个同伴会扭动一下身子，哼上两声，然后又睡得死死的了；与此同时，小船摇晃着，船里的水在他们周围汩汩作响。

加油工和记者的计划是，一个人要划到筋疲力尽，才唤醒睡在船底板海水软床上的另一个人。

加油工用力划着双桨，直到头部前倾下垂，直到力大无比的睡神蒙住了他的眼睛。然而在这之后他仍然接着划。后来他碰了碰躺在船底板的一个人，喊他的名字。"你能替我一会儿吗？"他悄声说。

"当然可以，比利，"记者说，他已经醒了，费力地坐了起来。他们两人小心翼翼地交换了位置。加油工来到厨师身旁，依偎着他躺进船底板的海水里，似乎顷刻间就睡着了。

大海特有的暴力已经停止。海浪打过来时已没有了咆哮声。划桨人的责任是把握行船方向，不让突然袭来的卷浪把船掀翻，不让飞速而过的浪尖灌满小船。黑色的浪涛寂静无声，在黑暗中很难分辨。常常是浪尖都要打到船上了，划桨人还没有觉察。

记者低声对船长说话。他不能肯定船长是否醒着，尽管那位铁人似乎总是清醒的。"船长，是不是朝北边那个亮光划过去？"

回答他的是那个一贯沉稳的声音。"对，让亮光保持在离左舷前方约二度的距离。"

厨师先前已把一条救生带围在身上，好用这个粗苯的软木玩意儿尽量暖一下身子。他觉得自己差不多像个火炉了，这时，一个刚停止划船就冻得牙齿乱打战的划桨人突然倒下睡着了。

记者划船时，低头注视着他脚下熟睡的两个人。厨师的胳膊搂着加油工的肩膀，再加上他们的破烂衣衫和憔悴面容，俨然是一对"海上孩童"——古老的"林中孩童"的怪异翻版。

后来记者一定是划船划得糊涂了，因为突然传来了海水的低吼声，浪头咆哮而来，冲进了船里。很奇怪，海浪竟没让捆着救生带的厨师漂浮起来。厨师还接着睡觉，可是加油工坐了起来，他眨着眼睛，在刚刚泼进来的冷水中瑟瑟发抖。

"哎，真对不起，比利，"记者歉疚地说。

"没关系，老伙计，"加油工说着又躺了下去，立刻睡着了。

不久，就连船长也好像打瞌睡了，于是记者想，此刻只有自己一个人漂浮在五大洋上。海风吹过浪涛时发出自己的话语声，比死亡还要悲哀。

从船尾方向传来了拖长而响亮的哗哗声，后面还有一道闪烁的磷光，像蓝色的火焰，嵌在黑色的海水里。它大概是用一把巨大的刀子削出来的吧。

随后就没有动静了，记者张嘴喘着粗气，注视着大海。

突然间，哗哗的声音又来了，又出现一道长长的发蓝的闪光；这一次那东西在船侧，大概伸出桨就能碰到。记者看见一片巨大的鳍，像阴影似的快速划破水面，掀起水晶般的浪花，留下一道长长的闪光。

记者回过头去看了看船长。船长的脸看不见，他似乎在熟睡。记者看了看那一对"海上孩童"。他们肯定睡着了。这会儿他无法获得同伴的同情，只得歪向船边，轻声咒骂大海。

可是那东西并没有远离小船周围。那长长的闪光一会儿到船头方向，一会儿到船尾方向，一会儿到船的一侧，一会儿到另一侧，时隔有长有短；还伴有深色鳍的呼呼声。那东西的速度和力量实在让人景慕。它劈开水面，像一枚巨大而灵敏的射弹。

　　对这个可怕之物的光顾，记者并没感到太恐惧；假如他在郊外野餐，遇到这种情况会更感恐惧的。他只是愣愣地看着大海，低声地诅咒。

　　然而他不想单独跟那东西在一起，这倒是真的。他希望能有一个伙伴恰巧醒来，陪着他跟那东西打交道。可是船长趴在水罐上一动不动，躺在船底板的加油工和厨师也在沉睡。

# 六

　　"如果我将要被淹死——如果我将要被淹死——如果我将要被淹死，为什么要用镇海七疯神的名义让我到这么远的地方来看树木和沙滩？把我带到这儿来，仅仅是为了让我在即将啃到生活的神圣奶酪时又被牵着鼻子拉开吗？"

　　可以说，在这样一个阴沉的夜里，一个人会得出结论说，七个疯神确实有意淹死他，尽管那样做十分不公平，因为要淹死一个如此努力、如此苦干的人肯定是极不公正的。他会觉得那是最违反常情的罪行。自从挂着彩色风帆的古希腊战舰蜂拥驶入大海之时起，已经有很多人淹死了，可是——

　　当一个人突然想到大自然认为他无足轻重，认为抛弃他对宇宙丝毫无损的时候，他首先想做的就是向大自然的神殿砍砖头。然而那里既没有砖头也没有神殿，他对此深感痛恶。大自然的任何可见的迹象都会遭到他的嘲讽和攻击。

　　再者，如果没有什么看得见摸得着的东西可以让他讥笑的话，他也许会产生一种愿望，想面对大自然的一个人性化形象，单腿跪下行礼，双手合十，尽情地申辩，并且说："是的，可是我爱我自己。"

他感觉，高悬在冬夜天空的一颗冷冷的星辰就代表大自然对他说的话。此后，他明白了自己境遇是多么令人怜悯。

救生艇里的四个人先前并没讨论过这些事情，但毫无疑问，他们每个人按各自的思路都默默地思考过。他们的脸上除了疲惫不堪的神情之外少有其他表情。即便说话也仅限于讨论行船的事。

一首诗神秘地进入记者的脑海，配合着他情感的音符。他之前甚至忘了自己曾忘记过这首诗，但现在这诗突然在他心中出现。

> 一个外籍军团士兵，在阿尔及尔即将辞世，
> 那里缺少女人护理，也没有女人抚慰哭泣；
> 但有同志站在身边，他紧握着同志的手说：
> "我再也见不到亲人，再也见不到我的祖国。"

还在孩提时代，记者就听说过一个外籍军团的士兵在阿尔及尔即将辞世的故事，可是他从未觉得有多么重要。虽然很多同学都对他讲述那位士兵的悲惨处境，可是他听得多了自然变得全然冷漠了。他从未把一个外籍军团士兵在阿尔及尔即将辞世看成是自己的事，也没看成是悲伤的事。对他来说，那还不如一个铅笔头折断了重要。

然而，现在，这件事像一个有人性的鲜活的东西奇怪地来到他的心间。它不仅仅是诗人在壁炉架旁喝茶烘脚时表达心中痛苦的一幅画面，而是真实的事情——严峻的、哀伤的、真切的现实。

记者清楚地看见了那个士兵。他躺在沙滩上，两腿直伸，一动不动。他苍白的左手放在胸前，企图阻止生命流逝，而鲜

血则从他的手指间渗了出来。在遥远的阿尔及利亚，有一个城市，里面有许多方形矮房，背景是浸染着落日余晖的朦胧天空。记者一边划桨，一边想象着那个士兵嘴唇越动越慢的情景，此时他被一种完全不受个人偏见影响的深刻的理解所感动。他很怜悯那位在阿尔及尔即将辞世的外籍军团士兵。

那个一直跟踪小船等待时机的家伙显然对这一阶段的延误感到厌倦。他们四人再也听不到划破水面的哗哗声，也看不到船后拖长的蓝焰痕迹。北边的亮光依然闪烁，可显然不是离小船更近。有时近岸浪的轰隆声传进记者耳中，他就把船转向大海，更加用力划。在南边，有迹象表明某个守夜人在沙滩上燃了一堆篝火。篝火太低、太远，他们是看不见的；但篝火投射在后面的峭壁上，形成了闪烁的玫瑰色映象，他们在船里可以看见。海风更猛烈了，有时，一个大浪突然像山猫一样猛扑过来，随后就可以看见破碎的浪尖的点点闪光。

船长在船头的水罐上动了一下，坐直了身子。"夜真长啊，"他对记者说。他看了看海岸。"那些救生员可不着急。"

"你看见那条鲨鱼围着船兜圈子了吗？"

"是啊，我看见了，肯定是个大家伙。"

"刚才要是知道你醒着就好了。"

后来记者跟躺在船底板的人说起话来。

"比利！"船里响起慢慢摆脱缠绕的声音，"比利，你能替我吗？"

"当然啦，"加油工说。

记者刚一接触船底板上冰凉舒适的海水，刚靠上厨师的救生带，就沉睡过去了，尽管他的牙齿敲起了各种流行歌曲的节奏。这次睡觉对他大有裨益，他觉得似乎才睡了一分钟便听见一个声音喊他的名字，那语气说明讲话人已精疲力竭了。"你能替我吗？"

"当然啦，比利。"

北边的亮光神秘地消失了，然而记者在清醒的船长的指导下仍继续划船。

后来，夜深时分，他们朝大海的方向划出去了很远，船长命令厨师拿一只桨在船尾划，保持船头向着大海。船长本人如果听见近岸浪的轰鸣会大声叫的。这个计划使加油工和记者得以一起休息。"咱们得给这两个伙计机会恢复体力，"船长说。加油工和记者弯下腰，蜷起身子，牙齿打战，浑身抖了几下，然后又睡得死死的了。他们两人都不知道，自己把陪伴另一条鲨鱼（或许就是刚才那条鲨鱼）的任务留给了厨师。

小船在浪涛上嬉戏的时候，偶尔有飞溅的浪花泼进船帮，把他们再次浇透。可是浪花没有力量打破他们的沉睡。海风和海水的恶毒抽打对他们没有丝毫影响，正如对木乃伊干尸没有影响一样。

"伙计们，"厨师说。声音里透出为难的口气，"船漂得过近了。我想，你们得有一个人把它再划向大海。"记者被叫醒了，他听见高耸的浪尖倾泻而下的哗啦声。

记者划船的时候，船长给了他一点掺水的威士忌。酒驱走了他体内的寒气。"如果我上了岸，有人给我看哪怕是一张船桨的画片——"

他们之间终于有了简短的交谈。

"比利……比利，你能替我吗？"

"当然啦，"加油工说。

# 七

　　记者再睁开眼睛的时候，大海和天空都呈现出拂晓的灰色调。后来，深红色和金色抹在了海水上。清晨终于来临了，极其光辉灿烂，天空是纯蓝的，阳光烧红了浪尖，好似火焰。

　　远处的沙丘上立着许多黑色小农舍，它们后面矗立着一座很高的白色风车磨坊。沙滩上没出现人，也没有狗，更没有自行车。那些农舍可能是一个已废弃的村庄。

　　四个航海者扫视着海岸。他们在船里开了会。"唔，"船长说，"如果没人来援救，咱们最好马上试着冲过近岸浪。如果再待下去，咱们的体力会更差，那就没法自救了。"其他三人都默默地赞同他的推论。小船向着海滩划去。记者寻思，是不是根本就没有人登上那座高高的风车塔，如果那样的话，根本就没有人往大海这边看。风车塔是个巨人，它站在那里，背对着这些小蚂蚁的悲惨处境。在记者看来，它在某种程度上代表着大自然对个人的生存斗争所表现出的平静态度——海风所代表的大自然、人类心目中的大自然。大自然看起来对人类既不残酷，又不仁慈，又不奸诈，也不明智。但她是冷漠的，全然冷漠的。在这种情况下，一个深感宇宙对自己漠不关心的人应该看得清自己生活中的无数缺陷，让它们在心中发出苦涩的味道，并希望再有一次机会，这种想法大概是有道理的。他现在并不了解自己已接近坟墓边缘，因此在他看来，正确与错误的区别似乎过于清楚，甚至到了荒唐的程度；他明白，如果再给他一次机会，他会纠正自己的言行，会在被人介绍时或在茶会上表现得更得体，更聪明。

　　"哎，伙计们，"船长说，"船肯定要淹了。咱们只能尽量往岸边划，然后在船被淹的时候一起行动，往沙滩上攀爬。现在要保持冷静，必须到了船真被淹的时候才往外跳。"

加油工拿起双桨，他回头扫视着近岸浪。"船长，"他说，"我想最好是调转船头，让它朝向大海，然后倒着划过去。"

"好吧，比利，"船长说。"倒着划过去。"于是加油工就掉转了船头；由于厨师和记者坐在船尾，他们必须回过头才能审视那孤寂冷漠的海岸。

岸边巨大的卷浪把小船托了起来，抬得很高，直到四个人又能看见海水像白床单似冲上倾斜的海滩。"咱们划不到很近的地方，"船长说。每一次，只要他们任何一人能把注意力从卷浪移开，都要朝海岸瞥上一眼，目光里有一种奇异的成分。记者观察着那三个人，知道他们并不害怕，但弄不清他们的一瞥所蕴含的全部意义。

至于他自己嘛，实在太累了，无法理解整件事的本质。他虽然尽力强迫自己用头脑去思考这事实，但这时他的那些肌肉已经主宰了他的头脑，而肌肉说它们对这事实不感兴趣。他突然想到，如果他被淹死，那就太遗憾了。

四个人没有仓促的话语，没有苍白的脸色，也没有一般人的局促不安。他们只是看着海岸。"喂，要记住，你们跳船的时候，一定要跳得远一点，"船长说。

一个卷浪的浪尖突然朝着大海方向砸了下去，发出一声雷鸣般的巨响，长长的白色碎浪吼叫着直冲到小船上。

"现在要稳住，"船长说。人们默默无语。他们把目光从海岸移向碎浪，等待着时机。小船顺利地滑上了浪涛的斜坡，向着愤怒的浪尖跳过去，越过了浪尖，然后摇晃着从浪涛长长的脊背上跌落下来。船里已经灌进了海水，厨师把水舀了出去。

可是下一个浪尖又砸了下来。白色的浪花像沸腾的水翻滚着倾泻而下，击中了小船，把它卷了进去，几乎使它直立起来。水从四面涌进小船。这时记者的手正好放在舷边，海水从那里涌进时，他迅速缩回手指，似乎不肯让水打湿。

小船饱饮了这么多海水之后，像醉汉似的东倒西歪，并依偎着海水往下沉。

"厨师，往外舀水！往外舀水！"船长说。

"是，船长，"厨师说。

"喂，伙计们，下一个浪头肯定够咱们受的，"加油工说。"要注意，跳得离船远一点。"

第三个浪头向前移动，它巨大、疯狂、毫不留情。它差一点吞掉了救生艇，而几乎就在同时，四个人翻落进大海里。船底板上原先有一截救生带，记者翻出船舷时用左手把它拉到胸前。

一月份的海水是冰冷的，记者立刻想起，他事先知道在佛罗里达州沿岸会遇到冷海水，但这海水比他想象的还要冷。在他困惑的心里，这是当时值得注意的重要事实。海水的冰冷让人悲伤，带有悲剧性。不知怎的，这一事实竟与他对自己处境的看法掺杂在一起，几乎成了让他落泪的正当原因。海水是冰冷的。

记者浮出海面的时候，什么都不知道，只是意识到喧嚣的海水。后来他才看见同伴们都在海里。加油工在这场比赛中领先。他游得很有力量，速度很快。在记者的左方，相隔一段距离，厨师那围着软木救生带的大白后背从水里浮现出来；船长在最后面，他用没受伤的手抓着已倾覆的救生艇的龙骨，悬在上面。

海岸一向有某种坚定不移的品格，身处大海骚动中的记者对此感到惊讶。

海岸也似乎很有吸引力，尽管如此，记者知道旅途还长，只是悠闲地划水踩水。他把那截救生带裹在身下，有时他飞速冲下浪涛的斜坡，就像坐在一架手控雪橇上。

然而最后他来到海中的一个区域，遇到了困难，无法前行。他没停下来弄清楚自己陷入了什么样的潮流，仍然继续游泳，但实际上已停滞不前了。海岸呈现在他面前，像舞台上的布景；他注视着海岸，用眼睛读懂了它的每一个细节。

厨师从左方较远处经过时，船长对他喊："厨师，翻身仰卧！翻身仰卧，用桨划水。"

"是，船长。"厨师翻身仰卧到水面上，用一只船桨往前划，活像一条独木舟。

很快，小船也从记者的左边漂了过来，船长仍然一只手紧抓着船的龙骨。如果不是小船在做非凡的体操动作，船长看上去会像一个挺直身子往木板栅栏外面看的人。记者为船长仍能抓住龙骨而惊奇不已。

他们——加油工、厨师、船长——都从旁边过去了，离海岸越来越近；那个水罐跟在他们后面，愉快地跳动在海面上。

记者仍然受制于陌生的新敌人——一股潮流。海岸，连同白色沙坡和绿色悬崖以及崖顶上沉寂的小农舍，都展现在他面前，宛如一幅图画，那景象虽然离他很近，但他觉得就像一个人站在画廊里观看一幅布列塔尼或荷兰的风景画似的。

他想："我要被淹死吗？那可能吗？可能吗？可能吗？"也许一个人应该把自己的死看作是大自然的最后现象。

后来大概是一阵大浪把他卷出了这股危险的小潮流，因为他突然发现自己又能朝着海岸前进了。再后来，他意识到，用单手抓着龙骨的船长把脸从海岸方向转向他，叫着他的名字。"到船这边来！到船这边来！"

记者挣扎着向船长和小船游过去时，他深思，人疲劳到了一定程度，肯定会认为溺水是一种舒适的安排，是敌意行动的终止，还伴随着很大程度的解脱感；他为这种想法感到高兴，因为几分钟里他脑子想的主要是对溺水的暂时痛苦的恐惧。他希望没有伤痛。

过了片刻，他看见一个人沿着海岸奔跑。那人用最快的速度脱下衣服。上衣、裤子、衬衫，所有的衣服都神奇地从他身上飞了出来。

"到船这边来！"船长喊。

"是，船长。"记者踩水过去时，看见船长下到船底，离开了小船。然后记者干了一件这次航行中令人称奇的事。一个大浪打中了他，不费吹灰之力便用超级速度把他彻底甩过小船上空，甩得很远。就在此时，他突然想到，这很像体操表演，是大海创造的真正奇迹。一条在近岸浪中倾覆的小船，对正在游泳的人来说可不是好玩的东西。

记者落在仅仅齐腰深的海水里，但他的身体状况不允许他多站一会儿。每一个浪头都打得他瘫下去，水底的逆流也一次次拽他。

随后，他看见刚才那个边跑边脱衣服、边脱衣服边跑的人跳进水里。那人把厨师拖到岸边，然后涉水走向船长；可是船长却摆手让他走开，示意他去救记者。那个人光着身子，赤裸得像冬天的树木，可是他的头部周围有一个光环，他像圣贤一样放着光芒，他猛力拉记者，拖着他走了一段距离，然后拉着记者的手使劲往上拽。记者学过简单的礼貌用语，于是说："谢谢您，老先生。"可是突然间，那人喊道："那是什么？"，并很快地指了一下。记者说："快去。"

在浅滩上，面朝下趴着的是加油工。他的前额碰着沙滩，每次潮水的间隙沙滩都会显露出来。

后来发生的事情记者就都不知道了。他到了安全的地方就倒下了，全身上下都扑进了沙子里。他就像从房顶掉下去似的，但是那"啪"的一声对他来说是那么欣慰。

沙滩上似乎一下子就来了许多人，男人拿来毛毯、衣服和暖水瓶，女人拿来咖啡壶和她们视为神圣的一切药物。陆地给予这三个海上归来者的欢迎是热烈而慷慨的，然而有一个纹丝不动的、滴着水的人形被慢慢地抬上了海滩，陆地给予他的欢迎只能是不吉利的另类款待——坟墓。

夜晚来临的时候，白色浪涛在月光下蹿来蹿去，海风给岸上的人带来了伟大海洋的话语声，这时他们三人觉得自己有资格当翻译了。

[赏析]

美国诗人和小说家斯蒂芬·克莱恩（Stephen Crane, 1871—1900）的短篇小说《无篷船》（"The Open Boat"）是作者根据亲身经历创作的。1897 年 1 月 1 日，克莱恩作为记者乘"海军准将号"轮船从佛罗里达州杰克逊维尔港出发，给古巴革命者运送军火。轮船于 2 日凌晨沉没，克莱恩与三名船员同乘一条十英尺长的救生小艇逃生，历尽千辛万苦，终于在 3 日上午到达佛罗里达州的代托那比奇市。1 月 7 日，克莱恩在《纽约新闻报》上发表了详细叙述自己死里逃生经历的新闻报道《斯蒂芬·克莱恩的故事》。同年 6 月，又在《斯克里布纳杂志》上发表了根据此经历创作的短篇小说《无篷船》（Crane, in Baym, 1998:743）。这部小说虽以作者的亲身经历为素材，但绝非写实性作品。作者的艺术虚构和富于哲理的评论使它超越了一般历险故事的范畴，具有更为深刻的内涵，堪称美国自然主义文学的典范之作。

　　自然主义一向强调环境对人类命运的影响，这篇作品也是如此。为了有效地表现人与自然的冲突，克莱恩用浓墨重彩描绘了自然环境的各种细节，着意渲染波澜壮阔的大海及其蕴藏的危险。海风呼啸，浊浪排空，潮水汹涌，鲨鱼跟踪，这一切都显示出大自然的威力，也反衬出救生艇上四个逃生者孤立无援的困难处境。作者重新思考了人与自然的关系，发现大自然对人类既不仁慈，也不残酷，而是全然冷漠的。这一观点在克莱恩的许多诗歌里也有所体现。例如，在《一个人对宇宙说》里他写道："一个人对宇宙说：／'先生，我存在着！'／'然而，'宇宙回答说：／'这事实并未让我产生／任何责任感。'"(Crane, in New 1993: 1245)可以说，这样一种宇宙观代表了许多现代人的观点。

　　然而克莱恩并不是一个环境决定论者，他与一些欧洲自然主义作家的不同之处在于，他对人类持乐观态度。既然大自然对人类的命运不承担任何责任，那么人类只有依靠自己的力量，同舟共济，摆脱困境。小说中的主要人物记者、船长、加油工和厨师虽然性格各异，经历不同，但他们在共同的生存斗争中达到了空前的团结。作者基本上是把他们作为一个整体来描写的，更强调他们的共性，因此没有给他们取正式的姓名，只是为了行船发令的需要而设计了"比利"和"威利"两个昵称。由于年轻的记者是四人中文化程度最高、最善于观察思考的人，作者主要通过他的视角描写事件，把他作为集体的代言人。我们可以看出，记者在严酷的斗争中净化了心灵，由玩世不恭变得颇具同情心，并且领悟了人与自然关系的真谛。小说中那位跳水救人的男子，头上有一个光环，酷似耶稣基督，表明在人类的品格中存在着高尚的神性，这正是人类的希望所在。

　　《无篷船》与其说是一篇历险故事，不如说是一篇人类生存斗争的寓言。故事结尾时，记者、船长和厨师在那个男子的救助下上了岸，但那位最勇敢、最能干的加油工却溺水身亡了。上了岸的三个人从亲身经历中读懂了大自然，因此在海风带来海洋的话语声时，他们觉得自己有资格当翻译了。作者似乎告诉我们：尽管大自然对人类是冷漠的，但人类在与大自然的较量中可以靠自己的勇敢、坚韧、智慧和团结取得部分的胜利，但也需要付出沉重的代价。

　　整篇小说文字简洁生动，描写细腻，形象丰富，内涵深刻。克莱恩一反传统小说的写法，没有在故事开头单纯描写景物作为铺垫。他一开始就说："他们都不知道天空的颜色。他们的眼睛平视前方，紧盯着席卷而来的海浪。海浪呈蓝灰色，只有浪尖泛着白沫，他们四个男人都知道大海的颜色。"这样写虽然很突兀，但一下子就把读者推进故事之中，让他们体会人物所处的境地并关注人物的命运。克莱恩在描绘细节和使用比喻及色彩方面也是独具匠心的。他为读者展现了一幕幕波澜壮阔、惊心动魄的场景，像一幅幅印象派的油画。克莱恩还灵活地运用了三种叙事视角。第一种是全知视角，由叙事者讲述总体情况，包括故事中的人物所不知道的情况，并且不时加以评论。第二种是有限全知视角，即主人公"记者"的视角，叙述他所观察、经历、感受到的情况以及他对局势的思考和认识。第三种是客观视角，由叙事者报道人物之间的对话而不加任何评论，真实地再现了背向海岸的划桨人通过听别人说话来了解岸上情况的感受。多重叙事视角的使用丰富了小说的表现力。此外，反讽手段的使用也为作品增添了几分幽默色彩。

　　《无篷船》问世后得到了英国作家康拉德（Joseph Conrad）和豪威尔斯（H. G. Howells）的赞扬和推崇。从我们今天的眼

光看，这篇小说确实是深刻的思想内涵与高超的艺术手法完美
结合的产物，值得中国作家借鉴。

## 参考文献

[1] BAYM, NINA et al eds. The Norton Anthology of
American Literature, 5th ed., Vol. 2 [M]. New York: W. W. Norton
& Company, 1998.

[2] CRANE, STEPHEN. The Open Boat [M]. In Baym, Nina
et al eds. The Norton Anthology of American Literature, 5th ed.,
Vol 2. New York: W. W. Norton & Company, 1998: 743-760.

[3] CRANE, STEPHEN. A Man Said to the Universe [M]. In
New, W. H. & W. H. Messenger eds. Literature in English.
Scarborough, Ontario: Prentice Hall Canada Inc.,1993.

（本文原载于臧传真编,《沉睡与发掘：外国文学名篇精译
与赏析（欧美文学卷）上册》,南开大学出版社 2004 年 6 月版。
在该书中，Stephen Crane 的译名为"斯蒂芬·克兰"。《无篷船》
译文还载于斯蒂芬·克莱恩著《红色的英勇标志》，刘士聪、谷
启楠译，人民文学出版社，2004 年 7 月版。2018 年 8 月修改。）

# 三、英语教学法篇

# 文化教学与外语教学

文化教学，即文化背景知识教学，是外语教学不可缺少的组成部分。

## 文化与语言的关系

"文化"（culture）一词，从狭义上讲，指社会及其杰出人物的主要成果和贡献；从广义上讲，可概括人类生活的各个领域，如衣食住行、风俗习惯、思想态度、道德标准、经济、政治、法律、宗教、文学、艺术等，无所不包。美国学者布朗（Douglas H. Brown）在《语言教学的原则》（*Principles of Language Learning and Teaching*）中下了一个定义："文化即生活方式。文化是我们赖以生存、思想、感觉并与他人联系的背景。它是把人群黏合在一起的'黏合剂'。"他还援引了康顿（E. C. Condon）的论述："文化是一个完整的模式体系。虽然这些模式大部分存在于人的潜意识中，但它们全然控制着人的行为，正如提线稳妥地控制着木偶的动作一样。"（Brown, 1980: 122-123）

社会语言学家赫德森（R. A. Hudson）指出：文化是"从社会习得的知识"（Hudson, 1980: 74）。语言的大部分是从社会上其他人那里习得的，因而属于文化范畴（Hudson, 1980: 83-84）。格拉德斯通（J. R. Gladstone）也说："语言和文化紧密地交织在一起。语言既是整个文化的产物或结果，又是形成并沟通文化其他成分的媒介。我们从小学会的语言不仅为我们提供了交际的体系，更重要的是，它制约着我们交际的类型和方式。"（Gladstone, 1972:192）

语言学家赵元任也说："一国的语言文字，代表一国的文化，这是老生常谈了，用不着怎么样再发挥了。代表文化的语言中，除了记载跟传达消息知识之外，特别在文学里头，对于人的感情方面，也一定有很重要的任务；就是表情的功用也是一种信号的传递。"（赵元任，1980：219）

可以说，语言和文化是相互关联、相互依存的。所以从某种意义上讲，习得一种语言就意味着习得与那种语言相关联的文化。

语言教育家拉多（Robert Lado）在《语言教学：一种科学的方法》（*Language Teaching: a Scientific Approach*）中指出："我们不掌握文化背景就不可能教好语言。语言是文化的一部分，因此，不懂得文化的模式和准则，就不可能真正学到语言。弗里斯（Fries）强调：'讲授相关民族的文化和生活情况绝不仅仅是实用语言课的附加成分，不是与教学总目的全然无关的事情，不能因时间有无或方便与否而决定取舍。它是语言学习的各个阶段不可缺少的一部分……。'"（Lado, 1964: 149）

教学实践也证明，学生理解和使用某种外语的能力不仅仅取决于其对该语言掌握的程度。事实上，人们在特定的文化体系中生活，一言一行无不受该文化模式的制约，许多活动是在潜意识支配下进行的。中国学生要想正确理解生活在另一文化体系中的人民对各种事物的自然反应，或学会做出某些同样的反应，首先必须了解促使那些人产生这种反应的社会文化因素。外语教师有责任介绍有关的文化背景知识，以帮助学生扫除文化上的障碍。

## 文化教学的目标

在制定文化教学计划时，我们可借鉴西利（H. Ned Seelye）在《教授文化：外语教育家的策略》（*Teaching Culture: Strategies for Foreign Language Educators*）中提出的文化教学七项目标（Seelye, 1976: 38-46）。西利指出：文化教学的最高目标是培养学生具有在目的语社会中得体地行事并与其人民交际所必需的文化理解力、态度和交际技能（Seelye, 1976: 39）。

根据我国经济建设和对外开放的需要，我们的文化教学应达到以下四项目标：

1. 培养学生具有文化理解力

通过教学应使学生懂得：人们都要选择为社会所认可的方式来满足自己的生理和心理的基本需要，其行为受社会制约。此外，年龄、性别、职业、居住地、阶级地位、宗教信仰、政治倾向，以及时间、场合等因素也影响人们的言谈行事。生活在不同文化中的人既有共性，又有差异，这是由他们所处的自然环境和社会环境所决定的。因此，外国人在思想言行、风俗习惯等方面与我们有所不同，则不足为怪。

2. 培养学生对外国文化持正确态度

通过教学应使学生认识到，各国的文化都有长处和短处。我们应培养学生对目的语文化具有敏感性（sensitivity），善于发现该文化的特点，并逐步形成理性的好奇心（intellectual curiosity），乐于了解和学习该文化。我们还应培养他们具有宽容的心态（tolerance）。尊重文化的差异，克服以本民族为中心的思想。再进一步，我们应培养学生具有同理心（empathy），能设身处地以目的语文化的方式去思考和感受。我们并不主张学生无条件地接受目的语文化，而是主张他们努力学习和理解该文化，并学会取彼之长补己之短。

3. 培养学生具有交际的技能

通过教学应使学生了解，目的语的许多词语本身就包含文化因素，因此在学习语言时要注意其丰富的文化内涵。还应让学生了解生活在目的语文化中的人民在通常情况下和危机情况下如何行事，并逐步学会用该社会认为得体的语言和方式进行交际。

4. 培养学生具有获取文化信息的能力

通过教学应使学生学会获取有关目的语文化的信息。获取信息可通过多种途径，例如：查阅图书馆提供的各种资料，利用报章杂志、广播、电视、因特网提供的材料，访问了解情况的人，以及自己进行观察等。学生还应学会整理得来的信息并做出评价。

总之，文化教学可以大大开阔学生的眼界，不仅让他们了解目的语文化，而且通过比较和对比使他们理解本国的文化。这有助于培养他们的爱国主义和国际主义思想，形成正确的世界观。文化教学还可以增强学生学习语言的兴趣，促进外语教学，使学生能与所学语言国家的人民较顺利地交流思想，沟通感情，增进友谊，并能较好地适应日后将担负的涉外、教学等工作。学生今后若出国学习、工作或访问，也能较快地适应环境。

## 文化教学的内容

文化包罗万象、种类繁多，且各人的言行方式又不尽相同，很难归纳分类。然而许多学者还是做了努力。例如，人类学家霍尔（Edward Hall）把文化分为十大类：相互影响（interaction）、相互关系（association）、生存（subsistence）、两性关系（bisexuality）、地域观念（territoriality）、时间观念（temporality）、学习（learning）、游玩（play）、护卫（defence）、资源开发（exploitation）（Hall, 1959: 38）。艾伦（Walter P. A. Allen）在《文化一览表》（*A Culture Check List*）一书中提出的《美国文化一览表》包括六大类：美国文化的基本类型（general patterns in American culture）、人与自然（man and nature）、人与人（man and man）、文化价值观（values in the culture）、禁忌的范围（areas of taboo）、审美标准（esthetic values），各类又分若干细目（Allen, 1973: 12-14）。查斯汀（Kenneth Chastain）在《培养第二语言技能：从理论到实践》（*Developing Second-language Skills： Theory to Practice*）中提出了一个包括 44 个项目的文化一览表（Chastain, 1976: 389-392），适合外语课堂教学使用。

　　既然文化项目如此繁多，而课堂时间又很有限，我们只能重点介绍目的语文化的基本方面。笔者认为，我们可将文化分为若干层次，文化的表层包括日常交际所必需的项目，例如：礼貌用语、手势语言、日常各种场合的典型会话、衣食住行的习惯、学生的日常生活、节假日活动、家庭关系、亲友关系等。这些项目较有意思，又较易掌握，有助于学生与所学语言国家的人民进行初步的交际，因此应在低年级教授。文化的深层包括社会结构、思想意识、道德标准等项目，不了解这些便不能真正理解语言的内涵。这些项目可在较高的年级讲授。例如，对于英语专业高年级的学生，笔者建议教授如下项目：1. 社会制度；2. 经济制度；3. 法律制度及主要法律；4. 世界观和人生观；5. 宗教信仰（特别是《圣经》和基督教的影响）； 6. 价值观念（如对于成功、幸福、金钱、个人自由等问题的看法）；7. 态度（如男女在社会和家庭中的作用、恋爱、婚姻、家庭关系、爱国主义、妇女解放、老龄问题、对社会变革和进步的看法等）；8. 社会问题（如酗酒、吸毒、卖淫、犯罪等）；9. 现代科学技术成果；10. 被视为禁忌的习俗。

　　具体到与英语有关的文化，情况比较复杂，因为世界上除了几个以英语为母语的国家外，还有许多国家以英语为官方语言或通用语言，这使得英语与多种文化联系在一起。这就要求我们在教学时有所选择，有所侧重。对一般英语专业的学生，应主要教授以英语为母语的国家的文化，特别是在历史上和现实中有很大影响的英国文化和美国文化。但如有特殊培养需要，也可教授其他相关国家的文化。另外，英语文化又与欧洲文化有着千丝万缕的联系，学生也有必要了解相关的欧洲文化。

　　目前国内已出版了一些适用于文化教学的英语教材。何田、孟继有编写的《英语背景知识》（北京大学出版社，2001）和来鲁宁编写的《欧洲概观》（北京大学出版社，2004），都是国内许多院校使用的课本。郝澎编写的"你不可不知道的英语学习背景"系列英汉对照读物，包括《带你游览美国文学》《带你游览英国文学》《古希腊罗马神话与西方民间传说》《基督教与圣经》《美国历史重大事件及著名人物》《英国历史重大事件及著名人物》《英美民间故事与民俗》（南海出版公司，2007—2015），提供了丰富的西方文化背景知识。李芬、李泰周编著的《英语背景知识学习手册》（金盾出版社，2013）也是有用的教材。国外出版的教材中，霍宁（Alice S. Horning）编写的《当代文化选读》（*Readings in Contemporary Culture*, 1979）重点介绍美国文化的二十五个方面，简明扼要。莱文和阿德尔曼（Levin & Adelman）编著的《语言之外：跨文化交际》（*Beyond Language:*

*Cross Cultural Communication* (2nd Edition)，1993）是专为外国学生编写的介绍美国文化的教科书，并附有相应的会话练习，可以作为教师的参考书。

## 文化教学的方法

国外许多教育家已经总结出一些教授文化课的行之有效的方法，可供我们借鉴。开设所学语言国家的概况课、历史课和文化课是教授文化的较好途径。但仅靠几门课程还远远不够。我们可以采纳弗里斯的建议，把文化教学贯穿到外语教学的各个阶段中去。我们在制定外语教学大纲的同时，应制定相应的文化教学大纲，确定每一阶段文化教学的侧重点，使文化教学成为外语教学的有机组成部分。

文化教学可以采取多种形式。目前许多教师结合课文介绍有关文化背景，这样做虽不够系统，但能把文化教学内容与语言教学内容统一起来，不失为一种便利的方法。另一种方法是，利用课上少量的时间，有计划、有步骤地介绍有关目的语文化的各个方面，引起学生讨论，甚至可以指导学生练习小对话或表演日常生活情景的小片段，以熟悉该文化的习俗。我们可以定期就某一专题进行讲解，并辅之以图片、照片、录音、录像等视听材料。指导学生阅读报刊上的有关文章并展开讨论，也是可行的方法。

不论采取什么方法教授文化，我们都应注意以下三个方面：

1. 介绍词语的文化内涵

词语一般具有 3 重意义：词汇意义（lexical meaning）、结构意义（structural meaning）和社会文化意义（social-cultural meaning）。对学外语的人来说，目的语词汇的社会文化意义最难把握，因为它牵涉到社会经验、思想态度和价值观念等问题。仅举两例说明。英语的 fat 一词，从词汇意义上讲，与汉语的"胖"和"丰满"相当，但从文化意义上讲，却不尽相同。有时汉语说某个瘦的人或患病的人胖了，言外之意是说他/她健康了。而英美人对体重和体形非常敏感，当面谈论人体胖是不礼貌的，更不能用带有贬义的 fat。再如英语的 atheist 一词，其词汇意义与汉语的"无神论者"相对应，但由于意识形态的差别，其社会文化意义却极不相同。英美两国都有基督教的传统，历史上许多不信奉上帝的人均被视为异端，受到迫害。因而 atheist 在人们心中具有贬意。如果有中国学生说：I'm an atheist，很可能引起英美人的反感；倒不如说：I don't have any particular religious convictions.（我不信仰宗教）。从以上例子不难看出，只有掌握了词语的文化内涵，才能正确地理解和使用语言。

2. 介绍作品的文化内涵

了解背景是理解作品的前提。我们讲解课文或作品时，必须介绍有关的社会文化背景。例如：在一篇介绍英国 20 世纪 60 年代的流浪汉的文章中，作者以赞赏的口气谈到他们风餐露宿，更加接近大自然。我们讲解时，就可介绍西方人不满社会弊病而企图到大自然中寻找慰藉的情况，以加深学生对文章的理解。对于文学作品，更应结合背景讲授。例如讲美国作家海明威的短篇小说《乞力马扎罗的雪》（"The Snows of Kilimanjaro"）时，要对第一次世界大战后美国"迷惘的一代"的思想情绪加以分析，以帮助学生理解作品的主题。

3. 培养交际技能

在文化教学中，我们应注意帮助学生掌握与生活在目的语文化中的人民进行交际的基本技能，特别是学会礼貌用语和其他常用语，并了解在各种场合中待人接物应注意的事项。

除课堂教学外，我们还可以组织丰富多彩的课外活动，如访问外宾、放映电影、举办讲座、学习歌曲、排演戏剧、和外国朋友通信、举办图片和实物展览、观赏外国文艺团体演出等等。这些活动只要组织得当，定会增加学生学习外国文化的兴趣，对于外语学习也会大有裨益。

## 结　语

综上所述，文化教学是外语教学不可缺少的组成部分，因此，帮助学生了解所学语言国家的文化是外语教师义不容辞的责任。我们应该充分利用现有的条件，不遗余力地搞好文化教学，以进一步提高外语教学质量。

### 参考文献

[1] 赵元任. 语言问题 [M]. 北京：商务印书馆，1980. [M/OL]. [2016/06/10] http: // www.zxxk.com/ soft/2416101.html.

[2] ALLEN, WALTER P. A. Cultural Check List [M]. Portland: English Language Services, 1973.

[3] BROWN, H. DOUGLAS. Principles of Language Learning and Teaching [M]. New Jersey: Prentice-Hall, 1980.

[4] CHASTAIN, KENNETH. Developing Second-language Skills: Theory to Practice [M]. Boston: Houghton Mifflin Company, 1976.

[5] GLADSTONE, J. R. Language and Culture [M]. In Allen Campbell ed. Teaching English as a Second Language. New York: McGrow-Hill, 1972.

[6] HALL, EDWARD T. The Silent Language [M].

Connecticut: Greenwood Press, Publishers, 1959.

[7] HORNING, ALICE S. Readings in Contemporary Culture [M]. New York: McGrow-Hill, 1979.

[8] HUDSON, R. A. Sociolinguistics [M]. Cambridge：Cambridge University Press, 1980.

[9] LADO, ROBERT. Language Teaching: A Scientific Approach [M]. New York: McGrow-Hill, 1964.

[10] LEVINE, DEENA R. & ADELMAN, MARA B. Beyond Language: Cross-cultural Communication [M]. Carmel, Indiana: Pearson Education ESL, 1982.

[11] SEELYE, H. NED. Teaching Culture: Strategies for Foreign Language Educators[M]. Illinois: National Book Company, 1976.

（本文原载于《外国语》1987年第3期。2017年6月修改更新。）

# 外语教学中阅读技能的训练

什么是阅读？根据心理学家古德曼（Kenneth Goodman）的定义，"阅读是一个复杂的过程。在此过程中，读者在一定程度上重构以文字编码的信息。"（Goodman, 1976: 472）

## 阅读本族语的过程

按照语言学家诺姆·乔姆斯基（Noam Chomsky）的理论，语言有表层结构和深层结构。表层结构指音、词、短语、从句等的线性排列，是外在可见的。深层结构指藏在表层结构后面的思想和意义，是内在不可见的。（Chomsky, 1976: 16）。

一个作者在动笔之初必定有要表达的意义（meaning）。他从语言的深层结构入手，运用自己的规则，将深层结构转化为表层结构，从而将意义用文字表达出来。这一过程叫作编码（encoding）。与此相反，读者在阅读时，通过视觉接收文字并进行处理，弄清楚表层结构，然后运用自己的规则将表层结构转化为深层结构，从而尽可能接近作者力图表达的意义。这一过程叫做解码（decoding）。总之，阅读本族语的过程包括两个方面：一是将书面语符号与读者自幼学会的口语符号联系起来；二是通过处理符号掌握意义。

受古德曼一个图例（Goodman, 1976: 477）的启发，笔者绘制下图以说明书面语的编码和解码过程：

作者：编码　　　　　　　　　　读者：解码

深层　　　　表层　文字 ＼ 视觉　　表层　　　　深层

　　　　　作者的规则　　　　　　／　　　　　　读者的规则

意义→　——————→　＝　＼　＝　——————→　→意义

结构　　　　结构　输出 ／ 输入　结构　　　　结构

**图 1**

　　由此可见，意义既是整个阅读过程的出发点，又是其最终产物。

　　古德曼指出，意义不存在于书面语系统或其符号之中，而是存在于作者的心中和读者的心中。读者有能力通过阅读重构符合作者意图的信息（Goodman, 1976: 472）。然而意义不可能自动出现在读者心中。根据认知心理学家奥萨贝尔（David Ausubel）的理论，读者已有的知识的总和（包括事实、概念、见解、理论和未经加工的感性材料）组成他的认知结构（cognitive structure）。他必须把学到的新知识加工整理并"挂"到自己的认知结构上，方能得到意义（转引自 Chastain, 1976: 135）。古德曼也认为读者在阅读时需同时使用三种知识：书写及语音知识（Grapho-phonic information）、句法知识（Syntactic information）、语义知识（Semantic information）（Goodman, 1976: 498）。

　　在使用这些知识获取意义时，读者究竟采取什么策略呢？古德曼认为："阅读是心理语言学的猜谜游戏，包含思想和语言相互作用的过程。"（498）这就是说，读者不是缓慢地、精确地认读每字每句，而是边读边抓住主要的语言线索预料和猜测意义，并在阅读过程中不断验证和修改已做出的猜测，从而逐步扩大解码范围。

在上述过程中读者交替使用短时记忆（short-term memory）和长时记忆（long-term memory）。读者阅读时先处理语言的表层结构，并将得到的初步信息储存于有限的短时记忆中，然后继续探索深层结构。由于人脑不能逐字逐句记忆全部信息，读者必须对接收的信息进行加工，保留重要成分，摒弃不重要成分，然后将加工过的信息储存入长时记忆之中，以备需要时提取。

从广义上讲，理解虽是阅读的最终产物，但绝非最终目的。读者重构信息后还可能利用这些信息去获取新的信息，回答问题，解决问题。

## 阅读外国语的过程

奥萨贝尔指出："正如我们在学习阅读时建立新的书面语符号和已熟悉的、已有意义的口语符号之间的对等联系一样，我们在学习新语言时也建立新的外国语符号（包括书面语和口语）和与其对应的、已有意义的本族语符号之间的对等联系，并将外国语信息重构为本族语信息。"（Ausubel, 1978: 74）。这段话说明：阅读外国语的过程同样是解码获取信息的过程，只不过更为复杂罢了。

学生在本国学外语时，一般不可能经历学本族语时经历过的"自然"过程，即先学口语符号后学书面语符号。他们几乎同时接触外语的口语和书面语两套符号。他们通常以本族语为模式去衡量和比较两种语言。本族语对学外语虽可能有一定的干扰，但也能起有益的过渡作用。因此我们在教学中应充分利用这种过渡作用。当然，学生对所学的外语掌握得好了，借以思维的语言材料积累得多了，就能够做到直接用该语言解码获取信息，尽管在此过程中仍不可避免地存在本族语的余响。

阅读又是读者和读物之间相互作用的过程。正如卡雷尔（Patricia Carrell）所说："理解课文的能力不仅取决于读者的语言知识，还取决于他/她的一般常识，以及在阅读的思维过程中这些常识在多大程度上被调动起来。"（Carrell, 1983: 183-184）由此可见，背景知识在阅读中起重要作用。

阅读外语时，读者与读物间的相互作用更为复杂，因为读者面对的读物是用他所不熟悉的语言写的，而该语言又与他所不熟悉的文化微妙地联系在一起。即使他充分调动已有的背景知识，仍不免出现理解错误。因此读者必须不断扩大自己的知识面，特别要掌握所学语言国家的文化背景知识，才有可能真正读懂外语读物。

总之，阅读外国语的过程是更为复杂的"心理语言学的猜谜游戏"。

## 阅读课的目标和训练阅读技能的重要性

一般来讲,阅读课应培养学生具有解码和获取信息的能力、轻松愉快阅读的能力和欣赏的能力，最终目标是使学生能够快速、灵活、熟练地独立阅读，以适应生活和工作的需要。外语阅读课尤其应把培养学生有效获取信息和独立探索意义的能力作为战略目标。

格瑞列（Françoise Grellet）认为，由于阅读是不断猜测的过程，学生应学会利用已知成分去理解未知成分。她建议：在教课文时着眼于较大的语言单位，如段落乃至全文，以理解总体意义为出发点，然后过渡到理解局部细节的意义（Grellet,

1981: 6-7）。这就是处理课文的"统观法"（global approach）。
她将统观法总结如下：

研究读物的版式（题目、 ——→ 设想其内容和作用 ＋ 依据对此类文本已有的知识

篇幅、插图、字体等）　　　　　　　　　　　　预料从何处查找资料证实上

　　　　　　　　　　　　　　　　　　　　　　　述设想

　　　　　　　　　　　　　　　　　　　　　　　↓

复读并注意 ←—— 进一步预料 ←——— 肯定或修正 ←——— 浏览全文

更多细节　　　　　　　　　　　　　已做的猜测

　　　　　　　　　　　　　　　　　　　　　（Grellet, 1981: 26）

**图 2**

　　统观法基本符合古德曼的理论，不仅适用于教本族语阅读，
也适用于教外语阅读。由于学生在学本族语时已学会猜测意义
和获取信息，并已掌握了大部分概念的意义，他们就有可能把
这些知识、策略和技能应用于外语学习。

　　然而这种知识、策略和技能的转移不是轻而易举的。学生
通常要花很大力气去学习和掌握与本族语差异很大的外国语代
码体系并学会解码。要使学生能参加这一"心理语言学的猜谜
游戏"并自由地探索意义，我们首先必须帮助他们扫除许多语
言上的障碍。为解决这一问题，我们可以借鉴卡林（Robert
Karlin）等学者提出的技能模式理论（skills model）。在技能模
式中，阅读被视为极其复杂的过程，包括许多相互关联的成分。
读者当然不可能在短时间内掌握这一复杂的活动，他需要逐步
培养阅读习惯和训练阅读技能（Karlin, 1980: 58）。对于学外语
的学生更是如此。

　　查斯汀（Kenneth Chastain）指出，在听、说、读、写四类

技能中，读是最不好教的，因为就性质而言，阅读是个人的活动，教师不能代替学生阅读。教师的责任是选择学生感兴趣的、语言程度适宜的教材，提供具体的指导，并策划后续的活动，以鼓励学生阅读（Chastain, 1976: 313）。

为达到培养学生独立阅读能力的目的，我们必须引导他们学会自主解决问题。教师对课文解释过多过细，或不恰当地强调词典和翻译的作用，不利于学生提高阅读能力。我们应鼓励学生尽早直接阅读原文并竭尽全力去理解和掌握其总体意义。阅读课教师应起的作用与其说是传授知识，不如说是提供指导和帮助。

## 阅读技能的训练

阅读技能可分为"一般技能"和"特殊技能"两大类。一般技能指为阅读一般读物所必需的基本技能，特殊技能则指为阅读某些专门学科读物所必需的技能，两类技能相互关联。我们应先训练一般技能，后训练特殊技能。卡林将阅读技能具体分为五类：认词技能（Word recognition skills），词义技能（Word meaning skills）、理解技能（Comprehension skills）、阅读-学习技能（Reading-study skills）、欣赏技能（Appreciation skills），各类又分若干细目（Karlin, 1980: 59）。

下面将以卡林的分类（238-331，353-423）为纲，参考格瑞列等学者的意见，并结合笔者的教学经验，简要论述训练这五大类阅读技能的原则和方法。

### 一、认词技能的训练

训练认词技能的目的是帮助学生排除因同时学习口语和书

面语两套符号引起的混乱，以便较快地认词。

1. 语音分析（phonic analysis）：分析音素与词素的关系，可以采用听力辨别和视力辨别的方法。

2. 结构分析（structural analysis）：分析词的结构，如：词根、词缀、重音等，学习音节划分的规则，这有助于认词。要注意，双音节词和多音节词的重音变化可以改变词性和词义。仅举一组例子：

We are impressed by his good' conduct.

When will you come and con'duct our orchestra?

3. 速认词汇（sight vocabulary）：通过有意义的上下文来学习常用基本词汇，帮助学生不须仔细看就能认出某些词汇，从而增加词汇量，以利理解和记忆。

4. 初识语境线索/上下文线索（contextual clues）：通过明显的语境线索来猜测词义。如：

1）Look, dark clouds are gathering. It is going to __.

2）The prisoner was accused of forgery. Several checks that did not belong to him were in his possession when he tried to cash one at the local bank. The bank teller compared the signature on the check with one in the bank's files and realized that the two were different. The police were summoned, and the man was arrested. (Karlin, 1980: 38).

此段中第二、三、四句提供了 forgery 的语境线索，解释了它的意义。

4. 使用词典（use of the dictionary）：按字母表顺序查找生词定义和读音。

## 二、词义技能的训练

卡林指出，对词义的掌握是决定阅读理解程度的最重要因素（Karlin, 1980: 39）。单词脱离了上下文就毫无意义，因此我们必须让学生学会利用以下线索确定词义：

1. 语境线索/上下文线索（contextual clues）：语境线索包括以下四种：

1）定义线索（clues of definition），取定义、同义词或说明的形式，给排列在其前或后的单词下定义，例如：

Surfing is a sport of balancing oneself on a board while being carried on waves to the shore.

The investigators had to verify, or prove, the figures of the report.

2）解释线索（clues of explanation），类似定义线索，但往往包含在长句之中，例如：

Instead, the science of psychology is empirical—that is, it is based on controlled experiments and on observations made with the greatest possible precision and objectivity.

3）比较和对比线索（clues of comparison and contrast），间接说明单词的词义，不如以上两种明显，例如：

To earn enough money for tuition, the two sisters had to take part-time jobs. Ellen became a waitress in a restaurant, and Alice found a similar job in a cafeteria. （比较）

Jim felt exhausted after the soccer game, but a hot bath and a nice meal refreshed him. （对比）

4）经验线索（clues of experience），指读者可以结合自己的经验来利用的线索，具有相对性。例如：

It was the last quarter of the game. Now Tom was pitching. The batter hit with great force.

了解棒球运动的人根据上下文可确定 pitch 意为"投球"，而不懂棒球的人则难于确定词义。

2. 利用词素线索（morpheme clues）：分析词缀的意义，以帮助确定词义。

3. 辨认多义词：辨认多义词在不同上下文中的不同词性和不同意义，例如：

Let's have a break.

Did you break that window while playing ball?

4. 辨认比喻语：区别词的字面意义和比喻意义，例如：

Mr. Jackson loves cats and dogs.（字面意义）

It rains cats and dogs.　　　　　　（比喻意义）

这是中国学生的一个学习难点。

5. 使用词典：根据上下文查找多义词和比喻语的意义。

在此阶段我们应培养学生探索词义的习惯和使用词典的技能，这是独立学习所必需的。

## 三、理解技能的训练

卡林指出：阅读是思考和解决问题的过程，不仅包括吸收概念（ideas），还包括创造概念。（Karlin, 1980: 41）读者不仅要读懂字面意义（literal meaning），还必须运用自己的知识和经验来获取暗含意义（inferred meaning）。阅读理解包括以下三部分：

1. 字面阅读（literal reading）

通过了解词义、句义和段落的组织形式获得作者明确说出的意义，即字面意义。外语有一些与汉语不同的句法结构，特别是复杂的复合句，常使中国学生感到困惑。一般说来，学外语的学生比学本族语的学生更依赖句法分析，因此我们在教学中要突出句法的分析和训练。英语段落的基本组织形式包括：时间顺序（time order）、空间顺序（spatial order）、主题顺序（topical order）、分类法（classification）、比较和对比法（comparison and contrast）、因果法（cause and effect）、论证与逻辑法（augmentative and logical organization）、过渡法（transitions）、说明和总结法（illustrations and summaries）。分析段落的组织形式可以帮助学生跟上作者的思路，从而加深对读物的理解，也为今后学习写作打下基础。英语动词的时态和语态变化也是中国学生的学习难点，要重点攻克。

2. 推断阅读（inferential reading）

通过分析文章找出作者没有明确说出的意义，即暗含意义。探索暗含意义是阅读理解的关键。通过教推断阅读，我们要使学生懂得：探索暗含意义和创造概念是读者的责任，从而帮助他们树立正确的阅读态度。学生应把从本族语的字里行间寻找暗含意义的策略应用到外语阅读当中。教师可引导学生进行如下活动：

1）根据课文进行概括；

2）根据课文做出结论；

3）猜测和预料作者下一步可能提供的信息，并在阅读过程中加以验证。这样做可以促进思维，提高阅读积极性。

4）区分事实语言（factual language）、解释语言（interpretive language）和感情语言（emotive language），这样有助于理解作者的思想和暗含意义。例如：

The great ship, Titanic, sailed for New York from Southampton, England on April 10th, 1912.（事实语言）

The President of our university is one of the world's leading authorities on synthetic insulin.（解释语言）

Alberta student aid officials plan to crack down on single parent students who, they claim, often abuse the system.（感情语言）

5）体会作者的意图，如：根据上下文作出推论（inferences），找出作者的基本臆见（basic assumptions）。基本臆见指作者没有明确表达出来的主观见解，这种见解已成为作者价值观的组成部分，他不自觉地认为读者也有同样的见解。由于文化背景的差异，外语学习者很难了解作者的基本臆见。例如：一个英语作者可能提到 serpent，暗示"诱惑"或"人类的堕落"，而不了解基督教和《圣经》的读者自然读不出这层意思。我们必须启发学生仔细阅读，找出说明作者臆见的信号，并指导学生学习相关的文化背景知识。

6）区别作者的语气（the author's tone）：作者表达自己的态度和感情时，有的直白，有的含蓄，有的甚至做文字游戏，故意不明确表达自己的意思。学生要学会分析作者使用的语言，找出其真正要表达的态度和感情。

教推断阅读时，教师应鼓励学生独立探求暗含意义，绝不要包办代替。课堂讨论是启发学生思维的极好方式。

3. 批判性阅读（critical reading）

批判阅读是阅读理解的高级阶段，是培养学生独立阅读能力所不可缺少的。它要求读者不仅从读物中获取信息，而且要作出批判性评价。读者的批判阅读能力在很大程度上取决于其智力成熟程度和知识面的广度。外语读者往往缺乏借以评价读物的经验和文化背景知识，因此我们应预见到这种困难并设法帮助解决。我们可以就以下几项采取课堂讨论方式进行训练：

1）区分事实（fact）与意见（opinion）：格瑞列认为，能区分"事实"和"意见"是取得批判阅读能力的重要第一步（Grelle,t 1981: 329）。"事实"指实际发生的事件，可被我们凭听觉、视觉、嗅觉、味觉、触觉得到的证据加以证实。"意见"指对事件的评价和情感，以个人利益和经验为基础，不能被五官提供的证据所证实，因此意见因人而异。例如：

Mount Qomolangma is the highest mountain in the world.（事实）

Computers are the most efficient servants man has ever had and there is no limit to the way they can be used. （意见）

学生应学会根据证据挑出事实，并根据自己的经验以及语言中的特定标记（如：I think、he believes、in my opinion、seem、probably、the best 等）来辨认意见。

2）衡量读物的准确性：指导学生对读物的准确性提出疑问，如：文章是否合乎情理，所述事件是否有可能发生，材料来源是否可靠，作者是否该领域的权威等，并查阅其他资料进行验证。还可引导学生寻找作者论理上的缺点，如过分概括、以偏概全、答非所问、回避问题等；以及寻找作者写作上的缺点，如用错的词语、带偏见的词语、引起误解的句子等。

3）找出具有说服性的论述（persuasive statements）：分析文章中作者力图影响读者思想的论述，分析说服文的结构和作用，以及此类文章可能存在的片面性。

## 四、阅读-学习技能的训练

阅读-学习技能包括一整套特殊的阅读技巧，有助于学生在阅读多科性资料时独立解决问题。

1. 查找资料：要学会使用图书馆的资源，查阅各种类型的资料，特别是工具书。要学会查找因特网上的各种资料。

2. 选择资料：阅读资料时，依次弄清有关部分的论题（subject）、主题（topic）、中心思想（main idea）、关键句（key sentences）、重要细节（important details），从而有的放矢地阅读。

3. 整理和记忆资料：指导学生把选择好的资料加工整理并储存入自己的长时记忆之中。在分析文章结构的基础上写出包括主题、分主题和细节的提纲（outline），并根据提纲写出包括中心思想和重要细节的概要（summary），以利记忆和回忆。记笔记也是学生应掌握的技能，可促使他们注意文章的中心思想和重要细节

4. 利用图表和其他辅助材料：读懂地图、图解、表格，看懂插图和照片，并分析这些材料与文章的关系。

5. 读懂说明书：学生应读懂各种说明文字，包括机械操作手册、药物用法说明乃至菜谱等，并在实践中检验理解程度。

6. 培养预读能力：在正式读一本书之前先概括了解其版式和内容，如：书名、封面、目录、图表、插图、前言以及结论部分，以概括了解书的内容，提高阅读兴趣，并为理解内容做好准备。

7. 提高速度和灵活程度：训练速读（speed-reading）以提高阅读效率，并学会按不同读物的阅读要求和难易程度来调整阅读速度。训练查索技能（scanning），快速地逐行扫视读物以查找所需的资料；训练浏览技能（skimming），跳跃式阅读以了解文章的大意。浏览要求读者有选择地读，因此必须建立在熟练掌握一般阅读技能的基础之上。

上述全部阅读-学习技巧都有助于培养正确的阅读态度和

良好的阅读习惯，对学生今后的发展大有裨益。

## 五、欣赏技能的训练

欣赏技能不属于为取得信息所必需的基本阅读技能。训练欣赏技能的目的是使学生了解文学并学会欣赏文学作品。对学外语的学生来说，阅读所学语言国家的文学作品有三种作用。首先，它是语言学习的继续，但重点是了解作家如何使用语言塑造形象、创造效果和表达思想感情。其次，可使学生了解那些国家的社会历史情况以及人民的生活和思想，特别是精神追求和道德观念。第三，可进一步激发学生的求知欲和阅读兴趣。

可以从以下两方面训练欣赏技能：

1. 辨认文学的语言：辨认作家常用的各种修辞手段，弄懂各种意象（images），解释各种象征（symbols）的意义，并把它们与作家表达的思想感情联系起来。

2. 辨认文学的形式：了解诗歌、散文、小说、戏剧等各种文学形式的主要成分和特点，例如：小说的情节结构、人物塑造、背景、主题、高潮、叙事角度和写作风格等，诗歌的主题、作者意图、叙事角度、背景、主题、格律等。还应了解与这些作品有关的文化背景。

朗读有助于增强学生对作品的理解。课堂讨论也是可行的教学法之一。

文学阅读属于阅读的高级阶段，涉及面较广，本文不便详细论述。

## 结　语

我们应借鉴国外心理语言学家和语言教育家的研究成果，

并结合中国学生的特点，制定科学的阅读课教学大纲，采用有利于培养学生独立阅读能力的教学方法，并编写相应的系统教材。

阅读技能的训练应正式列入教学计划。对外语专业的低年级学生，在训练理解技能的基础上，以培养推断阅读能力为主。阅读-学习技能也要训练。对高年级学生，则应重点训练批判阅读技能和欣赏技能，还应要求他们较好地掌握各种阅读-学习技巧。总之，阅读技能的训练必须渗透在全部阅读课教学之中。

## 参考文献

[1] AUSUBEL, DAVID, et al. eds. Educational Psychology—A Cognitive View [M]. New York: Holt, Rinehart and Winston, 1978.

[2] CARRELL, PATRICIA. Three Components of Background Knowledge [J]. Language Learning, 33, 1983 (2): 183-207.

[3] CHASTAIN, KENNETH. Developing Second-language Skills: Theory to Practice [M]. Boston: Houghton Mifflin, 1976.

[4] CHOMSKY, NOAM. Aspects of the Theory of Syntax [M]. Cambridge, Massachusetts: The M. I. T. Press, 1976.

[5] GOODMAN, KENNETH. Behind the Eye: What Happens in Reading [M], and Reading: A Psycholinguistic Guessing Game [M]. Singer, Harry et al eds. Theoretical Models and Processes of Reading. Newark: International Reading Association, 1976: 407-508.

[6] GRELLET, FRANÇOISE. Developing Reading Skills: A Practical Guide to Reading Comprehension Exercises [M]. Cambridge: Cambridge University Press, 1981.

[7] KARLIN, ROBERT. Teaching Elementary Reading: Principles and Strategies [M]. New York: Harcourt Brace Jovanovich, 1980.

（本文的初稿写于 1984 年，原为英文，篇幅较长，系笔者在加拿大不列颠哥伦比亚大学语言教育系进修期间写的论文。其汉译缩写稿载于《外国语》1986 年第 3 期，并于 1988 年 3 月获得天津市哲学社会科学研究成果论文三等奖。2018 年 7 月在汉译缩写稿的基础上增补修改。）

# 怎样学好英语

## 致中学生

最近《中学生阅读》编辑部转来几位中学生的来信，询问学习英语的方法。他们中有些人虽很努力，但不得要领，有畏难情绪。现结合自己学习英语的和教授英语的经验谈几点体会，仅供参考。

一、学英语要有兴趣。语言是几千年来人类集体智慧的结晶。语言是不断发展变化的，每时每刻都有新词语产生，有旧词语被废弃。只要我们认真学习，就会发现语言的无穷魅力。英语是当前国际交往中用得最多的语言。据专家估计，在21世纪，英语和汉语将成为世界上的两大通用语言。学会了英语，就像打开了一个窗口，可以更多地了解世界；也如同打开了一扇大门，可以与各国人民交往。我们还可以通过英语来学习外国的先进文化和科学技术，把我们的祖国建设得更美好。更为实际的是，学好了英语可以更熟练地掌握电子计算机技术，可以利用国际互联网获取信息并对外交流。

二、学英语要有恒心。学习语言不可能一蹴而就，必须天天学，天天记，天天练，持之以恒，方可见效果。从认识论的角度讲，一个人从不懂英语到懂一点英语，没用多长时间就经历了一次质的飞跃。但是从懂一点英语到精通英语，则需要多年不懈的学习和实践。没有足够的量的积累，便不可能产生明显的质的飞跃。我们每天学英语都是在进行着量的积累，为以后质的飞跃做准备。因此不要为自己一时成绩不理想而气馁，只要坚持努力总会有成果的。

三、学英语要调动多种感官。学英语不仅要用脑，用眼，也要用耳，用口，用手。例如记单词，不要只停留在默读默记，还应大声读出来，用手写出来，这样调动起几种感官，效果就会更好。学习课文时，如果能配合听录音，看录像，也会记得更牢。

四、学英语要多听多读。听和读是我们接受语言材料的两个渠道。除了学好课本上的内容外，还应多听英语广播和录音，多看英语影视作品，多读课外读物，增加与英语的接触面。要提高听力，可以增加练习时间，可以一句一句反复听，但这还不够，还必须多阅读与听的内容相关的材料。听录音的时候，要注意把握总体意思，不要因听不懂个别单词而影响对全段的理解。

五、学英语要注意模仿。要注意英语的语音语调与汉语的有什么不同，尽量模仿"洋腔洋调"，就像学唱歌时模仿歌手的唱法那样。学习英语歌曲，背诵英语诗歌，也有助于改进语音。

六、学英语要在理解的基础上记忆。语言是用来表达思想感情的，孤立的单词没有任何意义，只有在上下文中才有意义。所以学习一个英语单词，必须弄清楚它在上下文当中的意思，然后再记忆，不但要记它的读音、拼写、意义，还要记它的词性和用法，特别是它常与什么词搭配使用。背诵课文也是一样，必须理解了再去背。背诵可以加深大脑对语言的印象，有助于形成语感。这就像我们往电子计算机里储存数据，储存得越多越好，一旦需要便可随时调出。

七、学英语要掌握基本语法规则。语法规则就像建筑物的框架，单词就像预制构件，必须有了框架才能把构件填充进去。所以我们必须注意语法规则，记住其要点，并力求灵活运用。

八、学英语要大胆实践。可以利用各种机会练习听说和写作。同学之间要多讲英语，互相帮助。要大胆讲，不要怕出错，但出了错一定要改正，这样才能不断提高。在没有讲话对象的时候，也不妨自己练习，如自问自答、朗读背诵、复述故事等。写英语日记是练习写作的一个好方法，由于日记不是写给别人看的，因此不必顾忌写的好坏，可以大胆地练习用英语表达自己的思想感情。

希望同学们克服畏难情绪,在英语学习上取得更大的进步。